史良法学文库 贰拾肆

法学国家级一流专业建设点重点成果

主编◎曹义孙

张浩良◎著

SHETAHETONG

SHETAHETONG
JIESHILUN

涉他合同解释论

中国政法大学出版社

2023·北京

图书在版编目（ＣＩＰ）数据

涉他合同解释论/张浩良著. —北京：中国政法大学出版社，2023.8
ISBN 978-7-5764-1116-4

Ⅰ.①涉… Ⅱ.①张… Ⅲ.①涉外经济合同法学－法律解释－中国 Ⅳ.①D923.65

中国国家版本馆 CIP 数据核字(2023)第 179769 号

出 版 者	中国政法大学出版社
地　　　址	北京市海淀区西土城路 25 号
邮寄地址	北京 100088 信箱 8034 分箱　邮编 100088
网　　　址	http://www.cuplpress.com (网络实名：中国政法大学出版社)
电　　话	010-58908586(编辑部) 58908334(邮购部)
编辑邮箱	zhengfadch@126.com
承　　印	固安华明印业有限公司
开　　本	720mm×960mm　　1/16
印　　张	14.25
字　　数	240 千字
版　　次	2023 年 8 月第 1 版
印　　次	2023 年 8 月第 1 次印刷
定　　价	59.00 元

前　言

　　涉他合同是合同双方当事人之外的第三人享有合同债权或承担合同债务的法律制度。向第三人履行的合同、附保护第三人作用的合同、由第三人履行的合同、第三人代为履行的合同这四种情况属于涉他合同。涉他合同经历了一个从习惯到习惯法再到成文法或判例法的发展过程。在此过程中，第三人权利及义务逐渐被认可。合同相对性是合同法的基石，在一定程度上阻碍了涉他合同的产生。意志论针锋相对，证成了第三人权利。其修正的单方行为模式，实现了效率与公正的双重价值，是值得推崇的模式。从诚信原则出发，立约人与受约人既然已表明向第三人授予权利，且第三人对此有一定程度的信赖，他就享有诉讼权利。这种程序性的权利发展到实体性的权利就是第三人所享有的独立履行请求权。公共政策或社会利益注意到了以第三人为代表的社会大众的需要，体现了某种第三人参与的交易形态对社会生活的积极作用。总之，涉他合同的出现体现了对一定宏观交易秩序的维护，具有历史、经济、法学理论等多方面的张力。

　　真正利益第三人合同的安排，是合同效力问题，更是合同履行问题。除了第三人直接请求以外，受约人可以请求立约人向第三人履行。立约人可以主张与第三人之间执行关系的抗辩权。第三人可以在合同成立时不存在或不确定，但是要有一定的方式确定他的身份。第三人取得利益可以附条件。不真正利益第三人合同可以准用前述规则，仅需注意，此时的第三人没有独立的履行请求权，只有受领权。随着利益第三人合同在当代的新发展，意外受益人以公共政策和社会利益为根据开始出现。在商业实践、公共政策、社会福利、民权保障方面，利益第三人合同具有保护弱势群体利益、维护公共利益的新的社会功能，体现了合同法的社会法化。在法律适用上，要强化第三人的拒绝权，以实现修正的单方行为模式对第三人意思自由的补强。为实现三方关系的再衡平,在强化第三人拒绝权的同时,也要赋予债权人与债务人以变更权与撤销权。当然,它们的行使应当在第三人表示拒绝或接受权利之前,并且还要赔偿第三人信赖利益的损失。

附保护第三人作用的合同是指合同成立之后,不仅在债权人与债务人之间发生法律关系,而且债务人对于与债权人具有特殊关系的第三人,也有照顾及保护等义务。债务人违反此义务的,也应向第三人负违约责任。它源于德国法侵权行为适用上的缺陷。美国法上也有"利益第三人担保责任""专家对第三人责任"等类似制度。其构成要件包括:存在债务关系、第三人临近于主给付、债权人对第三人具有保护利益、债务人认识到第三人临近给付以及债权人对第三人的保护义务、第三人有被保护的需要。法律后果是第三人对债务人享有违约损害赔偿请求权、债务人可以援引自己对债权人和对第三人的抗辩权。随着合同拘束力在时间跨度上的延伸,对第三人的保护义务也在不断扩大。但是该制度的固有弊端是第三人的范围不好确定。虽然笔者着重分析了第三人身份的确定要件,但是实际上德国法的实践是愈发扩大第三人的范围,直至超出了债务人的预期。再加之,在我国法治土壤上,没有前述的法律体系漏洞,所以《民法典》没有必要引进这一制度。

由第三人履行的合同中,第三人承担义务的原因为:债务人与第三人的合意;第三人实际享有给付利益;"公正"与"富强"的社会主义核心价值观。在构成要件上,有几点尤需注意:一是,该合同的目的是确保第三人的履行。二是,第三人之履行行为属于事实行为,不需要行为人具备相应的行为能力。三是,第三人不负有强制履行的义务。四是,债权人不享有对第三人的履行请求权但有受领权。债权人受领迟延要负违约责任。五是,债务人对第三人的履行承担担保义务,当第三人不履行或不适当履行时,债务人应当向债权人承担违约责任。债务人承担违约责任之后,对第三人是否有追偿权,端视第三人履行附款的约定,一般情形下没有追偿权。六是,依其规范目的,《民法典》第523条为任意性规范。所以应该允许债务人与债权人之间约定,债务人对第三人的行为不负担保责任。通过对第523条的类推适用,债务人为第三人行为负责的范围应受到限制,这样才能缓和僵化的严格责任归责原则。

第三人代为履行的合同制度是清偿债务以满足债权人利益需求的有力手段。为了实现该目的,无利害关系的第三人也可以代为履行。无利害关系第三人代为履行的，债务人享有拒绝权。当事人也可以约定禁止第三人履行，但该约定应当遵循诚实信用原则，不得以损害合同自由和第三人利益为主要目的。有利害关系的第三人纵使在债务人行使拒绝权的情形下，亦可以代为履行。若合同的履行具有人身专属性，则不许第三人代为履行。代为清偿中有三方法律关系：债权人与债务人之间的基础关系、债权人与第三人之间的执行关系、第三人与债务人之间的求偿与代位关系。在代位权的实现部分，本书特别介绍了《民法典》第700条规定的共同担保人之间以及第519条所规定的连带债务人之间的代位关系。赋予第三人以强力的求偿权与代位权，应当允许债务人援引自己对债权人、自己对第三人的双重抗辩权。债务人和第三人可以约定排除求偿权及代位权。第三人代为履行具有体系上的开放性，其广泛存在于税法、诉讼法、行政法、保险法领域。

目　录

导　论

一、问题的提出

《中华人民共和国民法典》（以下简称《民法典》）在第 465 条第 2 款、第 522 条、第 523 条、第 524 条等条文中建构起了以第三人权利、义务为核心的涉他合同制度，与旧有法律相比变化较大。从新旧法条的对比上看，第 522 条第 2 款、第 524 条是全新的条文。这凸显出涉他合同制度的重大进展。《合同法》第 64 条、第 65 条、第 121 条所规定的仅是涉他合同的雏形，或者说是一种浅层形态。而《民法典》第 522 条第 2 款规定了真正利益第三人合同中第三人的独立履行请求权。第 524 条规定了有合法利益第三人向债权人代为履行的权利，同时赋予了其法定债权让与的效果。这都表明第三人权利在合同编中有相当程度的扩张。第三人承担合同义务的情形也不鲜见，如《民法典》第 523 条及第 581 条。总之，从第三人参与合同交易的广度和深度来看，第三人享有的权利得到了扩充，享有权利的第三人的范围得到了扩充，第三人承担合同义务的方式、方法得到了扩充，因此我们说此次《民法典》所建构的是纯正的或称真正意义上的涉他合同制度。既然出现了新制度，便必然带来新情况、新问题。它们有可能是理论上的，也有可能是实践中的。

（1）涉他合同的概念需明确。依《民法典》第 465 条第 2 款所规定的合同相对性原则及古老的罗马法谚"任何人不得为他人缔约"，合同编所缔造的世界是典型的二人世界——要约人、受要约人。[1]但基于民商事交易的复杂性，很多情形下卷入一项交易的人数不只是两人。最典型的例如，《海商法》

---

〔1〕　当然，依据《民法典》第 471 条的规定，当事人订立合同可以采取除要约、承诺之外的其他方式。所以同时要约、交错要约、单方允诺都可以确立合同之债。这时的合同便不是要约人、受要约人的二人世界。合同中有可能只有做出意思表示之一人。

第 42 条中的托运人、承运人和收货人,《保险法》第 18 条中的投保人、保险人和被保险人（受益人）等。在种种情形下, 应当明确：谁是当事人？谁是第三人？怎样确定第三人的范围？他/她拥有怎样的权利和义务？实际上, 合同相对性的目的之一是限制合同当事人的人数, 以防止它的牵涉面过于广泛。例如, 甲在甲乙之间的合同中违约, 他主张是因为丙在甲丙之间的合同中违约。丙又主张他的违约是因为丁在丙丁之间的合同中违约。如果允许援引这样的理由来逃避责任, 则任何当事人都无法获得圆满的救济。所以确定谁是合同当事人、第三人至关重要。这即是涉他合同中"他"的意味。在具体下定义时, 笔者采取了"属+种差"的技术。涉他合同属于合同, 这就是它的"属"。"种差"就是该合同的根本特征。笔者归纳为"第三人享有权利或承担义务"。那么, 接下来的问题就是, 合同法中到底有哪些情形第三人是享有权利或承担义务的。这便跨越到了涉他合同的外延问题（表现形式）。当探究涉他合同的内涵和外延时, 一个绕不开的话题是束己合同与涉他合同的区分。这在传统合同法教材中会经常被提及。在具体行文中, 要将它们辨析开来, 以便对这组稍显生疏的概念有一个清晰的认识。

（2）在涉他合同的本体论中, 要考察域外涉他合同制度的历史发展并进行比较分析。在英美法中早就有利益第三人合同（Third Party Beneficiary Contracts）的概念, 在德国法中也有"向第三人履行给付的许诺"[1]这样的制度, 足见域外立法的发达与完善程度。这足以引发比较法上的思考：什么是符合世界通例而可以被借鉴的？这些规则可以通过解释《民法典》的相关法条而得出吗？在一些情形下是否构成法律漏洞而需填补？什么是域外特有的法律制度而无引入的必要？域外法赋予第三人权利、义务的理论基础是什么？这些制度中都有着怎样的三方关系？在回答这些问题后, 事实上也指明了我国涉他合同制度是怎样继受得来, 并且在此过程中是否有重大变异的问题。

理论上, 是什么支撑着合同第三人的权利？有学者考察了突破合同相对性理论的情形, 以此说明其并非坚如磐石、牢不可破。也有学者认为合同目的无非保障私人意志自由, 那么当事人为第三人创设权利的意志便足以支撑第三人权利获得的正当性。以私法自治和私权神圣为根基, 意志论逐渐成为学界通说。但意志论终究是从当事人的角度出发来考虑问题, 忽略了第三人

---

[1] 陈卫佐译注：《德国民法典》, 法律出版社 2020 年版, 第 137 页。

的积极意志。诚信原则及信赖利益很好地照顾到第三人的实体权益。其后，基于政府合同（government contracts）[1]中的公共利益，第三人的权利渐趋扩张。在理论供给上，这些学说应当是充足的。但它们是否足以动摇合同相对性原则？理论学说之间是否存在着层次？例如，在不是政府合同的场合，公共利益（public interest）的存在还能证成第三人权利吗？这些基础理论问题的解决，有利于我们更深入了解第三人权利存在的必要性。

（3）我国现行涉他合同制度面临着怎样的困难和挑战？就《民法典》第522条来看，其存在的问题至少包括：一是，法定的可以直接请求债务人向其履行债务的第三人有哪些？二是，第三人若是约定产生，应该采取怎样的方式？需以要式做出吗？三是，第三人的直接履行请求权如何产生？是自当事人的意思表示做出时起立即生效，还是等待合理期限经过，第三人未拒绝时才生效？四是，第三人所享有的拒绝权属于什么性质？如何行使？五是，第三人可以请求债务人承担的违约责任方式是什么？债权人可以请求债务人承担的违约责任方式又是什么？如何规避债权人与第三人之间该项权利的冲突？六是，债务人享有怎样的抗辩权？如法条所言，他/她仅可以向第三人主张其对债权人的抗辩权吗？

就第523条规定的由第三人履行的合同而言，司法实践中的争议主要集中在其与债务承担之间的区分上。如果案件认定为前者，第三人并不承担直接的违约责任。如认定为后者，第三人直接替代原债务人成为新的债务人。两者之间，第三人的法律地位迥异。所以司法实践中被告多以由第三人履行的合同答辩。如何将由第三人履行的合同与债务承担区分开，是这部分首先要解决的问题。其次，在理论上，第523条与第524条所规定的第三人代为清偿制度之间的区别为何，也是需要着重解决的问题。在对法律概念进行区分的基础上，笔者试图寻找第三人承担合同义务的原因。该理论将具有较大的理论和实践意义。接着，要归纳相关案例类型，以总结具体规则。如第三人是否负有强制履行的义务？债权人享有对第三人的履行请求权或受领权吗？债务人负有怎样的担保义务？债务人的违约责任、对第三人的追偿权如何实现？由于第523条并不是新的条文，所以在制度上要探讨出新的含义，这样

---

[1] James Thuo Gathii, "Incorporating the Third Party Beneficiary Principle in Natural Resource Contracts", 43 GA. J. INT'L & COMP. L., 93 (2014).

本书才具有创新性，《民法典》的内涵也将更加丰满。

（4）《民法典》第524条所规定的第三人代为履行的合同。这里的问题主要是具体规则如何设计。如什么是本条所称的合法利益？第三人无合法利益是否可以代为履行？这实际上是一个解释问题。若是赞成反对解释，则不许无利害关系人的清偿。若是认为该条存在法律漏洞，则应允许无利害关系人的清偿。若认可无利害关系第三人的清偿，法律应否允许债务人提出异议，同时赋予债权人享有拒绝受领的权利？终局的拒绝权到底属于谁所有？当事人是否可以约定禁止第三人代为履行？何种性质的合同不允许第三人代为履行以作为法律的禁区？在第三人代为履行所形成的三方关系中，债权人与债务人的基础关系、第三人对债权人的执行关系、第三人对债务人的求偿和代位关系、代位人相互之间的追偿关系究竟如何构建？是否准许第三人部分代为清偿？债务人如何主张其与债权人、第三人之间关系的抗辩？当回答完这些问题后，相应的法条衔接，如该条与第519条、第700条的关系，就可以很好地处理。

总之，在本书试图解决的问题中，有些是原则性的，有些是具体性的。但无论如何，它们都围绕着"第三人权利/义务的产生与实现"这个中心。解决了这个问题，涉他合同制度的全貌也将展现在读者面前。

二、国内外研究现状

针对上述问题，学界多有研究。以下分为国内文献综述和国外文献综述分别介绍。需要说明的是，由于我国法律继受大陆法系较多，所以法律体系与大陆法系国家较类似。具体到涉他合同制度，《民法典》大致包括向第三人履行的合同、由第三人履行的合同、第三人代为履行的合同、附保护第三人作用的合同[1]。这一点在叙述国外文献德国法时，也可以体现出来。所以笔者也分了四个部分对涉他合同的文献进行梳理，[2]以总结学界取得的成就，

---

〔1〕 实际上我国法律中没有法条与"附保护第三人作用的合同"相对应。但它与向第三人履行的合同之间有千丝万缕的联系，所以笔者放在这里一并评述。

〔2〕 有学者也是如此叙述的，如吴旭莉认为，合同第三人存在于两种情形之中。一是第三人接受履行的合同，包括第三人利益合同、第三人代债权人接受履行的合同；二是第三人实践履行的合同，包括约定由第三人履行的合同、第三人自愿履行。吴旭莉："合同第三人存在情形的实证分析——兼评第三人利益合同在我国存在与否之争"，载《厦门大学学报（哲学社会科学版）》2012年第5期，第75~82页。

并指出观点上的缺失，为后文的研究做好铺垫。

（一）国内文献综述

1. 向第三人履行的合同

又称"利他合同""为第三人利益的合同""第三人权利之契约""第三人给付之约定"等。学界对于这个话题多有探讨，如张家勇的《为第三人利益的合同的制度构造》、陈任的《第三人合同权利比较研究》、吴文嫔的《第三人利益合同原理与制度论》、宋忠胜的《契约第三人研究》。博士论文也有两篇，分别是仇晓洁的《论合同的第三人效力》、袁正英的《第三人利益合同制度研究》。另外，涉及该主题的期刊论文也很多，此处不再一一介绍。这些文献主要研究了以下问题：

（1）合同法为什么需要为第三人利益的合同？该制度区别于其他现有制度的独特性是什么？它具有怎样的功能？针对该问题，张家勇首先对"向第三人履行的合同"这一概念进行界定，并着重区分了其与代理、债权让与、指示交付、信托等概念。他认为，如果着眼于第三人是否得成为他人缔结的合同的当事人层面，则其（向第三人履行的合同）与代理区分较为明显。如果着眼于第三人受益无须任何参与层面，其与债权让与容易区分。如果着眼于第三人是否享有债权层面，其与指示给付可以区分，与信托则否。如果着眼于第三人权利性质而言，其与信托也可以区分。[1]所以，"真正的利益第三人合同"的概念具有独立性和创新性，无法为现行制度所取代。利他合同还十分经济和高效。它有助于缩短交付过程、节约交易成本。它可以保护第三人的信赖利益，促进公平正义的实现。这些都是现有制度无法实现的。叶金强同样认为，利益第三人合同尊重了当事人意愿，保护了第三人的合理信赖利益。承认该制度还可以减轻诉讼负担，节省社会成本：第三人可以直接起诉债务人，而不用借助债权人与债务人之间的诉讼，使自己变成有独立请求权第三人。[2]张园园也撰文从对契约自由的尊重、对第三人信赖利益的保护、经济效益价值三个方面，说明了利他合同存在的合理性。[3]学者何平也有类似看法。[4]

---

〔1〕 张家勇：《为第三人利益的合同的制度构造》，法律出版社 2007 年版，第 48 页。

〔2〕 参见叶金强："第三人利益合同研究"，载《比较法研究》2001 年第 4 期，第 69~79 页。

〔3〕 参见张圆圆："对利他合同的探讨"，载《法治研究》2007 年第 12 期，第 74~75 页。

〔4〕 何平："《合同法》应当确立为第三人利益合同制度"，载《湖北社会科学》2011 年第 12 期，第 166 页。

吴旭莉甚至提倡，我国合同法需设立该项制度，并认为这是合同法自由、秩序、效率与安全价值的体现。[1]综合来看，这种"一边倒"地赞扬为第三人利益的合同，应该是受到了学者们自身立论的影响：若是它没有独特的功能和价值，则学者们的文章就没有发表的必要。但这也从一个侧面说明了我国引入该项制度的必要性。

（2）既然该项制度如此重要又找不到其他制度加以替代，那么与该制度最为接近的《合同法》第 64 条（相当于《民法典》第 522 条第 1 款）是否规定了为第三人利益的合同？有学者持肯定说。如崔建远就认为，为第三人利益的合同为《合同法》第 64 条所规定。因为从法条的字面意思出发，第三人只要在合同中取得了利益，无论是主动的履行请求权还是被动的履行受领权，都是利益。学界不必照搬德国或日本的立法体例，其认为只有第三人享有独立的履行请求权的合同才认定为为第三人利益的合同。第 64 条与依债权人的指令而履行的合同区别很大。按照依债权人指令履行说，即使第三人获得债务人的给付，债权人也可能有权要求该第三人返还、抵销或者清偿其他债务。另外，指令说倚重于债权人与第三人之间的债权债务关系。当它们之间的对价关系不成立、无效或被撤销，第三人应当负有不当得利返还义务。反之，为第三人利益的合同则不存在这个问题。且如果承认第 64 条的着眼点在于第三人利益，则第三人的被动受领权法律应予以认可，第三人的主动履行请求权更应当认可。这也符合"举轻明重"的解释方法。[2]韩世远也撰文称，《合同法》第 64 条规定了赋权型为第三人利益的合同。第 64 条非但未否定第三人的履行请求权，其文义反而可以容纳该第三人权利；通过体系解释、法意解释、比较法解释，可以且应该肯定第三人的履行请求权。[3]闫耀军、张幸福、薛文成等实务界人士也认为，第 64 条、第 65 条不是"经由被指令人而为交付"或"经由第三人而为交付"。对这两个条文的性质的见解不一，完全是解释方法不同所导致的。如果将"向第三人履行债务"认为是合同标

---

〔1〕 吴旭莉："合同第三人存在情形的实证分析——兼评第三人利益合同在我国存在与否之争"，载《厦门大学学报（哲学社会科学版）》2012 年第 5 期，第 75~81 页。

〔2〕 参见崔建远："为第三人利益合同的规格论——以我国《合同法》第 64 条的规定为中心"，载《政治与法律》2008 年第 1 期，第 68~72 页。

〔3〕 参见韩世远："试论向第三人履行的合同——对我国《合同法》第 64 条的解释"，载《法律科学（西北政法学院学报）》2004 年第 6 期，第 100 页。

的，并将该合同的违约责任限缩为（向债权人的）损害赔偿，再省去立法模糊的问题，上述两个条文规定的就是第三人利益合同、第三人给付合同。[1]但叶金强持否定说。他考察了域外及我国现有立法，认为第 64 条没有在一般意义上认可第三人权利。我国仅在个别单行法中承认了第三人的直接请求权。但他也指出此立法孰不可取，应在借鉴先进立法的基础上，设计利益第三人合同的具体规则。[2]薛军对该问题也持否定看法。他指出，《合同法》第 64 条所规范的合同类型，应该界定为向第三人履行的合同，而不是利他合同。[3]换言之，第三人不享有合同权利。冉昊也从历史研究、比较研究的思路出发，认为中国法律规定得过于简单，缺乏合同第三人权利的规则。[4]吴旭莉更是探讨了《最高人民法院关于适用〈中华人民共和国合同法〉若干问题的解释（二）》（现已失效，笔者注）的第 16 条，认为最高人民法院的观点是第三人在此类案件中只是无独立请求权第三人，这从程序法的角度佐证了在我国合同法中并无第三人利益合同制度的事实。[5]张婧也强调，由于《合同法》制定于我国计划经济向市场经济转轨的时代，立法保守地删除了真正第三人利益合同。这使得司法成本过高、程序运行低效、私人自治禁锢。尽管学界从解释论角度对第 64 条加以阐释，使其包含真正第三人利益合同，但还是脱离了法律的文本表述，已是实质的法律续造。[6]综合以上分析，我们不难看出，有力说及多数说均为否定说：《合同法》第 64 条没有赋予第三人独立的履行请求权和诉权。

（3）既然为第三人利益的合同如此重要，现行合同法又没有规定该制度，那么较为简便的引入方式就是直接立法，事实上《民法典》第 522 条第 2 款就采取了这种做法。但承认合同第三人权利又与《民法典》第 593 条所确立

---

[1] 闫耀军、张幸福、薛文成："略论涉他合同"，载《当代法学》2002 年第 9 期，第 160 页。

[2] 参见叶金强："第三人利益合同研究"，载《比较法研究》2001 年第 4 期，第 69~79 页。

[3] 薛军："论《中华人民共和国合同法》第 64 条的定性与解释——兼与'利他合同论'商榷"，载《法商研究》2010 年第 2 期，第 51 页。薛军："利他合同的基本理论问题"，载《法学研究》2006 年第 4 期，第 116 页。薛军："'不真正利他合同'研究——以《合同法》第 64 条为中心而展开"，载《政治与法律》2008 年第 5 期，第 93 页。

[4] 冉昊："论涉他合同"，载《山东法学》1999 年第 4 期，第 36 页。

[5] 吴旭莉："合同第三人存在情形的实证分析——兼评第三人利益合同在我国存在与否之争"，载《厦门大学学报（哲学社会科学版）》2012 年第 5 期，第 75~81 页。

[6] 张婧："真正第三人利益合同的比较法考察及立法完善——对民法典编纂中合同编的建议"，载《云南社会科学》2019 年第 1 期，第 162~169 页。

的合同相对性规则相冲突。那么打破合同相对性，认可合同第三人权利的理论基础是什么？学者就此问题竞相展开探讨。张家勇的专著指出，罗马法"任何人不得为他人缔约"（alteri stipulari nemo potest）、英美法"合同上的关联关系"（privity of contract）可以归纳为合同相对性原则，即只有参与合同订立的当事人才能享有合同权利或承担合同义务。其目的在于尊重当事人的自由意志，使得合同的强制形式不与自由产生冲突。他进而指出为第三人利益的合同不仅没有限制合同自由原则，反而强化了它，因为这一制度充分尊重了当事人授予第三人权利的自由意志。同时，第三人面对这种获利，依常理言之，一般会欣然接受。如果他不愿接受，也可以援引拒绝权。这样，不特定的第三人的意志及行动自由也能得到保护。张家勇实际上承认了意志论（will theory）的主导地位。[1]叶金强也持相同看法。[2]薛军在勾连第三人权利与意思自治原则时，也承认了意志论的主导作用。不过他进一步细化了它。在第三人取得权利的路径上，薛军提出了三种模式：合意模式、单方行为模式、修正的单方行为模式。合意模式是指，将原合同当事人双方合并视为一个要约人，第三人视为受要约人，只有当前者和后者就第三人受益达成意思表示的一致时，第三人才取得合同权利。单方行为模式则只需要原合同当事人双方达成一致即可。该模式比较简便。但是，他指出修正的单方行为模式为这三种路径中最优的一种。这种模式认为，一旦原合同双方当事人达成授予第三人权利的合意，第三人即取得合同权利，但该理论在此基础上也增加了第三人的拒绝权。通过拒绝权的行使，第三人可以溯及既往地使他人作出的利他法律行为对自己法律领域所产生的效果归于消灭。当然，在第三人表示接受前，债权人也可以撤销。修正的单方行为模式注意到意思自治原则在本质上对于当事人利益的保护作用，也对单方行为模式"强迫第三人受益"的缺点加以弥补，有助于民法上一系列涉他法律行为的构建。[3]崔建远另辟蹊径，认为以是否突破合同的相对性作为判断为第三人利益合同的标准，忽视了法律及其理论的发展事实。他强调，应当看到司法实践中债权人的代位

---

〔1〕 张家勇：《为第三人利益的合同的制度构造》，法律出版社 2007 年版，第 185~227 页。

〔2〕 参见叶金强："第三人利益合同研究"，载《比较法研究》2001 年第 4 期，第 69~79 页。

〔3〕 参见薛军："论利他法律行为涉他效力的制度建构"，载《北大法律评论》2011 年第 2 期，第 598~619 页。薛军："合同涉他效力的逻辑基础和模式选择——兼评《民法典合同编（草案）》（二审稿）相关规定"，载《法商研究》2019 年第 3 期，第 22 页。

权和撤销权、货运合同中承运人对收货人的运费请求权等突破合同相对性的实例，不能为了突破相对性而突破。合同相对性只是表明法律关系的"纽带"作用。即双方当事人的权利、权能、义务、拘束是相对的，与第三人无关。《合同法》第 64 条虽然没有规定第三人的诉权，但是已经规定第三人的给付受领权和给付保有权，因此，已然突破了合同相对性。这就说明立法者从侧面也承认了利益第三人合同。毫无疑问，崔建远是从法律和司法实践来说明第三人权利的。[1]袁正英博士的论文《第三人利益合同制度研究》创新性地提出"座次区分理论"。她借由该工具探讨了利益第三人合同与合同相对性原则之间的关系，并认为只有在有关第三人权利的时候才面临合同相对性的突破问题。就该研究而言，座次区分理论具有新意，但它还是在承认合同相对性为合同法原则的基础上作的阐发，没有突破其桎梏。[2]吴文嫔鲜有提及意志论。她认为合同的外部性、第三人的信赖利益和期待利益证成了作为第三人救济权的损害赔偿请求权。该项权利与给付请求权一道构成了第三人的合同权利。[3]除了在理论层面进行自给自足的挖掘，有学者将视野延伸至世界范围内进行比较研究。典型的如叶金强、吴文嫔、张默、张婧。张默撰文指出，英美合同法从不认可合同第三人利益转而认可合同第三人利益是晚近才发生的事。英国对合同相对性原则的改革以及美国对约因（consideration）要求的变化都体现了对第三人利益保护的必要性和可行性。虽然第三人不是合同当事人，但是随着经济贸易的发展以及合同形式的多样化，对第三人利益的保护已不容忽视。而我国立法却相形见绌。所以，在中国确立利益第三人制度十分必要。[4]张婧考察了法国、德国以及英国法的利益第三人规则，认为世界范围内认可该项制度是大势所趋。中国法实践中机动车第三者责任险、电商平台卖家为买家所购买的运费险等若干案例都需要真正利益第三人的一般规则。该一般规则应体现司法自治与契约自由的精神。[5]总的来说，意志

〔1〕　参见崔建远："为第三人利益合同的规格论——以我国《合同法》第 64 条的规定为中心"，载《政治与法律》2008 年第 1 期，第 68~72 页。

〔2〕　参见袁正英："第三人利益合同制度研究"，武汉大学 2014 年博士学位论文，第 1~4 页。

〔3〕　吴文嫔："论第三人合同权利的产生——以第三人利益合同为范式"，载《比较法研究》2011 年第 5 期，第 56 页。

〔4〕　张默："合同第三人的利益和保护"，载《人大法律评论》2014 年第 2 期，第 332~333 页。

〔5〕　张婧："真正第三人利益合同的比较法考察及立法完善——对民法典编纂中合同编的建议"，载《云南社会科学》2019 年第 1 期，第 162~169 页。

论虽然成为拯救合同第三人权利的"救世主",但是该理论也面临着细化、补强的问题。尤其重要的是,为什么会产生合同法上的第三人义务?学者们似乎对这个问题研究不多。

(4)如何建构向第三人履行的合同的具体规则?学者们大致上先将利益第三人合同分为简单型及赋权型(真正型与不真正型)两种,然后就立约人与受约人的抵偿关系、立约人与第三人的执行关系、受约人与第三人的对价关系分别加以论述。[1]韩世远、王利明在合同法教材中也有提及三方关系。[2]崔建远主张将利益第三人合同放在"合同的履行"一章中,因为债的效力必然涉及债的履行。另外,他也给出了为第三人利益的合同的制度设想,具有启发意义。[3]韩世远进一步撰文指出,在第三人权利获得的方式上,仅依当事人的合意便可成立第三人权利,第三人表示受益意思只发生使该权利确定的效果。如第三人不欲享受利益,可表达拒绝的意思,使该权利自始消灭。[4]另外,在违约责任的承担上,他指出,若债务人违约,债权人与第三人均可主张违约责任,因二者的主张是基于各自不同的债权,故二者所主张的责任内容会有所不同。这一点可以被《民法典》所吸纳。《民法典》并未规定债权人可以请求债务人承担违约责任,立法者认为这是不言自明的。但随之而来的是抗辩权问题——债务人是否可以向债权人主张其对第三人的抗辩权?这一点构成漏洞。叶金强也得出结论:该规则的内容可包括第三人权利的获得路径、第三人权利内容、债务人的抗辩权、当事人变更和撤销合同的权利、发生在债权人与债务人间、第三人与债权人间的其他效力等。现行的仅在个别单行法中个别地承认第三人直接请求权的规则体系,存在着缺陷。在我国即将制定的《民法典》中,应详细规定有关第三人利益合同的规则。[5]这样的观点虽然赞成吸收利他合同的规则,但是它对于《合同法》第64条的原有规则评析不多。当然,这也可能构成《民法典》对于第64条不加以变动的原

---

〔1〕张家勇:《为第三人利益的合同的制度构造》,法律出版社2007年版,第228~337页。

〔2〕韩世远:《合同法总论》,法律出版社2011年版,第264页。王利明:《合同法研究》(第1卷),中国人民大学出版社2015年版,第149~153页。

〔3〕参见崔建远:"为第三人利益合同的规格论——以我国《合同法》第64条的规定为中心",载《政治与法律》2008年第1期,第68~72页。

〔4〕参见韩世远:"试论向第三人履行的合同——对我国《合同法》第64条的解释",载《法律科学(西北政法学院学报)》2004年第6期,第103~104页。

〔5〕参见叶金强:"第三人利益合同研究",载《比较法研究》2001年第4期,第69~79页。

因。袁正英特别明确了第三人利益合同的适用范围、第三人有援引立约人与受约人之间争议解决条款的权利，并阐明了利益第三人合同的违约构成与救济，区分了利益第三人合同与其他第三人利益保护制度之间的界限。[1]另外，她在一般意义上考察合同成立与合同生效要件、违约责任与救济、利益第三人合同与其他涉他合同之间的界限，值得肯定。学者张园园归纳了利他合同的构成要件：利他合同所依据的基础合同合法有效、利他约款本身合法有效、受益第三人同意承受合同利益。在利他合同的效力方面，债权人在第三人接受合同利益之前享有撤销权，债权人的义务有信守合同、协助合同履行、协助第三人行使给付请求权。债务人的权利包括可以向第三人行使补偿关系的抗辩；债务人可以向债权人要求补偿增加的履行费用。债务人承担的义务主要是严格依照利他约款向第三人为履行行为。第三人享有独立的履行请求权，未经债权人同意，不得擅自转让该合同利益。同时，第三人享有的债权是一种不完全的债权，不包括代位权和撤销权。[2]

张默也撰文指出，在具体要件上，按照英美合同法，合同受益第三人利益的成立一般需满足如下条件：第一，合同当事人之间存在有效和可执行的合同（Enforceable contract）；第二，合同明确规定利益第三人为受益人或是有权要求合同履行的人；第三，如果合同规定不明确或有争议，订立合同时的相关情况足以证明合同当事人有使利益第三人受益的意图（或者只是第三人的一种合理信赖）；第四，受益人通过同意、信赖或诉讼等形式取得合同利益。[3]当然，第三人行使权利的前提应当包括：债权人没有变更或撤销第三人权利、债务人没有主张有效的抗辩。何平亦认为，为了与未来《民法典》衔接，为第三人利益合同制度应首先在债编总则中作扼要规定，再在合同之债分则中规定一般条款；对于特殊类型的为第三人利益合同如保险、海商、信托、运输等，则在特别法中加以详细规定。[4]笔者以为，这样的看法忽视了合同编不设债总的实情，不足取。应直接将该制度安置在合同编通则当中，再在特别法中规定若干第三人参与的交易类型，以便宜行事。另外何平主张

---

〔1〕　参见袁正英："第三人利益合同制度研究"，武汉大学2014年博士学位论文，第1~4页。

〔2〕　参见张圆圆："对利他合同的探讨"，载《法治研究》2007年第12期，第74~75页。

〔3〕　张默："合同第三人的利益和保护"，载《人大法律评论》2014年第2期，第332~333页。

〔4〕　何平："《合同法》应当确立为第三人利益合同制度"，载《湖北社会科学》2011年第12期，第166页。

在"合同的效力"一章中具体安排涉他合同制度。笔者以为不然，立法者在合同效力一章中主要从正反两方面归纳了合同有效、无效的情形（当然还包括它们的中间形态"可撤销"及"效力待定"），并没有表明对谁有效以及效力内容是什么。将其规定在"合同的履行"一章中，有利于布置具体权利规则。笔者同时也主张在静态维度和动态维度妥善处理法律关系，合理配置当事人和第三人权利，这深具借鉴意义。[1]学者张婧还考察了世界范围内限制型和开放型两种立法模式，认为在平衡利弊的基础上，中国法应选择开放型立法模式。在诉讼中，如立约人不向第三人给付时，第三人有权依执行关系成为案件的原告；而当受约人已经先于第三人起诉了立约人，因为第三人也享有不同于受约人的独立请求权，他可以以有独立请求权的第三人的身份加入诉讼。赋予第三人请求权而不赋予其诉权的立法显得故步自封。在当事人可否撤销第三人权利的问题上，她区分了几种情形：首先，在第三人表示接受受益前，当事人可以撤销或变更第三人权利；其次，在第三人表示接受后，若第三人的获益是无偿的，则在标的物给付之前当事人可以撤销。若第三人的获益是有偿的（例如他是受约人的债权人），则当事人不可以撤销。另外，若是履行道德义务、社会公益性质的赠与，则即使第三人表示接受前当事人也不得撤销。[2]这种直接适用赠与合同的做法，使得第三人的受益或履行请求权的获得比照了标的物的无偿转移，在受约人出于血缘关系、情谊关系而转移债权人权利时，具有较大的启发意义。

综合以上观点，学界如今对向第三人履行的合同的制度已达成重要共识。《合同法》第64条（相当于《民法典》第522条第1款）只是对于简单型为第三人利益合同的规定。第三人并无独立的履行请求权，但其有给付受领权、给付保有权、损害赔偿请求权等权利。"举轻以明重"，赋权型为第三人利益的合同的规定，有很强的必要性。在比较法上，德日立法例早已承认第三人的请求权，英美立法却以迂回的方式（如代理、信托、债权让与等）对合同相对性进行着有限的突破，终是不合时宜。在受益第三人权利的证成上，意志论理论还居于主导地位，但也业已式微。新的观点认为，诚信原则、第三

---

〔1〕 何平："《合同法》应当确立为第三人利益合同制度"，载《湖北社会科学》2011年第12期，第168~169页。

〔2〕 张婧："真正第三人利益合同的比较法考察及立法完善——对民法典编纂中合同编的建议"，载《云南社会科学》2019年第1期，第162~169页。

人的合理信赖、社会公共政策等新兴理论愈加有力。在第三人取得权利的路径上，修正的单方行为模式符合合同当事人的意志，也适当照顾了第三人选择是否受益的自由，具有合理性。对于具体规则的设计，包括：第三人在补偿关系确定时取得权利，但在其明确接受或拒绝前，当事人可以撤销该权利使其溯及于成立时归于消灭；第三人一旦取得权利，则处于与债权人同样的地位，可以请求、受领、保有第三人的履行；债权人同时享有请求债务人向第三人履行的权利；债务人一经履行即消灭第三人对债权人的债权、债权人对债务人的债权、第三人对债务人的"债权"；若出现债务人不履行债务的情形，债权人与第三人均能请求债务人向第三人履行，但债务人可以同时援引补偿关系和执行关系的抗辩，且第三人与债权人不得双重获利。

2. 附保护第三人作用的合同

上文已经提及，该项制度产生之初即准用向第三人履行的合同，所以本部分紧接上文，以体现逻辑和叙述上的连贯性。依王泽鉴先生之见，所谓附保护第三人作用的合同，是指特定合同一经成立，不但在当事人间发生权利义务关系，同时债务人对于与债权人具有特殊关系的第三人，也负有照顾、保护等义务。债务人违反此项义务时，就特定范围之人所受的损害，也应依合同法的原则，负赔偿责任。[1]针对该项制度，学界著作颇丰，比较重要的有周友军《专家对第三人责任论》、仲伟珩《专家对第三人责任制度研究——一种基于民法体系化的制度设计与解释》、张家勇《论合同保护第三人的路径选择》[2]、吴俊贤《附保护第三人作用契约之研究》、王文钦《德国法上"附保护第三人作用之契约"制度的新发展》[3]、邵建东《论德国民法中附保护第三人效力的合同》[4]、申黎及尹志君《试论引进"附保护第三人作用

---

[1] 王泽鉴：《民法学说与判例研究》（第 2 册），中国政法大学出版社 1998 年版，第 34 页。转引自邱雪梅："附保护第三人作用合同研究——兼论建设工程施工合同对第三人效力的法理依据"，载《政法学刊》2005 年第 6 期，第 26 页。

[2] 张家勇："论合同保护第三人的路径选择"，载《法律科学（西北政法大学学报）》2016 年第 1 期，第 81 页。

[3] 王文钦："德国法上'附保护第三人作用之契约'制度的新发展"，载《中外法学》1994 年第 2 期，第 67 页。

[4] 邵建东："论德国民法中附保护第三人效力的合同"，载《比较法研究》1996 年第 3 期，第 270 页。

之契约"理论的必要性》[1]。还有一些教材对该问题也有涉及，限于篇幅不再一一介绍。就学者们提出的问题及相应的观点和看法，笔者总结如下：

（1）该类合同是如何产生的？王泽鉴指出，德国判例学说创设的"附保护第三人作用之契约"和《美国统一商法典》第2-318条明文规定的"利益第三人担保责任"，都有其产生的理由。德国法创设该制度，是因为在举证责任、时效及免责事由上，主张契约责任比侵权责任对当事人更加有利。美国法中出卖人依明示或默示的瑕疵担保责任须赔偿买受人之外第三人的损失，也使第三人的权利主张更加顺畅。因此，总体来看，德国和美国扩大契约的第三人效力，一方面在于补救侵权行为法之缺点；另一方面亦在强调契约上之诚信原则及信赖关系，扩充附随义务。[2]张家勇也撰文称，德国法上附保护第三人作用的合同起初是为了保护第三人的人身法益和财产所有权。不过近来也有适用于专家责任的趋势。这样，第三人的纯粹经济损失也可以要求赔偿。法国法也有类似的保护第三人的方式：在产品责任中，利用链式合同理论由最终购买者直接追索源头的出卖人。这些制度的存在是要发挥两项功能——通过合同法弥补侵权法的不足；通过合同法强化对第三人利益的保护。[3]邱雪梅也强调，因为德国法上雇主能轻易免责、侵权法无法保护因过失而导致的纯粹经济损失以及合同法的弹性，该项制度应运而生。[4]她在另外的场合认为，附保护第三人作用的合同最初援引为第三人利益的合同，但后来拉伦茨将其独立化，并在习惯法上广泛适用于雇佣合同等领域。目前它主要适用于遗嘱案件和专家责任案件。[5]王璟研究发现，德国由于侵权法立法模式上的缺陷、合同法相较侵权法有弹性、侵权诉讼无限赔偿的担忧，而创设了附保护第三人作用的合同。起初，其主要为解决雇主的侵权责任问题

[1] 申黎、尹志君："试论引进'附保护第三人作用之契约'理论的必要性"，载《当代法学》2002年第4期，第59~63页。

[2] 王泽鉴：《民法学说与判例研究》（第2册），北京大学出版社1998年版，第23~40页。

[3] 张家勇："论合同保护第三人的路径选择"，载《法律科学（西北政法大学学报）》2016年第1期，第81页。

[4] 邱雪梅："附保护第三人作用合同研究——兼论建设工程施工合同对第三人效力的法理依据"，载《政法学刊》2005年第6期，第26~28页。

[5] 参见邱雪梅："论附保护第三人作用合同——兼谈我国民法典编纂中民事责任体系的构建"，载《甘肃社会科学》2006年第1期，第147~152页。

和纯粹经济损失的赔偿问题。[1]学者陈慧君撰文称，附保护第三人作用之契约是基于契约所具有的社会效力和诚实信用原则发展而来，因此契约对第三人的保护效果具有理论基础。德国法最初将其适用于雇主责任案件、纯粹经济损失案件、加工承揽合同案件。但就契约保护义务扩张理论的正当性基础的论证，判例最初是以契约解释（《德国民法典》第157条）为路径，适用或类推适用《德国民法典》第328条所规定的利益第三人契约。但是学说批判此种迂回做法，而由拉伦茨所提出的"附保护第三人效力之契约"理论逐渐成为通说。现联邦最高法院或直接以第242条诚实信用原则为基础，或以诚实信用为原则，基于契约的补充性解释（第133条、第157条）推定当事人有保护第三人的意思，或以第241条第2款和第311条第2款或第3款为基础，适用这一理论。这样的解释方法一言以蔽之，是在援引诚实信用原则的一般条款。学说上一般认为，就各类案件而言，法官基于诚信原则所进行的法律续造可以作出合理且统一的解释。后德国《债法现代化法》加入了合同附随义务，可以涵摄对第三人的保护义务，使得该理论找到了实定法上的依据。[2]

（2）该类合同的构成要件和法律后果分别是什么？张家勇就该问题强调，附保护第三人作用的合同应满足一定的构成要件：第三人处于近于给付的状态；债权人对于第三人有保护利益；债务人对于合同保护效力的扩张效果能够识别；第三人不能主张其他合同请求权。但在实践中，德国法第三人的范围没有得到很好的控制。[3]邱雪梅也指出，德国《债法现代化法》并未清晰界定"第三人"的范围，应当将相关案例类型化。而该类合同的要件有三项：第三人对债务人的给付具有利害关系、债权人对于第三人的保护具有利益、债务人对于前述两个要件可预见。[4]陈慧君撰文称，在具体规则设计上，债务人和第三人均能行使主合同的抗辩。为了限制附保护第三人作用的契约不会无限扩大其适用范围，应该对契约保护义务及第三人的范围作出界定，其

〔1〕　王璟："论'附保护第三人作用之合同'——兼谈我国侵权责任法的完善"，载《求索》2009年第10期，第149页。

〔2〕　陈慧君："论附保护第三人效力之契约"，华东政法大学2018年硕士学位论文，第1~3页。

〔3〕　张家勇："论合同保护第三人的路径选择"，载《法律科学（西北政法大学学报）》2016年第1期，第81页。

〔4〕　邱雪梅："附保护第三人作用合同研究——兼论建设工程施工合同对第三人效力的法理依据"，载《政法学刊》2005年第6期，第26~28页。

要件包括：给付接近性、债权人利益、债务人可辨识性和第三人的保护必要性等。[1]笔者认为，这些学者对"附保护第三人作用的合同"的构成要件的归纳，大同小异。只是在"第三人"的范围上，会有不同意见。这凸显了该制度的固有缺陷——规范范围不易控制。这些文献中构成要件的叙述较多，但法律后果的描述却不多。笔者将在正文部分对此进行探讨。

（3）我国是否应该在涉他合同部分引入该制度？王泽鉴先生对该问题持积极的态度。"此项法制发展，涉及问题甚广，如何兼顾法规体系（侵权法与契约法之界分）、债务人责任之合理化以及特定范围第三人保护之必要性，实值研究。"其认为应当重新审视合同第三人的地位。同时在特定合同，如买卖合同、租赁合同、雇佣合同等继续性合同当中，是否应当加重债务人责任，以保障与债权人有亲密关系之人，也值得探讨。[2]邱雪梅主张，该类合同周全地保护了第三人利益，为合同法保护义务理论的形成和合同责任的立体化重构起到积极作用。但实践中也出现第三人范围不清，导致合同法"肥大"的问题。她认为我国应当引入该项制度，赋予第三人主张侵权责任或违约责任的选择权。在建设工程施工合同中，发包人作为债务人，对于承包人（债权人）、实际施工人（第三人）都负有保护义务，因此是我国附保护第三人作用的合同的实例。[3]我国现行民事责任体系难以周全保护第三人利益。遭受同一损害的第三人和合同相对人受保护的程度不同，甚至得不到保护。而采用附保护第三人作用合同，可以让第三人就违约责任和侵权责任进行选择。虽然我国不存在两种责任孰优孰劣的问题，但这样处理效果更好。引入该制度，也意味着对传统民事责任体系的再造。合同责任将由给付义务与保护义务的违反而产生，合同责任的主体范围将扩张到第三人。另外，它也使得民事责任的两个支柱——侵权责任与违约责任的界限变得模糊。她进而认为，可以以附保护第三人作用的合同为例来改造我国的民事责任体系：确定合同相对性原则的例外，并认可保护义务。[4]马强撰文称，《产品质量法》第28

〔1〕 陈慧君："论附保护第三人效力之契约"，华东政法大学2018年硕士学位论文，第1~3页。

〔2〕 王泽鉴：《民法学说与判例研究》（第2册），北京大学出版社1998年版，第23~40页。

〔3〕 邱雪梅："附保护第三人作用合同研究——兼论建设工程施工合同对第三人效力的法理依据"，载《政法学刊》2005年第6期，第26~28页。

〔4〕 参见邱雪梅："论附保护第三人作用合同——兼谈我国民法典编纂中民事责任体系的构建"，载《甘肃社会科学》2006年第1期，第147~152页。

条存在漏洞。在缺陷产品造成消费者人身或其他财产遭受损害时，受害人才可向生产者主张侵权责任。而在实际操作中，直接销售者可能基于免责条款而免责。或因商店关闭、破产、歇业等，消费者无法诉诸法律。于此情形，可以引入附保护第三人作用的合同，这可以使作为第三人的消费者直接追索与其无合同关系的生产者、销售者。他认为但凡产品责任案件，生产者、销售者都有默示担保义务，且此种义务及于买受人，及于与其有利害关系的使用者。消费者可以基于担保责任跨越数个合同而直接追究生产者责任。若存在免责条款，则要考虑其是否合理。为避免责任范围被无限扩大，第三人的范围要受到严格限制。[1]尚晓璐注意到在我国合同履行行为中，缺陷产品致第三人受损的情形得到了《产品质量法》很好的规制，而缺陷服务行为致第三人损害构成法律救济的缺位。因此，她建议引入附保护第三人作用的合同，对服务行为导致第三人受损的情况予以救济，以弥补法律漏洞。当然，她也提倡以实质正义及事实接触关系来对第三人的范围进行限缩。[2]但笔者以为，服务提供者的安全保障义务以及合同法中的附随义务都可以保护服务行为中的第三人，如此构建有牵强附会的嫌疑。当然，这样的研究也说明对合同第三人的合同救济不够充分，要考虑附保护第三人作用的合同在合同责任的重构方面的价值。

赵清新也认为，基于诚实信用原则对合同附随义务的涵摄与补强，合同债务人应当对与债权人有密切关系的第三人承担保护、照顾等义务。而且在第三人遭受到加害给付时，第三人主张合同责任比主张侵权责任更加有利。因此，我们应该在买卖合同、租赁合同、雇佣合同、运输合同、产品责任中，引入附保护第三人作用的合同。虽然该类合同体现了对于合同相对性的突破，甚至在产生之初，法官准用利益第三人的合同规则来处理该类合同纠纷，但是该类合同与利益第三人合同之间有诸多不同点。引入该项制度具有制度创新性。[3]陈慧君亦指出，我国纯粹经济损失类案件和侵权责任与违约责任竞合类案件可以适用该理论，这可以使得侵权法适用更加具有弹性，并可以使

〔1〕 参见马强："附保护第三人作用之合同研究"，载《政治与法律》2005 年第 1 期，第 41 页。

〔2〕 参见尚晓璐："缺陷服务行为致第三人损害的民事责任——兼谈附保护第三人作用的合同"，华东政法大学 2010 年硕士学位论文，第 1 页。

〔3〕 赵清新："论附保护第三人作用的合同"，载《法律适用》2013 年第 3 期，第 104 页。

第三人主张两种请求权的竞合以使自身利益得到最大保护。[1]

当然，学界也有反对的声音。如王璟撰文称，何种客观情况、何种"第三人"可以适用该类合同，十分模糊。且容易导致侵权法与合同法的混淆，而出现"合同法肥大"的问题。违约责任的适用也不一定比侵权责任对受害人的保护有利。因此，他提出，应该在立法上解决我国侵权法上出现的类似于德国法上的问题，从而避免引入附保护第三人作用的合同。[2]张家勇也持否定说——中国立法和司法实践中不承认附保护第三人作用的合同，也没有必要强行引入附保护第三人作用合同。而是应依据为第三人利益的合同，探求合同当事人的真实意图来保护第三人利益，不能单纯以社会、经济政策和法官的法律续造去处理该问题。[3]

综合以上观点，关于该类合同的由来以及构成要件，学界并无太大争议。其最大的分歧应在于我国是否要引入附保护第三人作用的合同。笔者认为，该问题的答案应取决于我国法律中有无类似德国法的法律漏洞。首先，我国侵权责任的构成，不是阶层式的，而是扁平式的。一般侵权责任的构成要件是四要件，同时又增加了无过错责任及公平责任的形态，再辅之以对侵权行为客体——权利和利益的全方位保护，我国侵权法所调整的范围十分广阔，并不存在德国式的法律漏洞。其次，在我国，侵权责任与违约责任并无孰优孰劣之分。其举证责任、赔偿范围及诉讼时效虽有差异，但整体上对权利人的保护程度相当。至于有学者举出的侵权法上的漏洞，如缺陷服务行为致第三人损害的案件、专家对第三人的责任案件、产品责任追索非直接销售者的案件，可以依据过错责任的归责原则或是扩大解释"销售者"的含义来处理。当然，此仅为一般论述，对附保护第三人作用的合同的详细分析将在后文展开。

3. 由第三人履行的合同

关于由第三人履行的合同，学界也有研究。其又称第三人负担契约、担保第三人履行的合同，是指以担保第三人的履行为合同标的的合同。笔者收

---

〔1〕 陈慧君："论附保护第三人效力之契约"，华东政法大学 2018 年硕士学位论文，第 1~3 页。

〔2〕 王璟："论'附保护第三人作用之合同'——兼谈我国侵权责任法的完善"，载《求索》2009 年第 10 期，第 149 页。

〔3〕 张家勇："论合同保护第三人的路径选择"，载《法律科学（西北政法大学学报）》2016 年第 1 期，第 81 页。

集到的文献主要包括：黄和新《代位权人优先受偿权制度的合理性分析》[1]、丁广宇《挂靠或出借名义的效力及内外部法律责任》[2]、解亘《再论〈合同法〉第121条的存废——以履行辅助人责任论为视角》[3]、王泽鉴《为债务履行辅助人而负责》[4]、韩世远《他人过错与合同责任》[5]、尹田《论涉他契约——兼评合同法第64条、第65条之规定》[6]、李岩《是债务转移还是由第三人履行》[7]、韩世远《由第三人履行的合同刍议》[8]。此外还有一些教材也涉及该问题，笔者不再一一列举。针对该类合同，学者们研究的问题及其主要观点归纳如下：

（1）第三人为什么会负担履行义务？毫无疑问，第一位的原因是合同当事人与第三人之间的约定。这种约定可以是协商产生，也可以是法律拟制。其次，第三人负担义务的原因可能是其实际享有利益。如丁广宇指出的，无资质的第三人挂靠有资质者，享有实际利益的情形。这会催生挂靠人与被挂靠人的连带责任。[9]第三人作为连带债务人自然要分担债权人的损失。但名义上的债务人仍然是被挂靠人。再次的原因，有可能是因为实质公平，如实际施工人直接追索作为分包合同第三人的发包人，也有可能是出于效率的考虑，如承揽合同及委托合同中债务人的重新委任，这在一般情形下是不需要债权人的同意的。第三人负担履行义务与债务人承担违约责任并不矛盾。王泽鉴认为，债务人为他人买单的原因是报偿理论及危险理论。[10]

〔1〕　黄和新："代位权人优先受偿权制度的合理性分析"，载《南京师大学报（社会科学版）》2002年第6期，第46~51页。

〔2〕　丁广宇："挂靠或出借名义的效力及内外部法律责任"，载《人民司法》2019年第26期，第55页。

〔3〕　解亘："再论《合同法》第121条的存废——以履行辅助人责任论为视角"，载《现代法学》2014年第6期，第31~33页。

〔4〕　王泽鉴：《民法学说与判例研究》（第6册），北京大学出版社1998年版，第50~75页。

〔5〕　韩世远："他人过错与合同责任"，载《法商研究》1999年第1期，第36页。

〔6〕　尹田："论涉他契约——兼评合同法第64条、第65条之规定"，载《法学研究》2001年第1期，第33页。

〔7〕　李岩："是债务转移还是由第三人履行"，载《政治与法律》2002年第1期，第105页。

〔8〕　韩世远："由第三人履行的合同刍议"，载《浙江工商大学学报》2008年第4期，第14页。

〔9〕　丁广宇："挂靠或出借名义的效力及内外部法律责任"，载《人民司法》2019年第26期，第52~57页。

〔10〕　王泽鉴：《民法学说与判例研究》（第6册），北京大学出版社1998年版，第74页。

（2）由第三人履行的合同的概念如何界定？它主要存在于何种案例类型中？韩世远撰文称，由第三人履行的合同以担保第三人的履行为合同标的，属于广义的担保行为之一种，其目的在于确保他人的履行。它仅以约定由第三人履行为其特点，此外则与普通合同无异，并非与买卖、赠与等相对立的特殊合同，并非一种独立的合同类型，毋宁说它是一种变异，它可以对所有典型合同以及非典型合同加以约定。[1]林诚二和李岩在概念界定的基础上，区分了债务承担、保证与第三人负担契约。李岩认为债务转移与由第三人履行的合同之间的不同点在于：订立协议的主体不同、对履行人要求不同、法律关系不同、法律后果不同、诉讼主体不同。[2]这样的理论探讨固然明晰，但司法实践却不易区分。笔者以为，区分它们之间的关键在于，三方协议签订后，原债务人有没有全部或部分退出原债权债务关系。若退出，则为债务承担（移转）；若没有退出，则是由第三人履行的合同。

（3）当事人如何订立由第三人履行的合同？韩世远总结了该类合同的成立要件：一是，合同在债权人与债务人之间签订；二是，合同的目的是要确保他人的履行；三是，债务人的债务是独立的主债务；四是，基础合同构成不要式的双方法律行为。另外，"由第三人履行的合同"不解决两个问题：一是，债权人是否对于第三人享有直接的履行请求权问题。二是，第三人是否负担债务问题。[3]由第三人履行的合同的当事人分别是债权人和债务人，第三人并非合同当事人。债务人是以自己的名义、依自己的计算并以自己的风险缔结该合同。该合同所发生的债务是由债务人负担，而非由第三人负担。合同的目的是要确保他人的履行。由第三人履行的合同中所提到的第三人的"履行"行为（作为或者不作为），可能是法律上承认的债务指向的行为，也可能不是法律上承认的债务而是道义上的债务指向的行为，也可能根本不基于任何债务。[4]崔建远探讨了债务不得由第三人履行的三种情形：一是，当事人之间事先约定，债务不得由第三人履行；二是，第三人与债务履行无利害关系，经债务人异议后，债权人拒绝该第三人履行；三是，依债务性质不

---

〔1〕 韩世远："由第三人履行的合同刍议"，载《浙江工商大学学报》2008年第4期，第14页。
〔2〕 李岩："是债务转移还是由第三人履行"，载《政治与法律》2002年第3期，第105页。
〔3〕 韩世远：《合同法总论》，法律出版社2018年版，第375～378页。
〔4〕 韩世远："由第三人履行的合同刍议"，载《浙江工商大学学报》2008年第4期，第14页。

得由第三人履行。[1]但笔者认为，崔建远混淆了由第三人履行的合同与第三人代为履行的合同。前者是第三人被动依据与债务人之间的法律或非法律上的关系而作出履行，第三人往往要承担较重的义务。而后者是第三人为了自己的利益需要而主动履行合同，获利意图明显。

（4）由第三人履行的合同的法律效果如何？韩世远撰文称，首先，第三人不因该合同的订立而负给付义务。其次，第三人既不因此项合同负给付义务，则其履行与否，纯属自由，若不履行应由债务人向债权人承担违约责任。再次，债务人的违约责任，原则上为损害赔偿责任，但也可以是代为履行。最后，债务人向债权人承担了违约责任后，对于第三人是否有补偿请求权，完全取决于二者之间的具体关系，通常情况下不成立追偿关系。[2]在另一篇论文中，韩世远认为，通过这样一份独立的协议，债务人负担的义务是，在第三人没有按债务人与债权人合意的方式行为时，由债务人负赔偿责任。基于由第三人履行的合同，债权人并不能够取得对于第三人的履行请求权。基于由第三人履行的合同，债务人负担的是担保义务，第三人没有履行或者履行不符合约定，即属债务人担保义务的违反，发生违约责任。其违约责任原则上为损害赔偿责任，所赔偿对象为债权人的履行利益；个别场合，亦得为代为实际履行责任。[3]林诚二研究发现，就此类契约的效力而言，一是，第三人不因第三人负担契约而负给付义务，因第三人非契约当事人，契约当事人仍仅为债权人及债务人耳，故债权人自不得对第三人径行请求给付；二是，第三人不给付时，债务人仅负损害赔偿责任（即债务担保责任），非代为（代负）履行责任，故债权人不得径行请求债务人履行。三是，当债务为非专属性之债务时，虽不能强制债务人履行，但若债务人愿代为履行时，依有关规定，债权人不得拒绝，否则为权利之滥用；四是，当第三人给付迟延时（仍有给付），除有第三人迟延后之给付，于债权人无利益者外，债权人仅得向债务人请求赔偿因第三人迟延所生之损害；五是，第三人为不完全给付时，而债权人仍愿受领时，债权人仅得向债务人请求损害赔偿，因第三人非契约当事人；六是，当不便依外部第三人负担契约解决纠纷时，不妨依当事人间之

〔1〕 崔建远：《债法总论》，法律出版社 2013 年版，第 61~62 页。

〔2〕 韩世远：《合同法总论》，法律出版社 2018 年版，第 375~378 页。

〔3〕 韩世远："由第三人履行的合同刍议"，载《浙江工商大学学报》2008 年第 4 期，第 14 页。

内部基础关系或原因关系解决。[1]学者尹田也有类似看法。[2]

综合上述观点，由第三人履行的合同中所存在的问题至为明晰。首先，第三人并非合同当事人，其履行之债务本为债务人之债务；其次，当第三人不履行债务时，应当由债务人负违约责任；最后，债务人承担违约责任之后能否向第三人追偿，应当依据债务人与第三人之间的内部协议。在司法实践中，合同纠纷有多数人参与时，当事人一方的违约由自己承担责任抑或由第三人承担责任，端视债务承担是否发生。若未发生，则只是由第三人履行的合同，由债务人承担违约责任。在发生第三人给付迟延、不完全给付时，债权人可以接受履行并向债务人要求损害赔偿。若发生债务承担，则第三人成为新的债务人，其违约责任由自己承担。另外，第三人履行义务生成的原因也十分重要，这将是与第三人权利理论相对应的问题。

4. 第三人代为履行的合同

又称第三人清偿、代位清偿，是指第三人向债权人清偿债务人之债务，而成为新的债权人或取得对债务人的求偿权的制度。关于此制度，学界着笔颇多。比较重要的文献有，张晓梅《第三人主动履行债务探析》[3]、程宏《第三人单方自愿履行的法律后果——从个案角度分析第三人代为清偿与相关制度的区别》[4]、施建辉《第三人代为清偿研究——兼论预备债务抵销抗辩》[5]、陈洸岳《抵充与代位清偿》[6]、熊贤忠《试论合同无效之返还财产制度——以第三人代为清偿后合同无效为研究视角》[7]、冉克平《民法典编纂视野中的第三人清偿制度》[8]。由于是传统民法理论，各类教材均有论述，

---

[1] 林诚二：《民法债编总论——体系化解说》，中国人民大学出版社 2003 年版，第 467~468 页。

[2] 尹田："论涉他契约——兼评合同法第 64 条、第 65 条之规定"，载《法学研究》2001 年第 1 期，第 33 页。

[3] 张晓梅："第三人主动履行债务探析"，载《上海交通大学学报（哲学社会科学版）》2004 年第 4 期，第 27 页。

[4] 程宏："第三人单方自愿履行的法律后果——从个案角度分析第三人代为清偿与相关制度的区别"，载《广西大学学报（哲学社会科学版）》2007 年第 4 期，第 52 页。

[5] 施建辉："第三人代为清偿研究——兼论预备债务抵销抗辩"，载《法学评论》2007 年第 6 期，第 116 页。

[6] 陈洸岳："抵充与代位清偿"，载《月旦法学教室》2011 年第 105 期，第 12 页。

[7] 熊贤忠："试论合同无效之返还财产制度——以第三人代为清偿后合同无效为研究视角"，载《武汉大学学报（哲学社会科学版）》2012 年第 2 期，第 88 页。

[8] 冉克平："民法典编纂视野中的第三人清偿制度"，载《法商研究》2015 年第 2 期，第 35 页。

笔者在此不一一介绍。学者们讨论的问题及主要观点归纳如下：

（1）该项制度如何界定？它与其他类似制度之间如何区分？例如，程宏认为，第三人单方自愿履行与债务承担、债务履行承担、由第三人履行、以及保证制度之间存在着本质的区别，只有在理论上正确地区分这些制度，才能更好地指导司法实践。[1]周剑一亦撰文指出，在理论上，第三人代为履行制度与"由第三人履行的合同"以及"债务承担"极其相似，但确有区别。如果债务人在第三人参与后退出原债权债务关系，那么此时可判定为免责的债务承担；如果第三人加入原债权债务关系中，那么可判定为并存的债务承担；如果原债权债务关系双方没有发生变化，则可判定为是第三人代为履行或是由第三人履行的合同，再通过缔结主体加以判断即可。[2]宋建立以一则案例引出他要讨论的话题。他指出第三人代为履行与债务承担区别有三：第三人作出的代偿承诺是否与债权人成立合同关系不同；第三人所处的法律地位不同；第三人所负的法律责任不同。司法实践中，也经常会遇到债权人、债务人和第三人一起约定由第三人向债权人履行债务时，该如何判断第三人的法律地位问题，即属于债务承担，抑或是第三人代为履行的问题。一般讲，只要是债权人、债务人与第三人一起签署协议，约定由第三人履行债务人的合同义务，只要没有明确表示其取代债务人，便可以认定为并存的债务承担。这样认定主要是考虑，第三人的自愿加入、债权人对协议的签署，意味着债权人对第三人偿债意思表示的确认，这样便在债权人与第三人之间形成了合同关系，使得第三人与债务人一起成为了合同当事人。[3]

（2）是否任意第三人均可代为履行？崔建远撰文称，一般情况下，双务契约应当允许第三人代为履行。但是，在下列情况下，债务不得由第三人履行：第一，当事人之间事先约定，债务不得由第三人履行。但该第三人就债务履行与当事人有利害关系的，仍可由第三人履行；第二，第三人与债务履行无利害关系，经债务人提出异议后，债权人拒绝该第三人履行；第三，依债务性质不得由第三人履行。不过，有学说认为，债务即使具有专属性，如经债权人同意，依诚实信用原则仍可由第三人代为履行。至于连带债务人或

〔1〕　程宏："第三人单方自愿履行的法律后果——从个案角度分析第三人代为清偿与相关制度的区别"，载《广西大学学报（哲学社会科学版）》2007年第4期，第52页。
〔2〕　周剑一："第三人代为履行若干问题研究"，吉林大学2014年硕士学位论文，第1页。
〔3〕　宋建立："第三人代为履行与债务承担的甄别"，载《人民司法》2010年第14期，第8页。

不可分债务人，是否属于与履行有利害关系的第三人，学说见解不一。[1]孙森焱也指出，由债务人以外之第三人清偿债务者，原则上应予准许。尤其第三人就债之履行有利害关系者，债权人更不得拒绝其清偿。仅于例外情形，债务之履行着重在债务人之给付行为本身者，始不得由第三人清偿。第三人清偿之限制包括：当事人另有订定不得由第三人清偿者、依债之性质不得由第三人清偿者、第三人无利害关系而为清偿，经债务人异议后债权人拒绝其清偿者。第三人就债之履行有利害关系者，即使债务人对其清偿有异议，债权人亦不得拒绝。担保物之所有人、次序在后之抵押权人清偿次序在前之抵押权担保之债权、无担保权之债权人清偿其债务人所负有担保权之债务、合伙人清偿合伙之债务等，均应认为有利害关系。[2]郑玉波亦撰文称，债之清偿，以得由第三人为之为原则，然有下列之例外：当事人另有订定不得由第三人清偿者、依债之性质不得由第三人清偿者、第三人之清偿债务人有异议并经债权人拒绝者。第三人之清偿，债务人无异议时，债权人不得拒绝，盖债务以得由第三人清偿为原则也。第三人之清偿，债务人有异议，债权人亦得不拒绝，于是第三人仍得清偿。以上系就一般之第三人而言，若就债之履行有利害关系之第三人为清偿时，纵使债务人有异议，债权人亦不得拒绝。[3]程宏研究后，无法得出肯定答案。第三人单方自愿履行属于第三人代为清偿的一种，理论及司法实务中对我国《合同法》是否明确规定了第三人代为清偿制度存在较大争议，但都普遍认同第三人代为清偿的效果。[4]周剑一亦指出，第三人代为履行中的"第三人"可分为有利害关系与无利害关系两类。如果第三人属前者，则在是否可以法定代为以及法律后果方面有不同结果。[5]付晓波也持肯定见解。第三人代为清偿制度是解决实践中"三角债"的关键。他长期对房地产建设工程领域常见的农民工讨薪难的案例进行研究，认为第三人代为清偿制度是从债权人代位权的逆向法律思维出发，在考虑社会的通行做法或者习惯条件下逐渐形成的。并认为，第一，第三人可以代债

---

〔1〕 崔建远：《债法总论》，法律出版社 2013 年版，第 62 页。

〔2〕 孙森焱：《民法债编总论》（上、下），法律出版社 2006 年版，第 835~844 页。

〔3〕 郑玉波：《民法债编总论》，中国政法大学出版社 2006 年版，第 474~481 页。

〔4〕 程宏："第三人单方自愿履行的法律后果——从个案角度分析第三人代为清偿与相关制度的区别"，载《广西大学学报（哲学社会科学版）》2007 年第 4 期，第 52 页。

〔5〕 周剑一："第三人代为履行若干问题研究"，吉林大学 2014 年硕士学位论文，第 1 页。

务人清偿，法律另有规定或者依债务性质不允许代为清偿的除外；第二，债权人、债务人无正当理由不得对抗无利害关系第三人的代为清偿；第三，第三人代为清偿后，在清偿限度内承受债权人的权利，超过限度清偿的，法律有规定或者债务人有过错的，第三人也可以向债务人求偿。[1]

（3）代为清偿的构成要件和法律效果是什么？针对该问题，孙森焱指出，代为清偿的要件包括：第三人须有满足债权之行为、第三人须对债务人有求偿权。第三人之清偿，不论该第三人就债之履行有无利害关系，有发生求偿权者，亦有不发生求偿权者。若第三人系无利害关系者，则除得依求偿权所以发生之法律关系行使权利以外，别无可资行使之权利。第三人如有利害关系，则为确保该第三人之求偿权，尚可取得代位权。[2]郑玉波也认为，代为清偿的要件包括：须第三人已为清偿、须就债之履行有利害关系之第三人为清偿（这种利害关系人包括：连带债务人、不可分债务人、保证人、物上保证人、无担保权之债权人等）、须清偿人对于债务人有求偿权。第三人之代位，非经债权人或代位人通知债务人，对于债务人不生效力。亦即以代位通知为对于债务人生效之要件。行使之方法为，第三人须以自己之名义行使，盖斯时债权人之债权已移转于第三人，成为第三人自己之债权，虽曰代位行使，实际上乃行使自己之债权。第三人之求偿权与代位权择一行使。主债权已全部清偿者，第三人则得行使债权人全部债权，及有关之一切权利。然若一部清偿时，则其承受债权人之权利，即不得有害于债权人之利益。唯因代位而移转者仅为债权，至于与契约当事人之地位有关的契约解除权、撤销权，则不当然随同移转，因而第三人为一部清偿，而债权人以后因剩余部分债权之不履行，仍得解除契约，惟对于第三人已为清偿之部分，应依法返还之而已。最后，文件交付及情形告知——债权人应将证明债权之文件交付于清偿人，并应告以关于主张该债权所必要之一切情形。[3]陈洸岳也认为，第三人代为清偿所获得的抵押权不得优先于债权人而为行使。[4]

冉克平亦撰文称，我国债法总则尚未颁行，造成现行立法上第三人清偿制度的缺位，并由此导致立法与司法之间的冲突。第三人清偿规范分散规定

---

[1]　付晓波："刍议第三人代为清偿制度"，南京师范大学 2016 年硕士学位论文，第 1 页。
[2]　孙森焱：《民法债编总论》（上、下），法律出版社 2006 年版，第 835~844 页。
[3]　郑玉波：《民法债编总论》，中国政法大学出版社 2006 年版，第 474~481 页。
[4]　陈洸岳："抵充与代位清偿"，载《月旦法学教室》2011 年第 105 期，第 12 页。

于合伙、连带债务、保证以及抵押权等规范之中，亟待系统地整理与研究。对于有利害关系的第三人而言，其在清偿之后不仅享有求偿权，更为重要的是享有代位权。我国现行法并未明文规定第三人清偿之后享有代位权，构成立法上的漏洞。未来的债法总则应当借鉴先进立法例，就第三人清偿及其效力予以明确规定，以平衡第三人、债权人以及其他担保人之间的利益。[1]在第三人代为履行而债权人与债务人之间的合同无效场合，熊贤忠认为，合同无效的责任应是返还财产、赔偿损害等。在第三人以债务人名义代为清偿且债权人无异议的、因合同无效而获取合同履行利益的当事人应当将所得利益退还给合同相对人；在第三人以自己的名义代为清偿债务人的债务且不以代位行使债权人权利的、因合同无效而获取合同履行利益的当事人应当将所得利益退还给第三人。[2]张晓梅研究了第三人主动履行债务的原因，包括政治原因、经济原因、感情原因等。如欲取代原债权人成为新的债权人、欲与债务人抵销债务、欲处理自己的积压产品。她又举例：某县某中学多名学生集体中毒，县政府出钱免费给中毒学生治疗，免费安排家长吃住；虽无亲友关系，但出于同情、帮助弱者的心态，主动替债务人清偿债务。关于第三人主动履行债务的法律性质——第三人主动履行债务的行为不属《合同法》中的债务履行承担、债务移转、为第三人利益的合同；若第三人以债务人的名义履行了债务，第三人的行为应依不同情形分别成立有权代理、无因管理、不当得利；若第三人以自己名义主动履行债务，该行为属于债务移转。在立法建议中，她提出应完善无因管理和不当得利的法律规定。其次，在《民法典》债编或《合同法》中增加债务移转的类型，规定第三人与债权人协议的债务移转，将第三人以自己名义向债权人履行债务的行为明确为债务移转。同时为解决第三人的追偿权问题，有必要借鉴日本等立法，规定法定代位和约定代位。[3]施建辉从司法实践入手，探讨了第三人代为清偿中的预备债务抵销失抗辩。因我国法律并无第三人代为清偿的规定，这直接导致了司法实践的无序。第三人代为清偿后对债务人取得求偿权，该项权利可作为抵销的主动

---

〔1〕 冉克平："民法典编纂视野中的第三人清偿制度"，载《法商研究》2015年第2期，第35页。

〔2〕 熊贤忠："试论合同无效之返还财产制度——以第三人代为清偿后合同无效为研究视角"，载《武汉大学学报（哲学社会科学版）》2012年第2期，第88页。

〔3〕 张晓梅："第三人主动履行债务探析"，载《上海交通大学学报（哲学社会科学版）》2004年第4期，第27页。

债权。唯债务人对第三人代为清偿后抵销设定条件是否有效，此涉及抵销上的条件效力。推究当事人之真意，对该条件认定非为抵销所附条件，而系所谓预备债务抵销抗辩。即此时第三人可以援引求偿权与债务人的债权主张抵销，但债务人享有一项针对求偿权是否存在、数额是多少的抗辩——预备债务抵销抗辩。[1]

概括言之，第三人代为履行部分的问题如下：第三人是否在原则上可以代为履行，而不仅限于有利害关系第三人？第三人提出清偿时，若债务人有异议，是否仍可清偿？代位清偿的成立需要满足什么条件、是否需要通知债务人？代为履行之后，第三人（新的债权人）是否享有代位权？第三人部分清偿如何处理？债务人如何援引原债权债务关系的抗辩？同时也要区分第三人单方自愿履行与债务承担、债务履行承担、由第三人履行以及保证制度之间的区别，这一点在司法实践中，十分重要。也要注意代为履行的法律效果——求偿权与代位权是学界讨论的热门话题。

（二）国外文献综述

笔者在有限的渠道收集到一些外文文献。它们包括了德国法和英美法。英美法主要以美国和英国的立法、判例为主，但也包括了属于英美法系的其他地区的法律。需要说明的是，由于笔者的德文水平有限，此处的文献仅是市面上所搜集到的译著。它们主要是罗歇尔德斯《德国债法总论》、梅迪库斯《德国债法总论》。而对英美法而言，笔者收集到的著作主要是科宾《科宾论合同》、伊恩·艾尔斯与理查德·斯皮德尔编著的《合同法研究》、[2]查尔斯·纳普、内森·克里斯托与哈利·普林斯共同编写的《合同法问题研究：案例和素材》。[3]收集到的论文主要是英文期刊论文，此处不再一一介绍。总体上来讲，在外国法上，大陆法系体系性较好，契合本书的框架，可以分门别类详细阐释其理论。英美法并无代位清偿等概念，只有合同履行（contract performance）的概念。其理论与实践比较分散，只能笼统叙述。针对德国法

---

〔1〕　施建辉："第三人代为清偿研究——兼论预备债务抵销抗辩"，载《法学评论》2007 年第 6 期，第 116 页。

〔2〕　Ian Ayres, Richard E. Speidel, *Studies in Contract Law* 1, 7th ed., Thomson/Foundation Press, 2008.

〔3〕　Charles L. Knapp, Nathan M. Crystal, Harry G. Prince, *Problems in Contract Law：Cases and Materials* 1, 9th ed., Wolters Kluwer, 2019.

与英美法各自的特点，笔者现作如下综述：

1. 德国法

关于利益第三人合同，罗歇尔德斯认为，没有参与合同的第三人拥有直接的给付请求权，应当是可以被接受的。它尤其存在于人身保险合同、终身定期金合同与农地转让合同中。因此，《德国民法典》存在真正的利益第三人合同（《德国民法典》第328条及以下）与非真正的利益第三人合同之分。前者是第三人对债务人享有债权。而后者仅涉及给付过程的缩减。在区分二者时，先要根据当事人的意思。然后在法律有明确规定的情况下，允许推定（《德国民法典》第330条、第525条）。同时，在由第三人履行的合同中，债权人对于第三人没有请求权。当没有规定、无法推定时，交易目的十分重要。利益第三人合同不是独立的合同类型。近来，其在英国法及欧洲法上，有所发展。由于受消极合同自由的限制，《德国民法典》第333条为第三人提供了不受限制的拒绝权。给第三人施以负担的合同将不被允许。在参与人之间的法律关系方面，债权人与债务人之间构成补偿关系，利益第三人合同的效力以此为基础。补偿关系还确定，债权人能否根据《德国民法典》第335条的规定请求债务人向第三人进行给付。原因关系是指债权人与第三人之间的法律关系。原因关系为债权人何以让第三人得到债务人的给付提供法律原因。如果在原因关系中欠缺法律原因，则受领人可以根据不当得利法向第三人请求让与给付请求权或者返还已提供的给付。债务人与第三人之间的执行关系，可以作为准合同法律关系。债务人可以对第三人主张执行关系及补偿关系中的一切抗辩。第三人权利取得的时间点必须通过解释债权人与债务人之间的约定，并特别考虑合同的目的来确定，有疑问时，权利应当立即并且终局地属于第三人。德国法上存在第331条第1款的例外。债权人原则上不享有撤回权，但存在第331条第2款的例外。另外，利益第三人合同的形式以补偿关系为准。附保护第三人效力的合同没有赋予第三人给付请求权，其是法定关系而非约定，这一点与利益第三人合同不同。另外，由于物权性处分行为缺乏公示性要件，利益第三人的物权合同不被允许。利益第三人的债权合同则可以。[1]

---

[1] ［德］迪尔克·罗歇尔德斯：《德国债法总论》，沈小军、张金海译，中国人民大学出版社2014年版，第377~386页。

关于附保护第三人作用的合同，他认为在利益第三人合同之外，第三人既可以作为权利人也可以作为义务人被纳入债务关系中。《德国民法典》第311 条第 3 款第 1 句就是其明定。第三人被保护的可能标的是与第 241 条第 2款规定的保护义务有关的所有权利、法益与利益。这一特殊合同类型的构成要件包括：第三人接近合乎目的的给付、债权人对于第三人保护具有正当利益、接近给付与债权人利益的可认识性、对于第三人保护的必要性。当这些要件具备时，债务人对第三人也负担其对债权人所负担的相同保护义务。而第三人必须承受由于债权人与有过错而发生的请求权减损的抗辩。同时，作者还提到了根据合同原则第三人承担责任的情形——代理人与辅助磋商人的责任以及专家责任。这些案件也可以借助附保护第三人效力的合同制度加以解决。其成立要件是这些人对合同缔结施加特别的人身信赖。[1]

同时，根据《德国民法典》第 267 条的规定，给付原则上可以由第三人提供。然而限定于债务人本人提供的给付不能由他人替代。这种人身性的给付义务首先可以从明示或默示的当事人约定中得出。在解释相关约定时，要注意债权人是否明显是以人身性的给付提供为出发点并恰好赋予其价值。人身性的给付义务也可以从法律中得出。在被委托人（第 664 条）、保管人（第691 条）以及执行事务的合伙人（第 713 条）身上存在相应的规定。最后，亲自给付的义务还能从债务关系的性质中得出。比如不作为义务或者罚金的支付义务。其他的例子还有科学或艺术性的给付，因为这些给付主要取决于给付人的特殊能力。根据《德国民法典》第 267 条第 1 款第 1 句的规定，只要存在的不是人身性的给付义务，给付都可以由第三人提供。第三人仅指为自己提供给付的人，而不包括债务人为履行其债务而使用之人（第 278 条），因为此时履行辅助人的给付可以视为债务人自己的给付。此外，还要求第三人是为他人的债务而为给付。由于连带债务人、保证人是为自己的债务而给付，所以他们不是第三人。第三人必须是基于清偿他人债务的意思而为给付，并且将此种意思表达出来。如果第三人只是希望清偿自己假想的债务，真正的债务人不能免除自己的给付义务。第三人可以根据不当得利返还请求权向债权人请求返还给付。第三人代为履行之后，可以变更清偿目的用途。此时，

〔1〕［德］迪尔克·罗歇尔德斯：《德国债法总论》，沈小军、张金海译，中国人民大学出版社2014 年版，第 75~81 页。

真正的债务人对债权人的给付义务消灭。第三人对债务人享有不当得利请求权。由于第三人履行债务并未给债务人的利益带来不利影响，根据《德国民法典》第267条第1款第2句的规定，债务人的同意并不必要。债权人原则上也没有拒绝第三人给付的权利。如果拒绝，他会陷入迟延（第293条以下）。根据第267条第2款的规定，当债务人反对第三人给付时，债权人有权拒绝第三人的给付。第三人清偿他人债务的，债权人对于债务人的债权即因履行而消灭。法定的债权移转并不发生。第三人是否对于债务人享有追偿权，应当根据合同约定。没有约定就要考虑法定请求权，特别是无因管理请求权。如果第三人对于债权人的受偿具有特别利益，该第三人享有清偿权。如债权人对债务人的标的申请强制执行，第三人面临失去此标的上权利时，就存在特别利益。如质权、预告登记、承租人的占有。如果《德国民法典》第268条的条件成立，则第三人的法律地位与第267条相比得到强化。此时，第三人可以通过抵销或提存来满足债权人。在债务人提出异议时，债权人也不能拒绝给付。最后，该条规定了法定债权让与，为第三人创造了独立的追偿请求权。因此，只要债权人受清偿的，其对债务人的债权，包括从权利与优先权移转给第三人。但此权利的主张不得违背债权人利益（如部分履行者其担保物权处于靠后的位置）。[1]

梅迪库斯认为，为第三人利益订立的合同涉及的是既可以对一切类型合同，又可以对非典型合同约定的一种变体。因此，为第三人利益订立的合同也不存在于特别债法中其他的合同类型之外，而是存在于普通债法之内。其与代理之间的区别在于，行为人是否将自己以他人名义出现的意思对外清楚地表现了出来。就是说，在发生疑义时，应当认为系以自己的名义行为，因此，一般成立为第三人利益订立的合同。各参与人构成三方法律关系：抵偿关系指约定人与受约人之间的法律关系；对价关系指受约人与第三人之间的关系；约定人与第三人之间的关系称作执行关系或第三人关系。以是否赋予第三人以给付为内容的独立的请求权为标准，可将利益第三人合同分为纯正型与不纯正型两种类型。人寿保险合同、终身定期金合同、财产承受或物品承受合同，第三人获得独立请求权。《德国民法典》第330条还列举了另外一

---

〔1〕 ［德］迪尔克·罗歇尔德斯：《德国债法总论》，沈小军、张金海译，中国人民大学出版社2014年版，第97~99页。

种情形，即"在无偿给与时受赠人有义务向第三人给付"这一情形，第三人也有独立请求权。请求权的取得"无自己的协助"，即无须其以某种方式认定为取得。第三人也不需要知悉取得。然而，其可以以向约定人做出表示的方式拒绝接受取得。《德国民法典》第334条削弱了第三人的地位。约定人应当能够以"在合同而产生的抗辩"，即以因与受约人的抵偿关系产生的抗辩对抗第三人。就是说，对于第三人的请求权，约定人可以援用合同无效或撤销。如果抵偿关系为双务合同，则依第334条，在通常情况下，特别是契约不履行的抗辩（《德国民法典》第320条），也对第三人发生效力。在一些情形下，由于对价关系是补偿关系的基础，立约人也可以因对价关系而抗辩。但是，第三人的请求权不仅可以消灭或被中止，而且其亦可以发生变更和扩展。如此，在发生应归责于约定人的不能的情形，第三人可以请求不履行的损害赔偿（当然，依通说，第325条的选择权通常应由受约人和第三人共同行使）。并且在约定人构成债务人迟延时，第三人可以请求赔偿自己的迟延损害。在不纯正为第三人利益订立合同的情形，受约人必须能够请求向第三人给付。这是因为由于第三人自己不具有请求权，故无人将能够请求给付。但即使在纯正为第三人利益订立合同的情形，依《德国民法典》第335条，至少在遇有疑义时，受约人应当享有以向第三人给付为内容的独立债权。此项权利亦基于不履行的损害赔偿和迟延损害。然而，受约人也可以请求赔偿自己发生的损害。

关于附保护第三人作用的合同，他认为第三人的范围应该受到严格的限制。这一方面是由于债权的相对性，另一方面是由于扩大第三人范围将不当加重立约人的风险。在附保护第三人作用的合同中，同样的或不同的风险被聚集。就是说，在这里，随着被纳入保护范围的人的数量的增加，债务人负担赔偿义务的风险随之变大。成立该合同的要件包括：一是，第三人必须被置于与债权人自身同样程度的给付障碍危险之中，就是说，第三人必须处于近于给付的状态（合同的危险范围）之中。二是，通常债权人必须要对保护第三人具有特别的利益。一项虽然没有总是得到坚持，但却可以用于限制第三人保护的司法实践为此提出了下述公式化解决方案：债权人必须"对第三人的幸福和痛苦负共同责任，理由是由于自己对第三人负有保护及照顾的义务，所以损害第三人的利益亦会使自己受牵连"。三是，依广泛的见解，在订立保护作用尚不确定的合同时，上述两个要件必须得是能够为债务人所辨识的。四是，合同上的第三人保护，包括因债务人给付义务的不良履行或不履行而发生损害的赔偿。代之以约定债权人应当能够清算第三人的利益，双方当事人也可以约定，第三人应当直接对债务人享有某些损害的赔偿请求权。此种协议的认定，原则上既不需要因涉及不履行损害，亦不需要因债权人不对第三人的幸福和痛苦负责任而告落空。受害第三人可以因他人合同而自己起诉。[1]

2. 英美法

科宾（Arthur Linton Corbin）称，认定受益第三人，合同双方的履行允诺十分重要。如果制造商或销售商向第一买主或中间商作出了一项明示的保证，这种保证可以使用措辞以明确该保证将使第二买主或使用者受益，或规定该保证的履行是第二买主或使用者可直接受益的履行，那么后者即是受益第三人。受益第三人大致可分为两类：受赠受益人和债权人受益人。如果购取允诺的受约人表明将以允诺的履行作为赠予而使某人受益，那么，该第三人就是受赠受益人。如果受约人，或某些其他人，对某人负有债务（义务或责任），而订立的合同中规定，允诺的履行或者订立这一可强制执行的合同本身将解除这种债务，那么，该人就是债权人受益人。

受益第三人的权利主要基于这样一个事实，即该合同将为他创造某些合理的期望，并且该合同将会诱使他基于信赖而改变其立场。受益第三人的权利还基于这样一个事实，即允许由受益人享有这种权利，可在尽可能少地采用诉讼的方式下，实现受约人的意向和满足受约人的希望。受益人将从合同中取得利益的特性，对于确定他的期望、他的依赖行为的合理性有某些价值。允诺的履行可以在两个方面使第三人受益：一方面，可能是这样一种履行，该履行本身在他与其他人之间创设一种新的和有益的法律关系；另一方面，对其法律关系没有任何影响，但该履行会有益地影响他与周围世界物质的、社会的和经济的关系。在任何一种情况下，受约人都可能表达一种意向以产生使该第三者受益的结果，而且该第三人都可能对立约人有可强制执行的权利。对第三人权利的承认通常被认为是基于合同当事人，特别是换取允诺的受约人给予其利益的意思。非受约人的，而且没有给予对价的第三人，由于

---

〔1〕 ［德］迪特尔·梅迪库斯：《德国债法总论》，杜景林、卢谌译，法律出版社 2004 年版，第 580~596 页。

其他人订立合同的原因而有一项可强制执行的权利，第一，如果该第三人是受约人或者某些其他人的债权人，而且该合同要求立约人所作的履行是清偿该债务；或者第二，如果允诺的履行使该第三人在金钱上获益，而且该合同如此规定使立约人有理由知道此种利益是受约人所期望的，而且是驱使他订立该合同的动机之一。如果真需要什么特定的意思的话，那么，唯一必须的意思就是在受约人这一方的意思，即应该由立约人作出对第三人有益的履行。如果两个合同当事人明确规定，某一因合同履行而会受益的第三人不应该有法律上可强制执行的权利，那么，法院应该赋予当事人这种明确的意思以效力，拒绝给该第三者以任何直接的救济。同样地，如果合同当事人双方明确规定某第三人应该有一对立约人可强制执行的权利，这种明示的意向应得到承认，除非创设此权利将与成文法或公共政策相抵触。信托与第三人利益合同在结构上十分相似。既然财产法承认了受益人对受托人的权利，则没有理由否认第三人利益合同。当然，在其有一可强制执行的权利前，受益人必须得到确认。但不是必须在订立合同时，受益人就应该被确认或者是可确认的。在履行期到来时，受益人能够被确认就足够了。[1]

尽管在英国和美国的一些州，对此种（第三人）权利的承认是由成文法实现的，再也不说什么"合同上的关联关系"，也没有他应该给予"对价"的要求。受益人的权利在一般的合同诉讼中就可得到强制执行。英国的成文法是指 1882 年《已婚妇女财产法》的一部分，它只适用于遗孀和子女。为论证受益第三人权利存在的合理性，英美法创造了很多理论——资产理论（认为立约人的允诺是受约人的资产，以清偿其对债权人受益人的债务）、代位权理论（立约人做出允诺后，债权人受益人被认为"取代了"受约人要求立约人清偿的权利）、债的变更理论（向受约人做出的向债权人支付其债务的允诺被认为是向债权人做出的一项要约，即立约人将取代原债务人）、信托理论（该允诺是向作为该第三人的"代理人"或"受信托人"的受约人做出的。该允诺是"基于信托"而为受益人所持有的。因此，受益人可以请求强制执行）。但这些理论被认为是不恰当的。

抵押权人受益人是债权人受益人中非常重要的一类。保险合同的受益人

---

〔1〕 ［美］A. L. 科宾：《科宾论合同》（下册），王卫国等译，中国大百科全书出版社 1998 年版，第 175~200 页。

也是受益第三人。受益第三人的合同权利与任何受约人的合同权利是没有差别的。受益人能得到的救济，就像他是有关履行的合同受约人一样，能得到同样的救济。在合同受益人提起的诉讼中，受约人也应当追加为诉讼当事人。因此，受益人弃权，或者订立替代合同或和解，都将使受益人失去对立约人所能主张的权利。受约人可以基于第三人利益而提起诉讼。这时立约人可能遭遇双重诉讼，但他可以通过追加第三人为当事人而避免。在债权人受益人的案件中，由于允诺的履行是清偿受约人对第三者的债务或解除受约人对第三者的责任，或者是以其他方式使第三者在金钱上受益，因而，受约人有金钱上的利益，对违反合同有权要求实质性损害赔偿。强制实际履行的救济对受约人也同样适用，如果在有关的案件中通常有这种救济的话；被强制的履行是针对第三者的这一事实，并不使这种救济对受约人不适合，尽管这一事实对于确定对受约人的救济是否完全充分有一定的作用。如果第三者对立约人没有权利，那么，后者可以要求受约人将其得到的清偿作为第三者的信托资产加以保留，如果第三者对立约人的土地享有抵押权或者对立约人答应清偿的债务的履行上享有其他担保的话。受约人在征得或没有征得立约人同意的情况下，是否不仅有权利免除立约人的义务，而且有权利在没有征得第三者同意的情况下免除立约人对第三者的义务？受约人无权放弃受赠受益人的权利。只有在债权人受益人对合同表示同意以前，或者在本着对合同的信赖行事以前知道免除，受约人作出的免除才对受益人有效。受益人的权利可以是附条件的。立约人可以基于他与受约人之间订立的合同的事由（欺诈、错误、未到法定年龄、神志不清或掩盖非法目的）抗辩第三人的请求权。受约人与受益人的地位虽然相似，但是相互之间的权利状态并不会彼此影响。因此，受约人有权免除立约人对其应履行的义务；但他无权免除立约人对第三者应履行的义务。合同订立后，受约人的违约行为，可能会严重影响其权利，但可能根本不会影响受益人的权利。如果是受约人应实施的履行可以由立约人来完成，由立约人所作的履行将解除受约人对第三者的义务，立约人对受约人的义务，以及立约人对第三者的义务。如果在解除受约人的义务时，由立约人所作的履行与受约人应履行的义务实质上不相同，那么，第三者对受约人的权利将仍然保留，且不以任何方式受影响，除非第三者照此接受。若立约人违约，第三人能得到两个胜诉判决（对立约人与对受约人）。但第三人只能择其一受偿。受约人对第三人完全清偿后，他将取得对立约人的代位求偿权。[1]

以上是教材呈现的内容，比较系统。接下来是英文期刊，它们主要针对某个细小问题进行细致分析，因而不如教材全面。斯蒂芬·A. 史密斯（Stephen A. Smith）站在维护合同相对性（Third-Party rule）的立场上，认为该规则是普通法的基石。在一些情形下，第三人会被赋予合同法或侵权法上的权利。但这都不是合同履行意义上的权利。第三人是合同的"陌生人"（stranger）。作者定义并维护了合同相对性规则。第三人获益的合同案件的处理结果不尽如人意的原因并不是合同相对性原则，而是这样的案件受到了责任法的影响。期待利益（expectation interest）、信赖利益（reliance interest）、补偿利益（restitution interest）交织在一起，导致了问题的产生。他同时认为，对合同相对性的批评，实际上是在批评其他规则。在该规则下，有学者认为立约人与受约人的意志没有被尊重，实际上是其他规则无法处理难以量化的损失问题（recovery of difficult-to-quantify loss）。有批评声音认为，合同相对性没有充分保障第三人利益，这实际上是在批评信赖利益的赔偿范围和约因规则（Consideration rule）。最后，恢复性赔偿损失的规则（restitutionary awards）也导致了一些案件处理不公。他最后认为，第三人的地位就类似于并未信赖赠与合同效力的受赠人。第三人获益案件处理起来复杂是因为三种利益关系交织在一起。最终的解决途径是扩充受约人与第三人权利，但绝不是要改革合同相对性规则。[2]

S. K. 伊达巴（S. K. Date-Bah）解释了在加纳法中何种合同利益对第三人来说是可获得的。1960 年的《加纳合同法》第 5 部分和第 6 部分详细规定了第三人权利约定的可执行性。但是，这两个条文在加纳的商业活动中却没有起到任何作用。商人们不知道，也没有利用这两个条文来使商事交往变得更加便利。但无论如何，这两个条文给加纳商人提供了缔结复杂协议使非合同方受益的机会，从而使得加纳法能更好适用于加纳商事贸易。[3]

---

〔1〕　[美] A. L. 科宾：《科宾论合同》（下册），王卫国等译，中国大百科全书出版社 1998 年版，第 201~249 页。

〔2〕　Stephen A. Smith, "Contracts for the Benefit of Third Parties: In Defence of the Third-Party Rule", 17 OXFORD J. LEGAL STUD., 643 (1997).

〔3〕　S. K. Date-Bah, "The Enforcement of Third Party Contractual Rights in Ghana", 8 U. GHANA L. J., 76 (1971).

詹姆斯·托·加蒂（James Thuo Gathii）指出，应当在自然资源利用合同中，引入第三人利益规则。这样，当自然资源被掠夺时，第三世界国家公民就可以追究政府和投资者（合同当事人）的责任了。如果要求相对性规则，公民就不可能是合同当事人，政府也不可能代表公民签约。这是因为自然资源合同有着公众面向。政府与外国投资者签订的合同以深远且明显的方式影响着当地居民。政府代表当地居民与外国投资者签约，当地居民也从中获利，他们也应当在合同中享有权利。第三人利益规则优于合同与税收透明规则、行为规则、联合国商业与人权准则，它能够解决一些潜在的问题。受益社区能够参与到合同缔约中来，从而影响合同进程。当然，该规则也不会限制投资者权益。它不一定使所在国法律对该类合同具有约束力。它只是增加了第三方提起诉讼的机会，并能够规避因政府与投资者鲁莽签约而损害当地社区的问题。[1]

艾伦·施瓦茨（Alan Schwartz），罗伯特·E. 斯科特（Robert E. Scott）强调，第三人利益规则在普通法的教学与科研当中受到了冷遇，这是因为以往的案件并没有太多的溢出效应（spillover effects）。现今的案件中越发涉及创造外部效益的交易。这些案件挤满了网络代理人（Network Agent）。其法律争点通常是合同双方有没有想要授予利益给原告。只有双方明确表示想授予利益或者代理商的加入能够给合同带来预期利益时，法官才会支持第三人的请求。但作者认为，法官应当询问另外一个问题——合同双方服务于可能的受益阶层是否有利可图。法院做不到这一点，而是先入为主地排除利益第三人，这有悖网络福利原则。因此，作者得出结论：除非合同明确写明，第三方责任并不存在。作者呼吁，学界应当更多地研究在网络场景中的法律责任的性质和范围。为了使合同网络运转得更加高效，法院应该解释其主导性的立场——使第三方受益。[2]

派迪斯·A. 克劳德（Patience A. Crowder）认为，将市民认定为城市再开发合同的利益第三人的最大障碍是担心不断加重的责任对城市的再发展会起副作用。将市民们作为合同第三人，毫无疑问，会增加拥有权利的人数。这

---

〔1〕 James Thuo Gathii, "Incorporating the Third Party Beneficiary Principle in Natural Resource Contracts", 43 GA. J. INT' L & COMP. L., 93 (2014).

〔2〕 Alan Schwartz; Robert E. Scott, "Third-Party Beneficiaries and Contractual Network", 7 J. LEGAL ANALYSIS, 325 (2015).

样，合同的双方当事人（私人开发商和当地政府部门）将会达成并且执行受影响市民支持的再开发合同。对市民第三人权利的承认，将会迫使政府与开发商签订一份不一样的合同。这份合同可以避免讼累、有利于再开发目标的达成。为了保护市民的这一地位，政府应当行动起来将 CBA 型法规纳入它们的立法进程中。在今后的一些研究中，作者将会探讨政府机制和公司法实践是否能用来满足三方当事人的需求。[1]

杰·肯尼斯·德·沃夫（J. Kenneth de Werff）指出，明尼苏达州承认受赠人利益第三人合同和债权人利益第三人合同的强制执行性。只有当合同双方明确授予第三人利益时，第三人合同才被认可。明尼苏达州允许经立约人与受约人共同的行为而撤销债权人利益第三人合同，前提是受益人没有在撤销前就合同采取任何行动，并且他也没有改变他的任何立场。这一规则同样适用于受赠人利益第三人合同。同时，他也强调了，古老普通法中合同相对性原则不是一成不变的。基于美国的衡平法思想，它应当是可变的。[2]

大卫·爱普斯坦（David G. Epstein）等介绍了利益第三人合同的历史由来，并认为合同相对性（the privity of contract）只是英美法为了称呼的方便而创造的概念。它是结果，而不是原因。有权利的场合，才有相对性出现。接着他们考察了债权人利益第三人的先例案件 Lawrence v. Fox 和受赠人利益第三人的案件 Seaver v. Ransom，然后在学说上介绍了科宾和威利斯顿（Williston）对第一次和第二次合同法重述的贡献，并反对将第三人的合理信赖作为第三人权利产生的原因。接着，他们讨论了意图授益（intend to benefit）规则中，谁的何种意图（whose and what intent is relevant）决定了第三人的权利内容。最后，他们发现法庭的做法不一，无法得出结论。文章结尾，他们提议现今的第三人利益规则偏离了轨道。它反映了 19 世纪的理论源头，却忽视了 21 世纪的司法实践。法院在决定没有参与合同订立的第三方是否能执行合同时，问的问题是合同双方是否意图授予第三人利益。此标准简称"意图授益"。他们认为这是错误的问题，会导致不利的后果。合适的认定方法是扩大责任承担范围（appropriate liability exposure for contracting parties）。将他人认定为第

---

　　〔1〕　Patience A. Crowder, "More than Merely Incidental: Third-Party Beneficiary Rights in Urban Redevelopment Contracts", 17 GEO. J. ON POVERTY L. &POL'Y, 287（2010）.

　　〔2〕　J. Kenneth de Werff, "Third Party Beneficiary Contracts in Minnesota", 29 MINN. L. REV., 436（1945）.

三人，应当避免合同双方当事人因第三人合同而遭受没有预料到的后果。也就是说，立约人和受约人订立合同时，会不会预料到当合同违约之时会有一个额外的可能的原告（additional possible plaintiff）出现。[1]

梅尔文·挨隆·埃森伯格（Melvin Aron Eisenberg）详细介绍了美国法中利益第三人规则的发展进程。他首先提到了早期英国法和美国法，*Dutton v. Poole*（1677 年）、*Martyn v. Hind*（1776 年）、*Pigott v. Thompson*（1802 年）、*Farley v. Cleveland*（1825 年）、*Lawrence v. Fox*（1859 年）这些案件支持了第三人权利。接着出现了古典合同法学（classical contract law）对立的思潮。当然，这一时期也有法官援引假定同意（presumed assent）和第三人与受约人利益结合（a unity of interest between the third party and the promisee）来支持第三人权利。但这一时期占据主导位置的依然是以兰德尔（Langdell）、霍姆斯（Holmes）、维利斯顿（Williston）为代表的古典合同法学派。他们认为合同相对性原则和对价是公理，并且不能向利益第三人案件妥协。如果允许第三人执行合同，会使得立约人的义务无限扩大。并且如果第三方受益人的诉讼没有一般的障碍，则法官往往需要进行个别调查，以确定是否有任何特定的第三方能够执行合同。不过，维利斯顿提出用衡平法赋予第三人权利。这一时期，英国法与美国法走向了不同的两端。*Tweddle v. Atkinson* 一案以合同相对性推翻了 *Dutton v, Poole* 的判决。美国法虽有突破，但在纽约州，法官认为，只有当受约人对第三人先前负有债务时，提供给立约人的对价和合同相对性规则才能被放弃。通过法律拟制的技术，这一"预先的债务"可以被代理（受约人是第三人的代理人）或者信托（立约人是第三人的受托人）等术语取代。然而，纽约州的正面案例十分有限。*Durnherr v. Rau* 又将其推翻。作者对这一学派的观点加以批评，认为这些反对意见在实质上和技术上都是错误的。只要第三人在这些案件中有法律上的利益，都应当承认其权利。接下来在历史潮流中的就是现代合同法了。*Buchanan v. Tilden*（1899 年）、*Seaver v. Ransom*（1918 年）承认了利益第三人，1932 年的《第一次合同法重述》更是以成文法的形式加以确认。这部法律对利益第三人的类型进行划分，并且一般性地承认其执行合同的权利。在具体规则上，作者介绍了第一次重述的

---

〔1〕 David G. Epstein, Alexandra W. Cook, J. Kyle Lowder, Michelle Sonntag, "An App for Third Party Beneficiaries", 91 WASH. L. REV., 1663 (2016).

规则、意图授益规则、第二次重述的规则以及受益第三人规则（the third-party-beneficiary principle）。最后一种是作者所支持的。然后作者介绍了普通法上经常出现的一些案例类型，如受赠人利益第三人（Donee Beneficiaries）、债权人利益第三人（Creditor Beneficiaries）、明确授权或拒绝授权第三人的案件、未来遗产受赠人案件（Would-Be Legatees）、建筑工程承包合同、政府合同等案件。在抗辩权方面，立约人可以援引他自己对第三人的抗辩、他对受约人的抗辩、某些情形下受约人对第三人的抗辩来对抗第三人执行合同的权利。作者最后认为，传统合同法重视法律的安定性，反对受益第三人可以强制执行合同。这一做法维护了社会的和谐稳定，因为第三人插手合同可能不当加重立约人的责任。但不可否认的是，在有些案件中，受益第三人应该能够执行合同。在一些案件中，这样的执行促进了合同目标的实现。在另一些案件中，道德和政策的理由支撑着这种执行。并且也没有违反合同双方当事人的目的。这样，一个新的规则将会诞生。法院在处理案件时变得十分矛盾。案件结果常常只是给出结论而未充分予以论证，因而根基不稳、错误连连。采取利益第三人规则可以避免这些问题。在该项规则下，第三人与其说享有权利，不如说被赋予权力。为了保护合理信赖利益，这项权力有时会被限制，有时会受到抗辩。当这样做时，合同当事人双方的履行利益、道德和政策将不会被漠视。[1]在另一篇文章中梅尔文·埃隆·艾森伯格（Melvin Aron Eisenberg）认为，合同法的三个领域是充满争议的——对价、解释与违约救济规则。其他合同领域其实也争议不断、变化不小。例如，合同履行、意思表示错误法、口头证据规则、显失公平原则。正是有这样的争议，合同法应当更加灵活，重视当事人的意思和情景因素。[2]

李·梅森（Lee Mason）在他的文章中首先谈到了英美法国家普遍采用合同相对性原则的合理性。他提到五点原因：第一，第三人没有提供对价。如果承认第三人权利，这将使得第三人处于比提供了对价的受约人更有利的位置。第二，第三人没有经历要约与承诺的过程。第三，承认第三人权利可能使立约人面临来自受约人和第三人的双重诉讼。第四，第三人由于享有合同

---

〔1〕　Melvin Aron Eisenberg, "Third-Party Beneficiaries", 92 COLUM. L. REV., 1358 (1992).

〔2〕　Melvin Aron Eisenberg, "The Responsive Model of Contract Law", 36 STAN. L. REV., 1107 (1984).

权利，他能起诉当事人，却不能被别人起诉。第五，承认第三人权利会使得合同当事人变更或撤销合同的权利受到限制。在香港立法之前，合同相对性依旧是根深蒂固的，如 Lord Goff，Godfrey VP 等人的见解。这也说明第三人权利的法律是立法主导型的。那为什么还要改革这项规则呢？第一，它使得合同当事人使第三人受益的意图受到压制。第二，实践中总有一些案件要承认第三人权利，这就存在着绕开该项规则的需求。但是这样的尝试往往使问题变得更加复杂。第三，不承认第三人权利会导致不公平的结果——第三人遭受了损失不能诉讼，受约人没有遭受损失却可以诉讼。第四，这也有违第三人的合理信赖，特别是他受有损失时。第五，在普通法国家中，这一规则受到了普遍的批评并处于变革中。这一切使得法律委员会提交了该项法案。他接着还介绍了第三人权利合同条例（The Contracts（Rights of Third Parties）Ordinance）的重点内容。有一些合同不适用该法，如汇票、双方盖印合同（mutual covenant）、海上货物运输合同。第三人可以执行明示或默示为其利益制定的合同条款。在第三人可以享有的救济手段方面，普通法上的损害赔偿以及衡平法上的继续履行和禁令都可以被主张。相应的，立约人可以援引自己和受约人对第三人的抗辩。在两种情况之下，立约人和受约人想要变更或撤销合同需要第三人的同意——第三人接受或信赖了之前的授益条款。当然，若合同预先排除了第三人同意的权利，则以合同为准。如果法院认为在一些情形下第三人的同意是公正可行的，则它可以以裁决替代第三人的同意。此时，第三人可能享有补偿的权利。当然，香港的这项条例也有缺陷，就是使得第三人不得不加入合同双方的仲裁中，而面临不必要的负担。但是总的来讲，这项条例还是成功地平衡了合同当事人的意图和受益第三人的利益。[1]

作者（无名氏）提出了第三人受益规则：第一，当允诺使非受约人受益，并有明示的或默示的允诺说明合同履行是指向受益人的，那么此人就是受益第三人。第二，立约人可以豁免于受约人的约束或者合同双方可以变更利益第三人条款，除非第三人基于信任提起诉讼或已实质改变了他的地位。作者依旧提倡合同双方当事人自己来决定第三人权利问题。如果立约人的允诺有保留、限制，或者其有错误的情形，则立约人可以免除第三人的执行。偶然

---

〔1〕 Lee Mason，"Enforcing Contracts for the Benefit of Third Parties: Recent Reform of the Doctrine of Privity"，45 HONG KONG L. J. 13，28（2015）.

受益第三人也能获得实质合同权利。在三种情形下，第三人可以终局地取得权利或放弃权利——信赖允诺、因为合同他的地位受到实质改变、第三人自己明确放弃。[1]

安东尼·乔思·沃特斯（Anthony Jon Waters）指出，第三人利益合同反映了社会关切。合同的社会化理论是作者关注的焦点。利益第三人规则有违传统合同法结构。该规则的胜利预示着"契约的死亡"。科宾（Corbin）教授发动了一场倡导第三人规则的运动。而司法实践对此规则的接纳，是衡平法对规则的胜利、实体对形式的胜利。作者发现在社会项目中的受益第三人频繁使用这样的法技术来提起诉讼。它带有公法特征，并且保障了第三人的诉讼权利。这种效果是巨大的。[2]

大卫·萨默斯（David M. Summers）认为，《合同法第二次重述》以"意图授益"规则替代了赠与人第三人受益规则和债权人第三人受益规则。以此来决定何时允许第三人获得赔偿。法院不能仅以合同初始目的不是使第三人受益为由，限制第三人的赔偿请求。也不能仅凭允诺的效果而赋予任何人以受益人地位。法院应当考量受约人的意图及立约人是否同意该意图。最后，法院应当考虑所有订立合同时的相关情形。遵守这些规则，法院会提升适用《合同法第二次重述》判案的可预见性，并更清晰地分析受益第三人的诉讼请求。[3]

另外，也有人强调，法院在裁决第三人案件时，最主要的问题是认定一个非合同当事人如何能执行合同。考量的因素不应该只是当事人的意图，还包括第三人的合理信赖。当然，当时的情形，如当事人信赖、相关市场和社会政策都十分重要。具体来讲，可以判断利益第三人的规则包括：清楚的合同语言、个人正当信赖、相关市场信赖、社会信赖、合理信赖（reasonable reliance）等。[4]

综合以上的分析，可以看出两大法系对于涉他合同的规则日益丰满，值得我国法律借鉴。利益第三人合同突破了合同相对性。关系型契约理论、第

---

[1] "The Third Party Beneficiary Concept: A Proposal", 57 COLUM. L. REV., 406 (1957).

[2] Anthony Jon Waters, "The Property in the Promise: A Study of the Third Party Beneficiary Rule" 98 HARV. L. REV., 1109 (1985).

[3] David M. Summers, "Third Party Beneficiaries and the Restatement (Second) of Contracts", 67 CORNELL L. REV., 880 (1981-82).

[4] "Third Party Beneficiaries and the Intention Standard: A Search for Rational Contract Decision-Making", 54 VA. L. REV., 1166 (1968).

三人合理信赖、社会公共政策及保障相关社区的福祉证成了这一制度。意志论契约理论（意图授益的规则）依旧占据主流，但已经无法处理复杂的案件。引入涉他合同，也能简化交易规则，为商人们提供交易工具。在具体规则的设计上，两大法系也很精致。就受约人而言，他可以请求立约人向第三人履行；就立约人而言，他可以主张执行关系和补偿关系的抗辩，在第三人不受领履行时可直接向受约人履行；就第三人而言，他可以请求立约人履行，也可以请求受约人履行，如此等等。而在附保护第三人作用之契约方面，亦如上述，德国法与美国统一商法典也有值得借鉴的地方。

三、本书结构安排

本书共分五章。

第一章，涉他合同的基本规定性。在这一章里，会给出涉他合同清晰的界定。第三人怎样的参与程度、他拥有什么样的权利义务才能认定为"涉他"？根据概念的一般定义法，此处要明确内涵与外延。外延会着重强调其表现形式，如人身保险合同、货运合同等。同时要排除一些貌似涉他合同的类型，比如代理、信托、债务承担等。传统合同法教材对于束己合同与涉他合同的区分也会提及。因为这一分类有利于明确涉他合同的适用范围。接着笔者会从比较法与历史分析的角度入手，讨论德国法涉他契约的发展脉络、英美法利益第三人合同的缘起与发展趋势，也会兼及两大法系的延伸新进的重大发展。两大法系都经历了一个不承认第三人权利到逐渐有条件地承认第三人权利的过程。这一法律变革是基于怎样的考量？能不能从中得出一些启示？这是笔者希望达到的。在这章中比较重要的是涉他合同的理论基础。这一部分着重探讨第三人合同权利存在的正当性。在经典合同法教材中，合同的成立往往需要经历合同当事人双方的要约与承诺。这是由正统合同相对性理论所支持的。这一理论基于三个因素考量：一是物权绝对性与债权相对性的区分；二是第三人没有提供对价，换句话说，他没有失去什么，也就不能得到什么；三是如果允许任意第三人主张合同权利，会加重合同双方当事人的合同义务，使得负担的大小没有边际。当然，尽管合同相对性处于统治地位，但这一时期的法院出于节约诉讼资源、精简诉讼程序的考量，部分允许了第三人对于合同的诉讼权利。同时，对于一些受赠人第三人案件，基于第三人与受约人的亲属关系，也例外地承认第三人的合同权利。这在部分学者看来是出于衡平法公平正义理念的阐发。同时，在信托、保险等领域，出现了真正第三人的权利现象。这一时期为了绕开合同相对性理论，学者试图通过类推代理、信托、债权让与来构建理论框架，以解决实践问题。但这样的尝试只是一时的，只是技术与术语上的。新的可以支撑第三人权利的理论呼之欲出。意志论在这时登上了历史舞台。它认为合同的本质在于缔约者的意志，双方当事人的合意使得合同关系得以成立。因此，在合同中，当事人的意思才是关键因素。如果当事人愿意让第三人加入合同，也是基于他们的意志，因而是可行的。在缔约模式上，有学者总结了三种模式——合意模式、单方行为模式、修正的单方行为模式。修正的单方行为模式是一种将立约人与受约人作为合同的一方、第三人作为合同的另一方，进而套用要约与承诺的缔约过程而进行的分析。笔者希望在此处予以详细介绍。在其他理论方面，英美法在第三人权利设立的方式上，重点提到了第三人的合理信赖。基于主观上的信赖，第三人做出了履行合同准备，此时也能成立利益第三人合同。即信赖理论也是涉他合同的理论基础之一。但是有学者提出了反对意见。笔者在此也会介绍这一富有争议性的话题。另外，在政府合同中，出于公共政策和社会利益的考量，法律也允许相关地域、领域的公民拥有第三人权利。如供水合同、当地的建设工程合同等。由于政府缔约的目的就是保护公民的生活、就业等利益，那么适当允许第三人主张合同权利，也应当是可行的。最后，本章指出了我国现行涉他合同制度面临的困难与挑战——理论学说供给不足、司法实践面临的问题等。

第二章，向第三人履行合同的制度设计。本章关注的焦点是向第三人履行的合同。首先要解决一些基础问题，包括该类合同的成立与生效要件、该合同的形式与效力、基本类别等。尤其应当重点建构的是三方当事人之间的法律关系，以及由此而生的权利及抗辩权。以立约人能够对第三人享有的抗辩权为例，他无疑可以主张执行关系的抗辩，如履行期限和时效。按照英美法的观点，第三人的权利来源于受约人，因此立约人也可以主张补偿关系的抗辩，如年龄与欺诈。在一定情形下，他甚至可以主张对价关系的抗辩，这需要在本章中仔细分析。同时，如果合同违约如何处理？立约人与受约人是否有权变更或撤销第三人权利？该项权利是否有所限制以保护第三人的信赖利益？这也是要解决的问题之一。针对赋权型为第三人利益的合同，笔者提出了一些解释路径，包括：这应当是个合同履行问题，应规定在合同的履行一章中；受约人可请求立约人向第三人履行；立约人可主张与第三人之间执行关系的抗辩；第三人可以在合同成立时不存在或不确定；第三人取得利益可以附条件；在第三人利益确定前受约人享有变更权和撤销权。针对简单型为第三人利益的合同，因为之前的《合同法》即是以此类型为蓝本，所以制度设计上比较成熟，只需明确第三人无独立请求权但有受领权。其余规则可以准用赋权型为第三人利益的合同。在本章结尾的部分，笔者会结合《民法典》条文进行解释适用。需要说明的是，这一部分由于集中体现了第三人的权利样态，两大法系也颇有论述，所以会花费较大篇幅，也会进行较多的比较法分析。

第三章，附保护第三人作用合同的制度构造。上文已经提及，由于该制度主要为判例法类推适用利益第三人合同而产生，所以在内容上与第二章有相似性，放在紧靠第二章的位置较为合适。缕析该制度，首先要明确我国是否有类似《德国民法典》债编对第三人的保护漏洞，如雇主合同的免责、纯粹经济损失的赔偿不利、举证责任等的问题。在此前提下，就可以考察该类合同出现的原因及历史发展。在比较法上，德国判例学说与美国商法典都有比较发达的制度，可以加以借鉴。由于该制度针对的是第三人被保护的权利，所以与第二章的给付义务会有不同，特别是三方框架。首先要确定第三人的范围，以防止债务人的合同义务无限扩大。第三人要接近于给付行为，债权人对第三人的保护负有责任，债务人对第三人的存在要可预见。在债务人与第三人的关系上，第三人有基于合同保护义务的请求权，债务人享有抗辩权（分别是他对第三人的和他对债权人的）。同时，第三人可以主张债务人的违约责任或者是侵权责任。同时，还有债权人与第三人的关系值得考察。在本章结尾的部分，笔者也会给出是否采纳此类合同的立法建议。

第四章，由第三人履行合同的理解适用。首先要明确第三人承担合同义务的法理基础。这是第一章的重要组成部分，为了论述的需要才加以拆分。其次要进行概念辨析。由第三人履行的合同、债务承担、第三人代为履行的合同这三组概念极其相似，实践中很难区分。债务承担是第三人在征得债权人的同意之后，替代原债务人的位置，成为新的债务人。其实质上还是二人关系。其余两种都是三方关系。再就另外两组概念而言，由第三人履行的合同中的第三人基于合同双方当事人的约定而确定。而在第三人代为履行中，第三人的履行往往是自发的，或者与原债务关系没有实质上的利害关系。所以他不可能被双方当事人所约定。接下来本章会考察一些案例类型，如保证合同中保证人担保债务人的履行、融资租赁合同中出租人保证承租人支付价款、连环买卖合同中的指示交付、建设工程施工合同中的转包与分包等。经由这些实务中的案例类型，可以得出解释论方面的启示。由于任何人不能给其他人强加义务，所以在该合同中第三人不负有强制履行的义务。相应的，债权人不享有对第三人的履行请求权但有受领权。债务人的担保义务、违约责任及追偿权也是本章关注的对象。

第五章，第三人代为履行合同的解释适用。依据债的履行就是满足债权人利益的理论，债是债务人还是第三人履行原则上并无限制（上文已经提及）。所以，就此而言，《民法典》第524条第1款是失败的。它原则上限制了无利害关系第三人的履行。并且第三人只有在债务人不履行债务的前提下，才能代为履行。而有学者主张第三人可以在债务人准备履行之前即履行，只要是便利了债的实现。[1]所以，在本章伊始，笔者将探讨第三人代为履行的适用范围：有无利害关系不影响第三人代为履行，原则上准许第三人代为履行、有利害关系可以履行、无利害关系也可以履行，但债务人享有拒绝权。当然德国法中债务人只有提出异议的权利，最终的决定权在债权人手中。因此，拒绝权的行使要仔细考量。同时，依据债务性质、当事人约定、法律规定甚至诚实信用原则只能由债务人清偿的除外。这些情形都要详加考察。在第三人代为履行的制度构造上，债权人与债务人的基础关系、第三人对债权人的执行关系（第三人部分代为履行?）、第三人对债务人的求偿和代位关系、代位人相互之间的追偿关系是要重点分析的内容。特别要注意的是，第三人权利的行使不能危及债权人利益。同样地，笔者在最后，会分析相关制度的衔接并给出具体的解释建议。

最后会为本书作一个简单的结论。

四、研究方法

法解释学或称法教义学的研究方法。本书题为"涉他合同解释论"，自然地，法解释学应成为基本方法。法律解释方法可以分为：文义解释，论理解释，比较法解释，社会学解释。其中，论理解释包括体系解释、法意解释、

---

[1]　温世扬："《民法典》合同履行规则检视"，载《浙江工商大学学报》2020年第6期，第16页。

扩张解释、限缩解释、当然解释、目的解释、合宪性解释等。[1]文义解释是起点。如《民法典》第 522 条第 2 款规定，债务人未向第三人履行债务或者履行债务不符合约定的，第三人可以请求债务人承担违约责任，这说明赋权型利益第三人合同中的债务人应当向第三人承担违约责任，而不是债权人。又如，《民法典》第 524 条第 1 款规定："债务人不履行债务，第三人对履行该债务具有合法利益的，第三人有权向债权人代为履行……"依反对解释，债务人不履行债务，第三人对履行该债务没有合法利益是否就无权代为履行？依据客观目的解释，为解决司法实践中的"老赖"或执行难的问题，笔者认为无合法利益的第三人也可以代为履行。这亦符合民事活动"法无禁止即自由"的理念。本书还用到了体系解释，如利益第三人合同的成立依然应符合合同成立的基本条件、共同担保人和连带债务人的代位追偿权也应当遵循第三人代位清偿的一般规则。

历史法学的研究方法。按照萨维尼的说法，法律绝不是那种应由立法者以专断刻意的方式制定的东西。就像一般的文明一样，法律乃是某个特定民族的个人生活中无意识的、不可名状的、逐渐的和理性不及的力量的发散。[2]确实，法律根植于一个民族的习惯、文化中。以第三人利益合同为例，英美法虽然突破了对价理论，但始终认为第三人的权利由受约人让与。在合同成立之前，第三人对受约人享有债权，或者在合同成立时，受约人意图赠与第三人某种利益。总之，他总得从受约人那里得到一些什么。而大陆法系则不同，除法律规定以外，第三人的权利完全来自当事人的意志。基于这样的不同理念，英美法把利益第三人大致分为三类：债权人利益第三人、受赠人利益第三人、偶然型利益第三人。而大陆法系只有简单型与赋权型（真正型与不真正型）的区分。所以，在本书的分析中，尤其要重视历史法学的分析方法，找出一项制度出现的前因后果。为什么英美法与大陆法在 18、19 世纪都非常重视合同相对性原则，而到了晚近的时期却在一定程度上抛弃了该原则。它又该向何处去？这些都是萦绕在这一选题上的历史问题。

比较法学的研究方法。民法研究确实到了一个"言必称德国"的时代。

---

〔1〕 梁慧星：《民法解释学》，法律出版社 2015 年版，第 216 页。

〔2〕 Hermann Kantorowicz, "Savigny and the Historical School of Law", *53 Law Quarterly Review*, 340 (1937).

这足以证明比较法的重要性。就整个利益第三人合同制度而言，包括最开始的《合同法》都是借鉴的国外立法。只是立法者的步子不敢迈得过大，才使第三人的权利有所阉割。而到了今天，学者们纷纷赞成第三人独立的给付请求权。一些具体的制度，如抗辩权、第三人权利条款的变更与撤销，更是要效法西方。自 1932 年的第一次合同法重述确立第三人权利起，美国法已经发展利益第三人合同制度近 90 年，卷帙浩繁的学术文献、判例文书为本书的研究提供了丰富的比较法材料。这些文献或许能碰撞出思想的火花，以裨益于我国的法律实践。当然，重要的是，在大体相似的环境中，移植能够解决中国问题的方案。

分析实证主义的研究方法。孔德认为，在实证主义中，人们在自然科学所使用的方法指导下，否弃了哲学、历史学和科学中的一切假设性建构，仅关注经验性的考察和事实的联系。[1]分析实证主义所关注的是"分析法律术语、探究法律命题在逻辑上的相互关系"。[2]在本书的命题之下，也要运用到这种方法。例如，在利益第三人合同中，第三人享有的权利究竟有着怎样的内涵？如果合同的成立仅需要当事人双方的授权合意，那对合同条款的变更是否也只需要这样的要件？诸如此类的问题，都需要对法律术语、构成要件和法律后果的分析。当然，在分析的过程中，也要注意案例的研究，这样才能找出实践中制度运行的短板和不足，并加以弥补。从这个意义上来说，这与法教义学的分析方法十分相似。

社会学法学的研究方法。法律制度的产生根植于一定的社会现实。社会结构、文化在一定程度上，决定着法律条文的设计。以第三人代为清偿为例，中国社会熟人社会、小圈子的文化，决定了代为清偿的第三人的范围必须是与债务的履行有利害关系的人。但是在西方文化中，债的履行只注重债权人利益是否受到满足，而并不限制第三人的范围，所以第三人可以是无利害关系人。他也可以在债务人提出给付之前而为给付。这一点是具有重大差异的。同时，上文已经提及，在 19 世纪晚期到 20 世纪初期的美国，法院判决在利

---

〔1〕　Auguste Comte, *The Positive Philosophy*, Harriet Martineau, Cambridge University Press, 1875, 转引自［美］E. 博登海默：《法理学：法律哲学与法律方法》，邓正来译，中国政法大学出版社 2017 年版，第 126 页。

〔2〕　*The Province and Function of Law*, Cambridge, Mass., 1961, p.31. 转引自［美］E. 博登海默：《法理学：法律哲学与法律方法》，邓正来译，中国政法大学出版社 2017 年版，第 130 页。

益第三人合同的案件中出现了反复的倾向，这实际上是古典合同法学与现代合同法学两种法学派别的角力。所以，看到这样的差异，要看到差异背后的社会实践。同样的，第三人权利理论基础也要考察社会现实，不能只是从理论到理论的空谈。这也是本书第一章要着重解决的问题。

当然，其他一些研究技巧，也会在本书中出现。如定义、案例分析法、正反论证（即表明支持或反对意见）、逻辑推论、反面推论等。[1]

五、本书的创新点

系统梳理涉他合同制度，全面揭示合同"三人世界"。传统合同履行由给付与对待给付组成，这要求合同主体限于要约人与承诺人双方。但是晚近的学说逐步承认第三人权利。上文的综述已经提及，利益第三人合同、第三人代为清偿的合同制度各自的研究已经十分丰富，但是学界还缺少统领全部第三人权利、义务的涉他合同制度的叙述。就涉他合同的专题研究而言，本书应该是较为系统和全面的一次。

介绍域外涉他合同制度的历史发展，并进行比较分析。两大法系涉他合同制度近来都有飞速的发展，本书也试图将相关的发展成果体现出来。就英美法而言，目前的研究集中在利益第三人合同制度，本书也不例外。当然，在比较法材料的收集方面，可能有更多新近的立法文献、学说判例。关于附保护第三人作用合同制度、第三人代为清偿制度，大陆法系贡献了一些新的内容，这是以往的研究所不具备的。当然，单单比较法和历史法学上材料的收集并没有太多新意。这里只是借助这样的分析材料，以便更好地论述整体制度。

指明我国现行涉他合同制度面临的困难与挑战。本书在论述的过程中，收集了大量的案例，当然仅限于《合同法》第64条、第65条及第121条。分析相关案例，进而发现实践中的争点，同时比照《民法典》的相关条文，可以发现立法的得失。在这个过程中，遵循了司法——立法——司法的过程，有利于立法者与司法者互动，共同促进涉他合同制度的发展。

考察涉他合同制度的理论基础，创造性地提出诚实信用原则、社会公共利益对第三人权利的支撑作用。学术界关于第三人取得合同权利的理论基础的探讨已经十分丰富，这是不争的事实。但是，其研究主要集中在合同相对

---

[1] 崔建远："合同解释规则及其中国化"，载《中国法律评论》2019年第1期，第83页。

性原则的突破与意志论的阐发上，较少从制度运行的角度解释理由。关系型契约理论、第三人的信赖利益、社会公共政策，这些都将法律制度的运行放到了社会生活大的背景中。它们不仅关注到合同双方当事人的利益，而且关注到了第三人乃至社会的公共利益，符合利益法学和社会学法学的研究进路。

具体设计向第三人履行合同的制度。如，合同的成立、形式、内容、效力、违约责任与救济。并结合《民法典》的条文，区分真正利益第三人合同与不真正利益第三人合同，提供细致的解释适用建议。以往的利他合同制度的研究，大多以第三人的权利和立约人的给付为中心，至多探讨了三方关系的内容（权利、义务）。但是本书力图在制度运行的整体上进行研究。包括了利他合同的成立、形式、解除、抗辩权、甚至于最后的违约责任与救济。

就附保护第三人作用的合同而言，介绍学界现存的两种观点。对德国法与美国法进行比较分析。明确第三人的范围，避免制度适用上的模糊与溢出效应。缕析三方当事人的法律关系，助力规则设计。包括第三人范围确定的几个要件：给付接近性、债权人利益、债务人对第三人的存在可预见；债务人与第三人的关系：第三人的请求权、债务人的抗辩权、债务人违约责任与侵权责任的竞合；还有债权人与第三人的关系等。这些都是学界研究过，但不是特别深入的问题。

分析第三人的不真正义务产生的原因，与前述的第三人权利理论一道组成涉他合同的理论基础。区分由第三人履行的合同与债务承担、第三人代为履行的合同等概念，归纳案例类型，细化具体规则。这部分的研究丰富了由第三人履行的案例类型：保证合同中保证人担保债务人的履行、融资租赁合同中出租人保证承租人支付价款、连环买卖合同中的指示交付、建设工程施工合同中的转包与分包等。同时也在三方关系的框架内探讨相应的权利义务，如第三人不负有强制履行的义务、债权人不享有对第三人的履行请求权但有受领权、债务人的担保义务、违约责任及追偿权等。与以往的研究相比，更加突出由第三人履行的合同在涉他合同制度中的地位。

明确第三人代为履行制度的适用范围，论证无利害关系的第三人任意介入的权利。侧重描述第三人代为清偿后，三方当事人地位的动态衡平。如债权人与债务人的基础关系、第三人对债权人的执行关系、第三人对债务人的求偿和代位关系、代位人相互之间的追偿关系等。本研究从解释论的角度出发，解决了诸如第三人的范围确定问题及追偿权的行使问题。

第一章

涉他合同的基本规定性

本章正式进入涉他合同的本体论部分。笔者会详细介绍这一概念，以便读者有一个系统的认识，并且为后文的分论打下基础。

一、涉他合同的界定及相关概念辨析

（一）涉他合同的内涵

什么是"涉他"？从字面意思来讲，就是"涉及他人、牵涉他人"的意思。是否仅涉及他人就是涉他合同呢？很显然不是。比如融资租赁合同、委托合同、多式联运合同等，这些都涉及当事人之外的他人，但它们却是典型的由双方当事人参与的合同。所以，这里的"涉他"不能只是牵涉他人的意思。根据学者见解，涉他合同，指合同的内容实质性地涉及第三人的合同。[1]第三人因合同而享有权利或者负担义务。也有学者认为，涉他合同是指合同当事人在合同中为第三人设定了权利或约定了义务的合同。[2]这样的观点其实是大同小异的。进一步明确这个问题，有两点值得注意：一是，第三人享有什么样的权利和负担什么样的义务？二是，第三人的范围如何？是否所有享有权利、承担义务的人都是第三人？事实上，要解决这个问题是十分困难的。如在买卖合同中，甲与乙签订买卖 10 吨钢材的合同。同时他们约定由丙来进行运输。那么在本案当中，丙虽然主要是因为卖方甲与自己的货运合同而享有权利。但丙也参与了甲乙之间的买卖合同关系，享有将 10 吨钢材运到乙的所在地的义务或权利。但这项义务本是买卖合同的给付义务。此时，我们是否

---

〔1〕 韩世远：《合同法总论》，法律出版社 2018 年版，第 97 页。也有学者认为，"如果合同的效力涉及第三人，则为涉他合同。"观点与之相近。李永军：《合同法》，中国人民大学出版社 2016 年版，第 17 页。

〔2〕 崔建远主编：《合同法》，法律出版社 2016 年版，第 22 页。崔建远："论为第三人利益的合同"，载《吉林大学社会科学学报》2022 年第 1 期，第 152～153 页。

可以说甲乙之间的买卖合同是涉他合同呢？而把丙说成是第三人？又如德国法上的专家责任，其是否属于涉他合同的范畴，也十分模糊。甲与律师乙签订委托合同，委托乙代为拟定丙为继承人的遗嘱。不料，乙因疏忽大意在甲去世之前都没有草拟完毕。试问甲乙签订的委托合同是不是涉他合同？而丙又是不是第三人？在本案中，乙的合同义务是拟定遗嘱。而请求乙履行此义务的只能是甲，而不是丙。从这个意义上来讲，丙不是委托合同的第三人。但针对本案，从情理上看丙明显有权请求乙赔偿损失。我们在学理上，也有期待权的设计，所以可以援引丙对于遗产的期待权来要求乙赔偿。但这是否说明丙针对委托合同有权利？他是第三人吗？从这两个简单的案例来看，我们发现所谓"实质性涉及第三人"的判断标准还是过于抽象，不容易判定。

那到底怎样来解决这两个问题？毫无疑问，合同双方当事人的意志在某种程度上，能决定这两个问题的答案。例如在前述的买卖合同中，甲可以与乙约定由丙替甲完成给付。此时的丙即是负担实质性义务的第三人。这是典型的涉他合同类型。但意志论与后文要探讨的理论基础有关，在此不详述。排除这个因素，我们继续以"实质效力"的视角分析。首先，如果有人享有针对任一合同当事人的债权，那么此人应当认定为第三人无疑。因为债权是一项实质性权利。其次，债权的效力分为请求力、受领力、保有力。若仅是其中一项，是否可以称为此处的权利？以最弱的受领力为例，由于《民法典》第522条第1款规定了"简单型为第三人利益的合同"，所以受领力的存在可以作为判断涉他合同的依据。也即，只要当事人约定第三人可以受领合同标的，就可以认定该合同为涉他合同。那如何判断涉他合同得以存在的义务呢？这可以从债务的内容来分析。依《德国民法典》第241条的规定，因债务关系发生的义务包括给付义务和保护义务两类。若第三人对合同双方当事人之一方负有给付义务，学界称其为"由第三人履行的合同"，是涉他合同的典型形态。但如果他人负有的是保护义务，那又是不是第三人？笔者以为不然。因为债权虽是相对权，但非合同相对人也负有一定尊重、保护的义务，甚至在特别情形之下，德国法上有"第三人积极侵害债权的设计"，如果将他人对合同负担保护义务的情形也纳入涉他合同的范畴，将使其变得十分臃肿。特别是在公共场所的管理人的安全保障义务之下，不可避免的会将银行、饭店、商场等从业者视为合同保护义务的承担者。若承认管理人的第三人地位，将不当扩大涉他合同范围。所以，第三人仅负有保护义务将不足以支撑涉他合同的存在。

这样，我们就归纳出了两类涉他合同类型：向第三人履行的合同与由第三人履行的合同。但是，此归类穷尽了涉他合同的范畴吗？从债权、债务的内容和效力的角度来分析，应该说是穷尽了。但是如果我们更换观察视角，又会有"第三人"的出现。如父亲甲带儿子乙到丙玩具店买玩具。甲对乙说，"你在店里随便拿一个玩具，我付钱就是。"在此案中，甲与丙缔结的买卖玩具的合同会因乙选择权的行使而标的特定化。这是不是一个涉他合同呢？即针对标的物的选择权会使得第三人成为涉他合同的权利人吗？再比如，甲将其房屋出租给乙使用，在租赁期间，乙的妻子丙因为房屋的重大安全隐患而受伤住院，花去医药费若干。丙有权要求甲按照合同赔偿损失吗？也就是说，丙有受租赁合同保护的权利吗？诸如此类的问题，彰显第三人对双方当事人权利的丰富程度。但如仅在债权、债务的角度展开论述，很显然这些"第三人"均非合格。那么，这个问题应该如何解决？不可避免的是，要参照学者的观点。

（二）涉他合同的外延

在上文"实质影响"标准或"权利义务"标准之下，学者们归纳了涉他合同的表现形式，大致可以分为：向第三人履行的合同、附保护第三人作用的合同、由第三人履行的合同、第三人代为清偿的合同、第三人侵害合同债权、第三人的缔约过失责任等。以下逐一探讨。

第一，向第三人履行的合同。向第三人履行的合同，指当事人为第三人设定了合同权利，由第三人取得利益的合同。[1]《民法典》第 522 条规定的就是这类合同。韩世远教授举出了保险合同与货物运输合同的例子。崔建远教授也承认利他合同是涉他合同的旁支。并特别指出，人民法院不得依职权将其（第三人）列为该合同诉讼案件的有独立请求权第三人。[2]董万程教授限缩了其定义，认为它是指合同当事人约定由一方当事人向合同关系外的第三人给付，第三人即因之取得直接请求给付权利的合同。并指出，《德国民法典》第 328 条、《日本民法典》第 537 条、《瑞士债务法典》第 111、112 条都

---

〔1〕 韩世远：《合同法总论》，法律出版社 2018 年版，第 97 页。

〔2〕 崔建远主编：《合同法》，法律出版社 2016 年版，第 22 页。

有相关规定。而我国《合同法》没有规定。[1]不论定义上的细微差别，学者都将该类合同纳入涉他合同范畴。由此可见，就学者论述习惯和第三人所拥有的合同权利而言，向第三人履行的合同是涉他合同的表现形式之一。

第二，附保护第三人作用的合同。上文已经提及，该类合同的存在，主要是为了弥补德国法上侵权行为的漏洞，以契约责任为被侵权人提供更为周全的保护。依王泽鉴先生之见，所谓附保护第三人作用的合同，是指特定合同一经成立，不但在当事人间发生权利义务关系，同时债务人对于与债权人具有特殊关系的第三人，也负有照顾、保护等义务。[2]该合同类型在国内大部分教材中，均无一席之地。但是，债务人的保护义务延伸至第三人。换句话说，第三人有"受保护的权利"。就此而言，第三人因享有合同权利，而使该类合同成为涉他合同。《最高人民法院关于审理建设工程施工合同纠纷案件适用法律问题的解释（一）》（法释〔2020〕25号）第43条第1款，以及《消费者权益保护法》第40条第2款是其表现形式。

第三，由第三人履行的合同。它是指以担保第三人的履行为合同标的的合同。[3]韩世远教授认为《合同法》第65条承认了它，并举出了连环买卖合同的例子。[4]崔建远教授进一步认为，第65条应当限于第三人对债务人负有债务的情形，该类合同是以第三人本就存在的给付为标的。实务中存在着第三人直接作为当事人一方与债权人、债务人签订三方协议的情形。该第三人就是合同当事人而不是第65条所称"第三人"，因此不属于适用该条的情形。[5]两位学者的观点存在冲突。但笔者认为，结合上文的分析，不论第三人履行的原因为何，第三人对债权人负有履行的不真正义务，这符合涉他合同中第三人对合同负担义务的情况，所以该类合同也属涉他合同。且学说上有观点承认这一合同类型。[6]《民法典》第523条也是明证。

第四，第三人代为清偿的合同。第三人代为履行（的合同），又称第三人

---

〔1〕　董万程："民法典合同编中涉第三人合同立法问题研究"，载《中国法学会民法学研究会2018年年会论文集》，第835页。

〔2〕　王泽鉴：《民法学说与判例研究》（第2册），中国政法大学出版社1998年版，第34页。

〔3〕　韩世远：《合同法总论》，法律出版社2018年版，第375页。

〔4〕　韩世远：《合同法总论》，法律出版社2018年版，第97页。

〔5〕　崔建远主编：《合同法》，法律出版社2016年版，第22页。

〔6〕　韩世远："由第三人履行的合同刍议"，载《浙江工商大学学报》2008年第4期，第14页。

清偿、代位清偿，是指第三人向债权人清偿债务人之债务，而成为新的债权人或取得对债务人的求偿权的制度。第三人可与合同债务有利害关系，如担保物之所有人、次序在后之抵押权人清偿次序在前之抵押权担保之债权、无担保权之债权人清偿其债务人所负有担保权之债务、合伙人清偿合伙之债务等。也可以没有利害关系，如父母、兄长、亲朋等。此处第三人的清偿完全基于自己的利益考量，并不像由第三人履行的合同中第三人的履行要基于自身和债务人的约定。在比较法上，可参考《德国民法典》第 267 条、第 268 条的规定。结合上文的分析，此处的第三人自愿代为清偿，也对债权人负担给付义务，因此属于涉他合同的范畴。有学者也注意到《合同法》关于第三人代为履行的法律漏洞，《民法典》第 524 条算是一项有力回应。[1]所以，它也是涉他合同的表现形式。

第五，第三人侵害合同债权。这种情况是指，合同关系以外的第三人故意实施或与债务人恶意通谋实施旨在侵害债权人债权的行为并造成债权人损害。法国、德国在判例上承认第三人侵害合同债权制度。同时有学者还找到相关的法律文件——最高人民法院《关于信用社非法转移人民法院冻结款项应如何承担法律责任的复函》。该文件使得信用社与债务人对债权人承担连带赔偿责任。[2]但笔者以为，该制度不宜纳入涉他合同范畴。虽然第三人侵害债权的，债权人有权请求赔偿损失，原则上这也是债务。但是该债务是原合同债务的变形，它的产生也不是基于当事人的自由意志而成为合同之债。此情形宜纳入侵权法，《民法典》第 1164 条对侵权责任编调整范围的扩大也扫除了相对权成为侵权行为对象的障碍。"第三人侵害合同制度，体现了交易自由与侵权所保护的市场机会之间的平衡，并为基于解释论界定获取市场机会的行为界限提供了可能性。第三人通过订立合同获取市场机会的自由，和第三人恶意侵害的合同法益之间，存在价值冲突，需要在法律适用中平衡代表交易自由和代表缔约秩序的法律价值，并界定相应的行为界限。"[3]受害人的合同相对方为了获取更佳的商业机会，而违反了合同约定，具有一定商法自

---

〔1〕 参见冉克平："民法典编纂视野中的第三人清偿制度"，载《法商研究》2015 年第 2 期，第 35 页。

〔2〕 董万程："民法典合同编中涉第三人合同立法问题研究"，载《中国法学会民法学研究会 2018 年年会论文集》，第 836 页。

〔3〕 张瀚："第三人侵害合同的侵权责任"，载《政法论坛》2022 年第 5 期，第 159 页。

治和效率违约的抗辩事由。但是若第三人的行为违反了强行法的规定，则会导致侵权责任的产生。可能的解释进路在于对《民法典》第 1165 条进行扩大解释，以使"民事权益"包括债权等相对权。但受害人只是享有了违约救济的权利，第三人也并无独立或基础合同所赋予的义务。因此，第三人并不因承担该项债务而成为涉他合同意义上的第三人。

第六，第三人的缔约过失责任。所谓缔约上的过失责任，是指在合同订立过程中，一方因违背其依据诚实信用原则所产生的义务，而致另一方信赖利益损失，应承担的损害赔偿责任。[1]《民法典》第 500 条、第 501 条做了相应规定。从学者给出的定义，或者是法律条文的用语"当事人""对方"，我们不难看出理想型的缔约过失责任存在于合同双方当事人。但在立法例中，也有第三人负有先合同义务，而应当承担缔约过失责任的情形。如《德国民法典》第 311 条第 3 款第 2 句规定，"该第三人特别地要求对自己的信赖，并因此而大大影响合同磋商或合同订立的，尤其发生此种债务关系"。[2]如销售代理人、投资顾问、管理人等都可以成立缔约过失责任。那么这些情形能成立涉他合同吗？答案是否定的。因为在合同成立并生效的情形，第三人的损害赔偿责任是为了弥补债权人或债务人的损失。其在本质上不属于对待给付（主给付）的变形，如第三人负有的保密义务、诚信辅助磋商的义务。尽管从表面上看，第三人也对当事人负有义务或责任，但不是真正的债务。况且一般而言，第三人的不诚信行为出现在合同成立前及合同履行终了之后。这也无关于当事人的对待给付。所以第三人的缔约过失责任不属于涉他合同的类型。

第七，第三人的原因导致违约。实践中，一份合同总是勾连着多项交易。因此，第三人总是出现在他人的合同领域。合同的不履行，在很多情形下，可能是第三人的原因导致的。也有学者主张应当区分情况：第三人的原因是债务人违约的唯一原因，还是第三人的原因和债务人的过错行为共同导致违约。[3]例如，甲与乙签订买卖合同，不料在交付前标的物被丙故意损毁。在此情形下，出卖人甲先要向乙承担违约责任，然后他可以向丙追偿损失。换

---

〔1〕　王利明：《合同法研究》（第 1 卷），中国人民大学出版社 2015 年版，第 337 页。

〔2〕　陈卫佐译注：《德国民法典》，法律出版社 2020 年版，第 121 页。

〔3〕　崔建远："第三人的原因造成违约时的责任分配论"，载《政法论坛》2023 年第 1 期，第 89 页。

而言之，乙并不能越过甲直接追索丙，因此这依然没有超出合同相对性的原则，而成其为涉他合同。而且，第三人行为只是合同违约的原因，并没有如上文我们对涉他合同所要求的对原始合同的权利和义务，因此，该情形也并非涉他合同。

第八，第三人加入债务。《民法典》第552条规定，第三人与债务人约定加入债务并通知债权人，或者第三人向债权人表示愿意加入债务，债权人未在合理期限内明确拒绝的，债权人可以请求第三人在其愿意承担的债务范围内和债务人承担连带债务。有学者认为，该规定"将通知债权人或者向债权人表达意思的债务加入处理为利他合同的一种情形……赋予了债权人以拒绝权，在逻辑上与利他合同的构造保持了一致性"。[1]笔者认为，修正的单方行为模式以及拒绝权的构造虽然在这两种情形体现了高度的一致性，但并不表明加入债务的第三人有如同向第三人履行的合同中立约人的地位。第三人加入债务之后，实际上与原债务人一道共同成为债权人的债务人，并承担连带责任。债务加入介于保证和独立保证之间，较类似于人保。[2]这同时也不同于由第三人履行的合同。因此，第三人加入债务的情形也不属于涉他合同。

以上我们讨论了八种第三人参与合同的情形。经过考察，只有向第三人履行的合同、由第三人履行的合同、附保护第三人作用的合同、第三人代为履行的合同（代为清偿）这四种情况属于涉他合同。因此，下文的探讨将集中于这四种合同类型展开。但值得一提的是，关于涉他合同的外延，由于第三人被牵连进合同的情形甚是广泛，所以有学者会有不同的看法。如董万程教授就将第三人侵害合同债权的情形纳入涉他合同的讨论范围。王利明教授将债权人的代位权与撤销权也视为合同相对性突破的例子。[3]笔者并不否认除了这四种情形以外，涉他合同还有其他类别。但囿于思维有限，加之《民法典》在第522条、第523条、第524条这三个条文主要规定了前面几种情况，故将讨论范围限缩之。

---

[1] 薛军："合同涉他效力的逻辑基础和模式选择——兼评《民法典合同编（草案）》（二审稿）相关规定"，载《法商研究》2019年第3期，第27页。

[2] 夏昊晗："债务加入法律适用的体系化思考"，载《法律科学（西北政法大学学报）》2021年第3期，第165页。

[3] 王利明：《合同法研究》（第1卷），中国人民大学出版社2015年版，第128~129页。

（三）束己合同与涉他合同的区分

介绍了上文的涉他合同之后，我们需要明确，在学界一般将合同分为束己合同与涉他合同。束己合同与涉他合同是相对的一组概念，它们以是否贯彻合同相对性原则为划分标准。[1]束己合同是严格遵循合同相对性原则，合同当事人不向第三人主张权利和追究责任，第三人也不向合同当事人主张权利和追究责任的合同。也有学者认为，束己合同，或称"为订约人自己订立的合同"，指订约当事人订立合同是为自己设定权利和义务，使自己直接取得和享有某种利益、承担某种负担的合同。[2]它是我们日常生活中的常态。如乘坐通勤车、购买商品等，都是以直接的卖家与买家的交易为典型。本书的研究对象主要集中在涉他合同，但是为厘清研究对象，也需要提及束己合同，以示区别。

两类合同在合同目的和合同效力范围上有所差异。同时有学者认为《最高人民法院关于审理民间借贷案件适用法律若干问题的规定》（法释〔2020〕17号）第22条第1款允许将民间借贷合同当事人之外的第三人列为共同被告或第三人，突破了合同相对性。[3]这应当属于立法上涉他合同的表现形式。

二、涉他合同的历史发展与比较分析

在谈及涉他合同的发展历史时，我们需要知道源头是什么。合同是债权人与债务人之间的协议。从最初的罗马法时期，合同并不能约束第三人，这就是合同的相对性原则。而第三人享有权利和负担义务是晚近的事。所以，我们的研究应先从该原则入手。

（一）大陆法系涉他契约的发展脉络

罗马法中，诉讼分为对物之诉与对人之诉。对物之诉规范财产的占有关系。物的所有权人和占有权人可以追及物的非法占有人而为诉讼。这即是现代物权法的起源。相比较而言，债被称为"法锁"，意指"当事人之间之羁束状态"。[4]《法学纲要》将债称为"是依国法使他人为一定给付的法锁"。[5]

---

〔1〕 崔建远主编：《合同法》，法律出版社2016年版，第21页。

〔2〕 韩世远：《合同法总论》，法律出版社2018年版，第97页。

〔3〕 参见韩世远：《合同法总论》，法律出版社2018年版，第98页。

〔4〕 李宜琛：《日耳曼法概说》，商务印书馆1944年版，第72页。

〔5〕 参见［英］P. S. 阿蒂亚：《合同法概论》，程正康、周忠海、刘振民译，法律出版社1982年版，第264页。转引自袁正英："第三人利益合同制度研究"，武汉大学2014年博士学位论文，第36页。

要式口约的形式决定了其效力，即只有签订了合同的双方当事人才受合同拘束。而第三人并不能就合同享有权利。换句话讲，合同（债）只能在双方当事人之间发生效力，而物权可以在所有人（包括物权人）之间发生效力。

罗马法的该项原则为大陆法系国家所继受。如《法国民法典》、《德国民法典》、《意大利民法典》、瑞士民法等都有类似规定。在规则设计上，债权法中有关债的设立、变更、移转制度均应适用债的相对性规则；而物权法中的登记制度、物上请求权等制度是建立在物权的绝对性基础之上的。[1]但这种绝对权和相对权的区分只是相对的，随着债权的物权化、责任竞合等现象的出现，合同相对性受到了冲击和突破。[2]例如，随着交易的发展，罗马法逐渐承认一种适用债的相对性规则的例外情况，当向第三人给付是一种本来就应该由缔约人履行的给付时，合同当事人订立第三人利益契约是有效的。[3]随着罚金制度的运用，受约人可以在立约人不履行对第三人给付时要求支付罚金，从而达到间接强制为他人利益的约定被执行的目的。[4]另外，扩用诉讼允许受益第三人直接起诉立约人。[5]共同要约说的理论也认为，第三人利益契约是立约人与受约人共同向第三人发出要约，第三人承诺表示接受而达成的协议。通过把立约人与受约人一体视为债权人，第三人视为债务人，它保证了合同相对性原则不被突破。

这些拟制的手段呼唤法律制度的创新。但合同相对性原则的阻力依旧很大。例如《法国民法典》就拒绝承认利益第三人合同，但其第1121条规定了两种例外情形——第三人利益契约是原契约的条件或意图向他人赠与财产——在一定程度上认可了利益第三人合同。后来为了建构保险合同的法律制度，一旦当事人达成协议转移利益给第三人，第三人便可向债务人主张该利益。[6]但转移说无法解释为何在受约人死后，合同权利还可以转让给第三人。而在人寿保险合同中，受益人恰恰是在投保人（被保险人）死亡后才获得利益的。[7]法国法后来转采无因管理说，认为受约人与立约人签订合同是

---

〔1〕 王利明：《合同法研究》（第1卷），中国人民大学出版社2015年版，第128页。

〔2〕 王利明：《合同法研究》（第1卷），中国人民大学出版社2015年版，第128页。

〔3〕 参见陈朝璧：《罗马法原理》（上册），商务印书馆1937年版，第197页。

〔4〕 张家勇：《为第三人利益的合同的制度构造》，法律出版社2007年版，第134页。

〔5〕 张家勇：《为第三人利益的合同的制度构造》，法律出版社2007年版，第134页。

〔6〕 傅静坤：《二十世纪契约法》，法律出版社1997年版，第158页。

〔7〕 吴文嫔：《第三人利益合同原理与制度论》，法律出版社2009年版，第247页。

在管理第三人的事务。一旦第三人对管理行为表示追认，则其获得相应权利，受约人也随之脱离三方关系。但是，此说无法解释利他合同受约人依旧享有权利、承担义务的事实。受约人也无法依委托合同而向第三人索要管理费用。现代法国学者持权利直接发生说：第三人可因他人的合同而获得权利。法律依据为立约人单方允诺之债。但是单方允诺并不是债产生的一般原因，也无法解释为何在一定条件下当事人有权解除合同。[1]德国法也发展了承诺说、代理说、传来说、直接取得说以论证第三人权利。在19世纪，德国接受了合同的第三人权利理论。[2]民法典的主要起草人温特夏德也赞成利益第三人合同，因此《德国民法典》有较为完整的规定。其在第二编第三章第三节"向第三人履行给付的许诺"中，规定了利益第三人合同的一般规定、死亡后的给付、第三人对权利的拒绝、立约人的抗辩权等内容。[3]甚至在德国商法中，也有细致的法条设计。

就附保护第三人作用的合同而言，这纯粹是德国判例法的创造。它常见于租赁契约、承揽契约以及供货契约。[4]判例法最早在租赁契约中，承认了债务人对第三人的保护义务。案情大致如下：原告及其妻子租住在被告家中。某天，其妻因房屋设施故障而受伤。原告请求出租人承担赔偿责任。[5]就租赁契约而言，出租人应当提供适宜承租人及其同住之人居住的房屋，所以当租赁物出现瑕疵而导致承租人一方受伤时，出租人应当承担赔偿责任。但此时《德国民法典》及习惯法中尚未发展出附保护第三人作用之契约的规则，所以原告应依契约法，其同住之人应依侵权法向被告主张民事责任。接下来发生一则案例，某修士身患疾病，修道院雇佣被告派遣马车，并聘请某医生乘坐该车前来诊治，不料途中发生车祸。此时，医生主张被告违反运送契约

---

〔1〕 尹田编著：《法国现代合同法》，法律出版社1995年版，第276页。

〔2〕 参见［德］海因·克茨：《欧洲合同法》（上卷），周忠海、李居迁、宫立云译，法律出版社2001年版，第336页。

〔3〕 陈卫佐译注：《德国民法典》，法律出版社2020年版，第137~138页。

〔4〕 Vgl. Larenz Anmerkung zu NJW 1956, 1193. 转引自陈慧君："论附保护第三人效力之契约"，华东政法大学2018年硕士学位论文，第13页。

〔5〕 RGZ 77, 101；RGZ 81, 200（1911）. 转引自陈慧君："论附保护第三人效力之契约"，华东政法大学2018年硕士学位论文，第13~14页。

所生义务，应依契约法负损害赔偿责任。[1]在另一则案例中，某甲因调至国家铁路局工作而配有住房，其携妻女（原告）一同入住，但因铁路局所雇佣的医生违反出示义务——未及时上报前一住户患有肺结核的病情，该局未对这一住房进行消毒，导致甲与其妻女三人均被传染而罹患结核病。[2]二审法院以原告不是契约当事人而排除其契约上损害赔偿责任，并以第831条排除雇主责任，判决原告败诉。三审法院推翻了此前的判决，其认为依劳务合同劳务权利人负有给付劳务义务人适足住房的义务。这一义务应当扩及同居之人。所以，当被告违约时，判例法赋予原告与劳务义务人同样的赔偿请求权。如果不采取此一做法，可能导致债权人与其同住之人法律地位的悬殊（如承租人依《德国民法典》第278条和第536a条的请求权，同居人无法享有）。当然，成文法第535条早已吸纳此判决理由。1921年的案件与其相似。案情大致如：出租人（被告）委托某公司安装其租赁住房内的天然气管道，因后者疏忽导致管道爆炸，承租人死亡，其同住之妻子受伤。法院援引第328条（利益第三人之契约）认为妻子为利益第三人，支持其契约法上赔偿请求权。[3]到1930年，也发生了相似案件。承租人与热水器维修公司（被告）订立契约，由该公司为其安装煤气计量表。但因安装工人的过失导致煤气泄漏，发生爆炸。承租人的佣人（原告）因此受伤。因雇主责任的免除，原告无法主张侵权损害赔偿。但法院认为依据契约目的和契约内容，原告也应受承揽契约注意义务的保护，所以通过契约解释援引第328条第1款使第三人主张契约上损害赔偿请求权。[4]其他案例还包括：RGZ 160，153（1939），BGH NJW 59，1676（1955）。[5]总之，在这一时期，判例法适用或类推适用前述利益第三人契约扩张契约的保护义务于第三人。法院认为上述案型属于利他合同。但此时，德国实务界也出现了一些反对的声音。例如有人认为，

---

〔1〕 RGZ 87，292（1915），转引自王泽鉴：《民法学说与判例研究》（第2册），中国政法大学出版社1998年版，第27页。

〔2〕 RGZ 91，21（1917），转引自陈慧君："论附保护第三人效力之契约"，华东政法大学2018年硕士学位论文，第14页。

〔3〕 RGZ 102，231（1921），转引自陈慧君："论附保护第三人效力之契约"，华东政法大学2018年硕士学位论文，第16~17页。

〔4〕 RGZ 127，218（1930），转引自陈慧君："论附保护第三人效力之契约"，华东政法大学2018年硕士学位论文，第17页。

〔5〕 王泽鉴：《民法学说与判例研究》（第2册），中国政法大学出版社1998年版，第25、27页。

在租赁契约中，第三人应受契约保护，其得基于出租人附随义务之违反，独立享有对出租人的损害赔偿请求权。[1]

接下来，就契约对第三人的保护义务的法理基础，德国法学界展开了一场声势浩大的讨论。后一致认为，"债的社会效力"决定了第三人受保护的地位。契约在磋商和订立的过程中，总不免涉及与契约有特定关系的其他人。基于"债的社会效力"和诚信原则，第三人是依据利益第三人契约或是契约保护义务扩张至特定第三人理论，要视具体的案情而定。[2]比较而言，两种学说差别很大。上述案型中的第三人与利益第三人契约中的第三人法律地位十分不同。体现在两点：其一，前者中第三人不享有独立的给付请求权，后者中第三人享有；其二，前者只享有因保护义务而产生的损害赔偿请求权，而后者享有原始的履行请求权。有观点认为，可以基于债务人对第三人的保护义务而产生一个依附于原始契约关系的准法律行为性债务关系。[3]甚至在公法上的使用关系（如兴建屠宰场、排污设施）也能适用这一保护义务。受其影响，判例法接受了附保护第三人作用的契约的独立地位。并以1959年的一则案例为典型。在买卖契约中，出卖人（被告）应当告知买受人（冶金工厂）某型号的防锈剂的可燃性，但未告知，导致雇员（原告）受伤。法院认为，雇主对员工负有照顾义务。因此，她处于与债权人同样的位置，并被纳入契约的保护范围之内。据此，法院支持了原告的请求。[4]后来，这一判决理由被成文法吸收，债法现代化之后的《德国民法典》第241条第2款和第311条第3款正式认可了附保护第三人作用的合同。

从1960年到2002年之间，除了买卖契约、租赁契约、承揽契约之外，这一涉他合同类型的适用范围逐步扩张。保护义务的范围从第三人所受的人身损害扩大到所受物之损害，同时也适用于纯粹经济损失案件。对该案例类型可作两分：债权人与第三人利益一致型、债权人与第三人利益相对型。前者如"遗嘱案"（NJW 1965，1955），后者如"房屋委托鉴定案"（NJW 1984，

---

〔1〕　Basil Markesinis, Hannes Unberath, Angus Johnston, *The German Law of Contract-A Comparative Treatise* 205, 2d ed., Hart Publishing Oxford and Portland, Oregon, 2006.

〔2〕　参见陈慧君："论附保护第三人效力之契约"，华东政法大学2018年硕士学位论文，第20页。

〔3〕　Brox, Allgemeines Schuldrecht, 33. Aufl. 2009. S. 375. Karl Larenz, Lehrbuch des Schuldrechts, Band I. AT, 14. Aufl. 1987, S. 229.

〔4〕　NJW 1959, 1676.

355）。"遗嘱案"案情大致如下：被继承人甲委托乙而为遗嘱公证，乙因疏忽未能及时公证，导致唯一继承人丙必须与他人一起继承遗产。在本案，法官认为被委托人乙负有照顾丙之利益的义务，因为这一点与甲的意思相一致。"房屋委托鉴定案"大致案情如：甲委托乙评估其房屋之价格，以供出卖时的参考。不料乙因为过失，而未能注意到该房屋为社会保障住房而无法出售，导致买受人丙支付价款之后，无法移转房屋所有权而受有损失。在本案中，法官认为虽然委托人（卖方）与买方的利益相对，但是该委托契约的契约目的要将买方对于房屋的知情权考虑进去，因此法院支持了丙的诉讼请求。在这两个案件中，可以明显看到判例法认定第三人范围的标准发生了改变，即从债权人对第三人负有的人身照顾义务（或者称为"幸福与痛苦公式"）的客观标准，逐步向法院所认定的契约目的转移。因此，第三人的范围逐渐宽松，但是基于委托契约中委托人与受托人的信赖利益，所以这一契约类型中第三人的确认是极为谨慎的。[1]

　　附保护第三人作用的契约中第三人的范围不仅在空间上有扩张，而且在时间上也有扩张——保护义务涉及的第三人可在契约还未成立或生效时出现。"蔬菜叶案"（NJW 1976, 713）开了先河，案情大致如：原告陪其母亲去超市购买商品。还未轮到其母亲结账，在旁边收拾商品的原告因地板上散落的蔬菜叶而摔倒受伤。法官援引缔约过失制度对原告之母加以保护，并将该保护义务以附保护第三人作用的契约扩及原告。法院认为，契约未成立的事实（因为母亲还未结账）并不影响保护义务的扩张。原因有二：一是因契约磋商，债务人的契约附随义务随之出现。这种法定债之关系可先于契约而出现。二是假使契约成立，原告、其母、商店之间也会成立附保护第三人作用的合同，这种权利地位与先契约状态之下并无二致。基于契约法上诚信原则和信赖关系，在先契约阶段和契约中，附随义务都将产生。进而，附保护第三人作用的合同与缔约过失责任相结合，分别给予第三人与双方当事人以契约法保护。但是，有人质疑，因为这将无限扩大第三人的范围，而使债务人负担过重。并且，以侵权行为法上的请求权来保护第三人利益并无不当。即使有时效、构成要件上的差异，也可以缔约过失责任与侵权责任法上请求权规范竞合的理论加以弥补。当然，应予肯定的是，这一阶段的第三人范围经历了

------

〔1〕 NJW 1977, 2074.

从空间到时间的全方位跨越。随着法律适用的频繁，关于该理论法律基础的争议也接踵而至。

司法实践中，多以《德国民法典》第 133 条、第 157 条的契约补充解释规则来推导第三人的存在。依据当事人明示或默示的主观意志、习惯、诚实信用原则，案件中可能存在着与债权人利益相同或相对的第三人。联邦最高法院甚至以当事人认识到第三人将受到给付的威胁即为已足。因此，该学说可能导致虚构当事人的意思，应予以修正。习惯法的理论供给也较为可疑。在个案中对第三人进行保护是否已经形成一种通例，并且能否期待当事人遵守，都存在较大困惑。也有学者以第 242 条的信赖关系为由，证成对第三人保护义务。当然，也有主观标准（主契约的内容）[1]及客观标准（主契约的客观保护效力）[2]之分。以第 311 条第 2 款、第 3 款规定的缔约阶段的第三人责任作为理论基础也有问题。原因有三：一是该责任类型仅限于缔约阶段；二是该责任的成立基于对第三人的信赖；三是在构造上这两款规定是规范第三人责任，而不是以契约的保护义务赋予第三人以权利。但它证明了一种思路，即第三人在无当事人意思的支撑下完全可以参与到契约关系中来，这使法律续造成为可能。而这一续造过程以第 242 条的诚实信用原则为基础。

总之，德国自 1900 年以来在判例法上发展出的附保护第三人作用的合同是为了克服侵权法上的缺陷——时效过短、构成过严、较易免责。在初期多适用或类推适用利益第三人合同的规定来裁判相关案型。但由于第三人享有的是保护利益而不是给付利益，所以这样的类推缺少理由。此后，在契约附随义务的实定化或成文化之后，基于契约的补充解释和诚实信用原则的法律续造，以债务关系的社会化为导向，判例法逐渐认可附保护第三人作用的合同，《德国民法典》第 241 条第 2 款和第 311 条第 3 款正式认可了附保护第三人作用的合同。而这一发展过程在我国也有借鉴意义，笔者将在本书第三章展开论述。

就由第三人履行的合同而言，其最早见于《法国民法典》第 1120 条。[3]

---

[1] NJW 1965，1955.

[2] 参见陈慧君："论附保护第三人效力之契约"，华东政法大学 2018 年硕士学位论文，第 20 页。

[3] "第 1120 条　但是，一人得出面做担保，保证让该第三人为一定行为；如该第三人拒绝承诺此义务，出面保证让其为一定行为的人或者许诺让其批准承诺的人，应负赔偿损失之责任。"罗结珍译：《法国民法典》，中国法制出版社 1999 年版，第 285 页。

《瑞士债务法》第 111 条[1]有类似规定。德日虽没有明定该合同类型，但其学说及判例均加以承认。它的出现基于第三人利益契约，这一点在《法国民法典》的体系编排上可见一斑。从理论上讲，既然第三人可以享有合同权利，那么其也可以因合同而承担义务。只是，义务的承担比权利的赋予对第三人利益的干涉更为激烈，要明确其承担义务的原因。第三人之所以履行合同，是因为他对债务人的既有欠账，或是他与债权人、债务人之间有其他业务往来。借由这样的债务规划而清理之前的债权债务关系。由第三人履行的合同中第三人可以不履行债务人所负债务，这会导致债务人承担违约责任，而债务人只能基于他与第三人之间的代偿协议来追究其违约责任。但在大体上，这两类合同之间是颇为相似的。因此，它的发展历史应与为第三人利益之契约的发展历史相当。这一对孪生兄弟可以一体对待。

至于第三人代为履行的合同，它的制度设计与由第三人履行的合同类似。无非前者是单方自愿履行他人债务。而后者的履行是基于一定的基础关系和当事人双方的约定。基于此相似性，我们在由第三人履行的合同之后论述它。罗马早期，债是一种人身关系，欠债不还者可能受到他人人身的拘束，所以债务一般不能由他人代替偿还。此后这一规则开始松动。在缔约主体上仍必须是债权人与债务人，但契约债务可由除债务人本身外的具有清偿能力的第三人清偿。[2]第三人的清偿行为虽反乎债务人的意思，亦可有效。[3]到资本主义时期，债变为一种财产关系。由于货币、实物等契约标的物的可替代性，债务人的给付行为也变得可以替代，再加之这一时期观念的变化，债由一种对债务人纯粹身体上的强制进化到对债权人利益的满足，这使得第三人替代债务人履行开始流行。《法国民法典》第 1236 条就规定，"债得由在其中有利害关系的任何人清偿，例如，由共同债务人或保证人清偿。" "债亦可由在其中并无任何利害关系的第三人清偿……"[4]有学者认为，该条明确了两个问

---

〔1〕"对他方约定由第三人给付者，于不为给付时，有偿因此所生损害赔偿之义务。"陈转："由第三人履行的合同之法律适用——以甲建材公司诉乙建筑公司买卖合同纠纷案为例"，西南科技大学 2019 年硕士学位论文，第 1 页。

〔2〕［意］彼德罗·彭梵得：《罗马法教科书》，黄风译，中国政法大学出版社 1992 年版，第 237 页。

〔3〕周枏：《罗马法原论》（下），商务印书馆 2005 年版，第 899 页，转引自綦文秀："代位清偿制度研究"，黑龙江大学 2014 年硕士学位论文，第 2 页。

〔4〕罗结珍译：《法国民法典》，中国法制出版社 1999 年版，第 305 页。

题：其一，限定了有利害关系第三人的范围；其二，无论第三人与债的履行是否有利害关系，都可以代为履行，同时还有相应求偿权的设计。[1]

《德国民法典》第267条第1款规定："债务人无须亲自给付的，第三人也可以履行给付。债务人的允许是不必要的。"第268条第1款规定："债权人对属于债务人的某一标的实施强制执行的，因强制执行而有失去该标的上的某项权利之危险的任何人，均有权使债权人受清偿。某物的占有人因强制执行而有失去占有之危险的，享有同一权利。"其第3款规定："以第三人使债权人受清偿为限，债权转移给该第三人。不得使债权人受不利益而主张该项转移。"[2]该规范肯定了第三人的履行主动权，但是债权人也有终局的决定权，并且第三人的清偿代位不得有害于债权人。《日本民法典》第474条第1款规定："债务的清偿，可由第三人进行。但是，其债务性质不容许或当事人表示了反对的意思时，不在此限"。第2款规定，"无利害关系的第三人，不得违反债务人的意思进行清偿"。[3]第1款赋予债权人、债务人以拒绝第三人履行的权利，与德国法相比，对第三人代位履行作了较多的限制。有学者也总结，《日本民法典》也确认了连带债务人、保证人、物上保证人及其他第三人的代为履行。[4]大陆法系其他国家和地区也有类似规定。

尽管存在争议，但根据合同自由原则和从保护债权人利益的角度出发，第三人自愿代替债务人履行债务，只要不违反法律规定和合同约定，且未给债权人造成损失或增加费用，这种履行在法律上是被允许的而且是有效的，因为这种替代履行从根本上说是符合债权人的意志和利益的。[5]但是，需要明确，此时的第三人不是合同当事人，至多只算是债务人的履行辅助人，他不能以其与债务人之间的替代履行协议对抗债权人，债权人也不能直接请求第三人履行，所以从某种意义上讲，这种情形还未突破合同相对性。但是，在"代位清偿"下，会有所不同。

（二）英美法系利益第三人合同的缘起与发展趋势

英国法中没有类似大陆法涉他契约的概念，但是有它的下位概念。其主

---

[1] 付晓波："刍议第三人代为清偿制度"，南京师范大学2016年硕士学位论文，第10页。
[2] 陈卫佐译注：《德国民法典》，法律出版社2020年版，第97~98页。
[3] 付晓波："刍议第三人代为清偿制度"，南京师范大学2016年硕士学位论文，第11页。
[4] 周剑一："第三人代为履行若干问题研究"，吉林大学2014年硕士学位论文，第10页。
[5] 王利明：《合同法研究》（第1卷），中国人民大学出版社2015年版，第136页。

要者，即利益第三人合同（Third party beneficiary contract）、替代履行（vicarious performance）。[1]在谈到它们时，不得不提及"合同上的关联关系"（privity of contract）。这一原则的确立是在维多利亚时代（1837 年~1901 年）。[2]它构成了利益第三人合同成立的障碍。Privity 一词意思很多，如隐私、秘密、关系等。当由"知晓"和"熟悉"所产生的个人关系或"内部关系"与法律意义联系起来之后，关联关系就成了债务的来源。[3]但它是一个内部的圈子（circle），外部人员是局外人（stranger）。而且，原先在圈外的人，当他们被告知当事人之间关系的情况后，可以因获得权利或财产而加入圈子内。[4]合同关联关系有两种理论：一元论与二元论。一元论认为，关联关系意指"当事人自己"原则，即只有合同当事人自己可以依合同起诉或被诉，对价问题可以被纳入其中。[5]二元论包含"当事人自己"与"对价来自受约人"两个原则。但总的来讲，这两种见解区别不大——只有当事人可以享有合同权利，而当事人必须提供对价。它们都限制了第三人权利：只有提供了对价的缔约当事人才能强制执行合同。[6]

我们将时间回溯，看看它的演变过程。大约公元 11 世纪，诺曼征服开始了普通法的历史。此后，权利保护依赖诉讼形式（或令状），程序问题先于实体问题而存在。13 世纪出现的密封允诺之诉（action of covenant）就是一类诉讼形式。虽然一般来讲，只要采取密封形式的允诺就不需要对价，但是在封书中作为受益人提名依旧不足以支撑第三人权利。这大致是关联关系的体现。而在债务诉讼（action of debt）中，对价原则更进了一步。它涉及的是清偿确

〔1〕 薛波主编：《元照英美法词典》，北京大学出版社 2017 年版，第 1401 页。但据笔者的统计，vicarious 经常与 liability 或 responsibility 等词搭配，表示替代责任的意思，鲜少指向合同履行。

〔2〕 Robert Merkin, *Privity of contract: the impact of The Contracts (Rights of Third Parties) Act* 1999 1-2 (Robert Merkin, London/Hongkong, 2000)，转引自张家勇：《为第三人利益的合同的制度构造》，法律出版社 2007 年版，第 91 页。

〔3〕 Vernon Valentine Palmer, *The paths to privity: A history of third party beneficiary contracts at English law* 8 (1992)，转引自张家勇：《为第三人利益的合同的制度构造》，法律出版社 2007 年版，第 92 页。

〔4〕 张家勇：《为第三人利益的合同的制度构造》，法律出版社 2007 年版，第 93 页。

〔5〕 张家勇：《为第三人利益的合同的制度构造》，法律出版社 2007 年版，第 93 页。

〔6〕 Vernon Valentine Palmer, *The paths to privity: A history of third party beneficiary contracts at English law* 25 (1992)，转引自张家勇：《为第三人利益的合同的制度构造》，法律出版社 2007 年版，第 93 页。

定金额债务的诉讼形式。[1]所谓"欠债还钱",这种诉讼必须考察被告向原告作出给付行为的原因,即"约因"(consideration)。当然报偿原则也表现出一定的弹性。如果受约人获利使得第三人间接得利,那么立约人可以请求第三人履行债务。而一般情形下,只有基于盖印契约,立约人才可以越过受约人直接追索第三人。英国在后来又发展出违反允诺之诉,它适用于非金钱给付诉讼。后来其适用范围不断扩大,在 1602 年 Slade's case 可以适用于未定金额的损害场合,从而成为违约救济的一般程序。与此同时,对价原则也在不断发展之中。到 16 世纪末,以 1587 年 Manwood v. Burston 一案为标志,对价已成为违约允诺之诉胜诉的关键。在 1600 年到 1680 年这一时期,对价原则的发展也遭遇不少挑战,主要是出现第三人权利的诉求。利益理论(interest theory)、受益理论(benefit theory)、代理理论(agency theory)等成为证成第三人权利的主要理论形式。[2]相应的案例包括:Hadves v. Levit(1632 年)[3],Disborne v. Denabie(1649 年)[4],Tatan's Case(1536 年)[5]等。通过既有制度的解释或扩大,第三人即可获益,而无须创设第三人权利制度。但此后,对价原则(consideration theory)变得强势。Bourne v. Mason(1669 年)一案法官认为,原告没有为允诺提供对价,他"在这里既没有遭受任何不便,也没有给被告提供任何好处,完全是纯粹的对价关系的局外人"。[6]紧随其后,1680 年 Dutton v. Poole 一案确立了对价原则的统治地位,上述利益第三人理论都被它推翻。该案在结果上虽然认可了受赠人利益第三人对立约人的权利,但它与 1669 年的案件如出一辙,均认为没有提供对价者无诉权。类似案件还有 Crow v. Rogers(1724 年)。但对价原则与受益第三人诉讼一直处于此消彼长之势。王室法院首席法官曼斯菲尔德勋爵主张用道德义务来定义对价,"良知

---

〔1〕 参见张家勇:《为第三人利益的合同的制度构造》,法律出版社 2007 年版,第 96 页。

〔2〕 参见张家勇:《为第三人利益的合同的制度构造》,法律出版社 2007 年版,第 99 页。

〔3〕 案情大致为,被告向原告允诺赠与其子 200 英镑。其后,被告因故没有给付这笔款项。原告因此提起诉讼。法官判决驳回了原告的诉请,理由是原告之子对允诺的履行享有"利益",应由其享有诉权,而不是原告。适用利益理论的类似案件还有 Rippon v. Norton(1602),Dela Bar v. Gold(1662)等。参见吴文嫔:《第三人利益合同原理与制度论》,法律出版社 2009 年版,第 243 页。

〔4〕 类似案件还有 Provender v. Wood(1682),裁判理由主要是何人受益何人就享有诉权。依笔者之见,利益理论与受益理论差别不大。

〔5〕 吴文嫔:《第三人利益合同原理与制度论》,法律出版社 2009 年版,第 245 页。

〔6〕 Vernon Valentine Palmer, *The paths to privity*: *A history of third party beneficiary contracts at English law* 68(1992),转引自张家勇:《为第三人利益的合同的制度构造》,法律出版社 2007 年版,第 102 页。

加于正直心灵的约束就是充足的对价"。[1]但在 1840 年 *Eastwood v. Kenyon* 一案，登曼勋爵（Lord Denamn）又否定了这一点，他认为以道德义务作为标准，将在实际上消灭对价原则。这一时期受益人诉讼式微的原因，除了越发强势的对价原则以外，还包括书面形式的采用、信托制度的诞生。总之，19世纪之后，对价原则与关联关系盛行起来。"当事人自己"原则与"对价须来自受约人"原则共同发挥作用，阻止了受益第三人诉讼。这一趋势在 1861 年的 *Tweddle v. Atkinson* 一案中达到巅峰，从而限制了利益第三人合同在英国的发展。[2]另外一个类似案件是 1833 年 *Price v. Easton* 一案。这些案件使得人们开始认为，立约人与受约人之间各自都是为了获得对待履行而为允诺。17世纪双方当事人相互之间的允诺就可以构成对价，而 19 世纪的对价由允诺及其履行构成。在此之间，还有所谓事实上与法律上的受约人之分，但基于一些精致的分析，对价原则变得严格化——只有双方之间的交易关系才可以被强制执行。[3]据此，波洛克提出新的对价概念：一方当事人的行为或容忍或允诺，是换取另一方允诺的代价（price），为交换（for value）而作出的允诺是可以强制执行的。[4]"当事人自己原则"与"对价须来自受约人原则"共同影响，使得第三人无法执行合同。但是 20 世纪丹宁勋爵对它们有一些批评的声音，"这个原则并不具有根本性……它在 1915 年 *Dunlop v. Selfridge* 才完全确立起来。但它无法取代另一个原则：一个人有意作出具有约束力的允诺……他就必须信守他的允诺……在不是合同当事人的人起诉时也要如此……"[5]

当事人自己原则比对价原则形成得更加古老。在 19 世纪 30 年代，当事人自己原则更加稳固，案件类型包括 *Colyear v. The Countess of Mulgrave*（1836年），*Hill v. Gromme*（1839 年）。最终霍尔丹大法官在 *Dunlop v. Selfridge*（1915年）一案中，重新阐述了关联关系，这一内容包括：一是只有合同当事人可以依合同提起诉讼；二是一个订立非盖印契约的合同当事人要执行合同，他

---

[1] Furmston，*Law of Contract*，1996，p. 74.

[2] 参见王利明：《合同法研究》（第 1 卷），中国人民大学出版社 2015 年版，第 144 页。

[3] Furmston，*Law of Contract*，1996，p. 74.

[4] *Pollock on contracts*，13th ed.，p. 133.

[5] Robert Flannigan，*Privity-The end of an era*（error），*Privity of contract：the impact of The Contracts*（*Rights of Third Parties*）*Act* 1999 38（Robert Merkin，London/Hongkong，2000），转引自张家勇：《为第三人利益的合同的制度构造》，法律出版社 2007 年版，第 111 页。

必须提出对价给立约人或者立约人所要求的其他人。[1]进入 20 世纪，虽然当事人自己原则处于正统地位，但各种质疑依旧没有停止。各种该原则的例外也逐渐被承认，上议院也认可非合同当事人的第三人可以主张免责条款的利益。[2]丹宁勋爵与英国上诉法院都主张支持受益第三人的请求，不过也有相应质疑声音。在 *Midland Silicones Ltd. v. Stcrutton Ltd.*（1962 年），*Beswick v. Beswick*（1968 年）中，都否定了受益人的权利。但枢密院则抛弃了只有合同当事人才能依合同主张权利的关联关系，准许第三人主张他人之间合同的免责条款。[3]多名法官也开始质疑以往案件的公正合理性。对"对价须来自受约人"原则也兴起新的批评浪潮。因为，授予第三人权利可能正是合同当事人的目的所在，尽管第三人没有提出对价，只要立约人得到了受约人为其允诺提供的对价，第三人仍然有权起诉。[4]直到 20 世纪，需要承认第三人诉讼的案件越来越多，英国法"发明"了很多法律技术以化解第三人权利的难题。一是信托，立约人可以看成是受约人的受托人，而为了第三人利益。但是，这种信托意思往往很难认定。二是代理，将第三人作为本人，受约人作为代理人，立约人作为相对人，可以形成一个三方代理关系。但这要以授权关系为前提，因此其作用也十分有限。三是债权转让，三方关系可以看成是受约人与立约人之间先缔结一个债权债务关系，然后由债权人将权利转让给第三人。成文法上也有多项例外，规定了第三人权利，重要的包括：《1930 年第三人（对保险人权利）法》、《1925 年财产法》第 47 条、《1882 年票据法》、《1992 年海上货物运输法》、《1985 年公司法》、《1992 年包价旅行、度假、旅游规则》。[5]在众多例外的背景下，法律委员会意图制定成文合同法典以解决关联关系原则所导致的问题。经过一系列讨论，直到 1999 年英国议会通过《合同法（第三人保护原则）》，才使得第三人合同权利问题在立法上

---

[1] Robert Merkin, *Historical Introduction to the Law of Privity*, *Privity of contract*: *the impact of The Contracts（Rights of Third Parties）Act* 1999 1（Robert Merkin, London/Hongkong, 2000），转引自张家勇：《为第三人利益的合同的制度构造》，法律出版社 2007 年版，第 114 页。

[2] Robert Merkin, *Privity of contract*: *the impact of The Contracts（Rights of Third Parties）Act* 1999 16（Robert Merkin, London/Hongkong, 2000）.

[3] Robert Merkin, *Privity of contract*: *the impact of The Contracts（Rights of Third Parties）Act* 1999 18（Robert Merkin, London/Hongkong, 2000）.

[4] 张家勇：《为第三人利益的合同的制度构造》，法律出版社 2007 年版，第 116 页。

[5] 参见张家勇：《为第三人利益的合同的制度构造》，法律出版社 2007 年版，第 118 页。

得到解决。但此法只是提供一个框架，第三人规则仍需判例的发展。

而在英美法的又一"策源地"——美国，对价原则的影响却没有那么强烈。[1]1859 年的 *Lawrence v. Fox* 一案即承认了第三人诉权，此后的判例逐渐确立了利益第三人合同。[2]值得注意的是，这种确立也不是一蹴而就的。如在 Blymire v. Boistle（1837 年）、Finney v. Finney（1851 年）、Brill v. Brill（1925 年）、Greene County v. Southern Surety Co.（1932 年）、Concrete Products Co. v. United States Fidelity & Guaranty Co.（1933 年）中，法院要么否认了第三人权利，要么是以拟制或衡平的方式承认第三人权利。直到 1932 年美国第一次《合同法重述》吸收判例法观点，将利益第三人分为受赠人利益第三人和债权人利益第三人，但不包括意外受益第三人。[3]以后随着该类合同案件适用范围越发广泛，1979 年美国第二次《合同法重述》取消了前述对利益第三人类型的两分，而以意向中的受益人涵括从他人的允诺中受益的第三人。[4]此后，这一制度逐渐勃兴，系列合同、政府合同都能发现它的身影。同时，我国香港地区也受到了影响。

基于美国比较宽松的利益第三人制度，《美国统一商法典》设计了"利益第三人担保责任"，[5]与大陆法附保护第三人作用的合同较为类似。《美国统一商法典》第 2-318 规定："出卖人明示或默示之担保责任亦及于买受人之家庭、共同居住者、家中客人，若可合理期待此等自然人会使用、消费或受商品影响，而其人身因担保义务之违反遭受损害。出卖人不得排除或限制本项之适用。"[6]此条与大陆法相比特色有二：一是，出卖人的保护义务是法定义务；二是，该义务发生在消费者领域，故主要限于买卖合同类型。关于其由

---

〔1〕 有学者对比了普通法系国家关于对价原则（合同相对性）的规定，发现英国、加拿大、尼日利亚、澳大利亚、新西兰对合同第三人权利都持较为严格的否定态度。只有南非有类似美国法的规定。Anthony Jon Waters, "The Property in the Promise: A Study of the Third Party Beneficiary Rule", 98 HARV. L. REV., 1111~1112 (1985).

〔2〕 Lawrence v. Fox. Court of Appeals of New York December Term, 1859. 20 NY 268, 转引自王利明：《合同法研究》（第 1 卷），中国人民大学出版社 2015 年版，第 144 页。

〔3〕 See Restatement (First) of Contract § 133 (1932). The "Definition of Donee Beneficiary, Creditor Beneficiary, Incidental Beneficiary".

〔4〕 两位法学大师威利斯顿及科宾分别主导了第一次及第二次合同法重述。

〔5〕 法国和比利时也有直接诉权制度规范产品责任。参见梁慧星：《民法学说判例与立法研究》，中国政法大学出版社 1993 年版，第 173~174 页。

〔6〕 王泽鉴：《民法学说与判例研究》（第 2 册），中国政法大学出版社 2005 年版，第 30 页。

来，早在普通法僵硬的诉讼规则指引下，法院曾认为，若被侵权人与物品制造者或提供者无契约关系，则其不可主张损害赔偿。典型判例如 1842 年的 *Winterbotton v. Wright* 一案。[1] 为了限制产品责任，法院以契约关系的有无为判断损害赔偿请求权的唯一依据。但是，这一限制条件有很大的缺陷，因为它过分限制了当事人的权利。于是，英国法在 1932 年的 *Donoghue v. Stevenson* 一案中，确立了过失责任原则（negligence）。美国法面临同样的问题，解决方法通常包括三种：一是过失责任（negligence）；二是明示或默示担保（express or implied warranty）；三是严格责任（strict liability）。[2] 与本书内容相关的是担保。在美国法上，其兼具契约法与侵权法的含义。基于合同法上该原则，商品出卖人或提供人需要对特定范围之第三人负瑕疵担保责任。直到 1972 年，《美国统一商法典》明定，"利益第三人担保责任"有三个方案，对担保保护的第三人范围以及出卖人的责任限制条款的适用规定各异，由各州选择适用。由此，英美成文法上正式建立起类似于大陆法附保护第三人作用的合同的制度。[3]

在债务可否由第三人履行这一问题上，英美法也经历了一番曲折变化。早期的英美法严格贯彻个人主义的传统，认为某一契约产生的权利，仅能由该契约的当事人、或仅对该契约的当事人进行强制。当事人之间的交易不及于他人。美国法的义务委托制度（delegation of duties）使得第三人可以代为履行。第三人在完成委托事项后，可以从委托人或债务人处得到补偿。[4] 在不存在委托契约的场合，第三人可否代为履行？答案应当是肯定的。准契约制度规定，第三人在与债务人没有形成委托关系时，第三人可以自愿履行其债务。但若第三人没有履行或没有完全履行时，债务人仍要履行其自身债务。1880 年的 *British Waggon Co. And Parkgate Waggon Co. v. Lea* 一案中，法官就确

---

〔1〕 Winterbotton v. Wright（1842）10 M. &W. 109. See Winfield and Jolowicz, *Torts* 48-202（10th ed., 1975），转引自王泽鉴：《民法学说与判例研究》（第 2 册），中国政法大学出版社 2005 年版，第 30 页。

〔2〕 王泽鉴：《民法学说与判例研究》（第 2 册），中国政法大学出版社 2005 年版，第 31 页。

〔3〕 当然，针对德美两国的制度，有学者也总结了一些细微差异：一是"利益第三人担保责任"的适用范围较窄，主要在商品买卖契约；二是它所保护的第三人的范围也较窄，主要是买受人的家族、共同居住者、家中客人等可合理期待受到商品影响之人。但两者均在于弥补侵权法之不足，以保护第三人权利。参见丁亮华："第三人受合同保护之可能及限制——基于诚实信用原则对合同相对性效力的突破"，载《判解研究》2012 年第 59 期，第 135 页。

〔4〕 綦文秀："代位清偿制度研究"，黑龙江大学 2014 年硕士学位论文，第 2 页。

立了当合同义务不涉及个人的特别技能、资格或其他特殊条件时，可以由第三人替代履行，债权人不得拒绝的原则。[1]作为该项制度的法定化，美国《统一商法典》第 2-210 条第 1 款规定，"当事方可以委托他人代为履约，除非另有协议，或者除非为保证另一方的根本权益，需要原始许诺人亲自履行或控制合同所规定的行为。当事方即使委托他人代为履约，也不能解除自己的履约义务或违约责任"。[2]英国法上也有类似的替代履行制度（vicarious performance）。

（三）两大法系的比较分析

经过以上对两大法系第三人权利或义务制度的阐释，我们大致可以得出一些结论。一是，两大法系都承认了涉他合同。德国在债法总则中，专门用一节的篇幅，规定了该项制度。而英国法也在《合同法（第三人保护原则）》中作了相应规定，虽然判例还在变化发展之中。这也在世界范围内，体现了一定的发展潮流。从便利交易、节省诉讼资源等目的出发，涉他合同制度得到了越来越多国家和地区的支持。二是，涉他合同制度发展都经历了一个从习惯到习惯法再到成文法（判例法）的发展过程。如罗马法最初的对人诉讼、要式口约，英国法上的盖印契约等，都是交易习惯。而后经过商人们内心的确信，确立起习惯法意义上的第三人权利。值得注意的是，在这一阶段通过运用一定的拟制手段，如信托、代理、债权让与、第三人与受约人共同的利益关系（a unity of interest），[3]在一些案件中初步承认了第三人权利或义务。尽管成文法没有普遍认可该制度，但并不影响对它的适用。而我国的涉他合同制度才算初创，因此在实践中，它还处于起步阶段。我国的涉他合同制度需要法解释来理解适用。三是，在具体制度设计上，就第三人所享有的合同权利、负担的合同义务、双方当事人的抗辩权等规则，两大法系表

---

〔1〕 何宝玉：《英国合同法》，中国政法大学出版社 1999 年版，第 277 页，转引自綦文秀："代位清偿制度研究"，黑龙江大学 2014 年硕士学位论文，第 3 页。

〔2〕 潘琪译：《美国统一商法典》，中国对外经济贸易出版社 1990 年版，第 25 页。

〔3〕 For example, in Arnold v. Lyman, 17 Mass. 400（1821）, the Massachusetts court allowed suit by a third-party beneficiary on the ground that " the assent of the〔third party〕creditors made them parties to the promise; and this assent is sufficiently proved, as respects the plaintiffs, by their bringing an action upon the contract." After this case, some courts even endowed right to third party for contractual foundation and intentions. See Brewer v. Dyer, 61 Mass.（7 Cush.）337（1851）. Bohanan v. Pope, 42 Me. 93（1856）. Melvin Aron Eisenberg, "Third-Party Beneficiaries", 92 COLUM. L. REV., 1364（1992）.

现出惊人的相似。这也蕴藏着些许共性，可以为我国借鉴。但在此之前，我们须明确涉他合同的理论基础。

三、涉他合同的理论基础

接下来，笔者将探讨涉他合同中第三人权利、第三人义务产生的原因，以证成涉他合同存在的理论基础。

（一）涉他合同初步证立：合同相对性原则[1]及其突破

上文已经提及，合同相对性原则是涉他合同的障碍。这其实与意思自治原则（私法自治）有很大关系。[2]该原则表彰了任一法律主体，不仅可以选择合同内容，而且可以选择合同当事人。[3]即一方当事人可以选择他人作为其合同相对方，一方未经其本人同意不得成为他人所订合同的当事人。该原则引申出的保护消极契约自由的概念甚至可以发展出宪法上的防御权。法的安定性要素也要求债务人可以预见债的法律效果，而不能透过第三人的请求使其变得漫无边际。合同相对性原则（Der Grundsatz des Relativität）及债权人利益原则（Der Grundsatz des Gläubigerinteresses）[4]由此出现。支撑合同相对性的理由还包括：平等原则、等价交换、第三人的行动自由、所有权神圣原则等。[5]

根据笔者的归纳总结，合同相对性原则大致包括：主体的相对性，是指合同关系只能发生在特定的主体之间，只有合同当事人一方可以向对方提出请求。基于主体的这一特性，一方当事人向对方请求，说明该方享有权利，另一方承担义务，第三人不享有合同权利、义务，这足以推导出内容的相对

---

[1] 合同相对性属于原则还是规则，是一个有争议的话题。王利明使用的是"合同的相对性"，没有指明是原则还是规则。他甚至有时用原则，有时用规则。参见王利明："论合同的相对性"，载《中国法学》1996年第4期，第73页。更多的学者认为它是一项原则。参见陈璟："试论合同相对性原则例外的涵义"，载《当代法学》2002年第5期。刘承韪："合同相对性理论的起源与流变——现代意义合同相对性在两大法系确立过程之比较"，载《南京大学法律评论》2007年第1期。傅廷中："论国际海运立法对合同相对性原则的突破"，载《清华法学》2012年第1期。故本书依旧使用原则的用语。

[2] 参见李永军："《民法典》涉他合同中第三人利益的实现途径"，载《苏州大学学报（法学版）》2021年第1期，第21页。崔建远："论合同相对性原则"，载《清华法学》2022年第2期，第128~129页。

[3] Brox, Allgemeines Schuldrecht, 27. Aufl., 2000, S. 20ff，转引自吴俊贤："附保护第三人作用契约之研究"，辅仁大学2002年硕士学位论文，第74页。

[4] 债权人利益原则是指债权人仅能就自己的损害请求赔偿。

[5] 崔建远："论合同相对性原则"，载《清华法学》2022年第2期，第128~129页。

性。由于这一点，合同义务人只对合同权利人负责，而不对第三人负责。第三人不是义务人，也不对合同权利人负责。这可以归纳为责任的相对性。综合来看，合同相对性即包括这三点。[1]

但由于这一原则的种种弊端，理论界也发展出突破相对性的理由。这些理由包括：可能出现严重损及第三人利益的情形，不利于公平正义的实现；不利于简化交易方式及成本节约；不利于保护当事人的意思自治以及维护交易安全；难以防止不当得利情形的发生。[2]当然还有可归责性等。[3]从而在理论上出现了第三人侵害债权和附保护第三人作用的合同、[4]垄断合同、[5]最终买受人直接诉权、买卖不破租赁[6]等突破合同相对性的情况。

但以这些有限的例外来支撑第三人权利和第三人义务，其理由不够妥适。一般来说，赋予第三人权利一定存在些许原因。如在美国法所称债权人利益第三人与受赠人利益第三人当中，第三人享有独立的履行请求权，是因为第三人是合同债权人的债权人或受赠人（一般基于亲属、血缘）。在这些情形下，不承认第三人对债务人的权利，也可以转由第三人向债权人基于原因关系主张自身应有的权利。甚至在债权人死亡时，也应先偿还其对第三人的债务，再发生继承关系。因此，就突破合同相对性的第一点理由（严重损及第三人利益）而言，并不成立。就简化交易方式及成本节约而言，反对意见也存在一定缺憾。例如，乙欠甲 10 万元，甲欠丙 10 万元，丙能直接要求乙给付金钱吗？要达到这一点，至少需要两步：一是甲指示乙向丙付款；二是甲要征得丙的同意（这一点类似于债务承担）。如此看来，也不会比乙交付金钱于甲，甲再交付金钱于丙，来得简便。甚至按照有关学者的看法，发挥这一作用的空间也十分有限，主要集中在运输业、物流业。[7]那么，可以说这一点也值得商榷。就违背当事人的意思自治而言，就更加难以自圆其说。甲乙

〔1〕 王利明："论合同的相对性"，载《中国法学》1996 年第 4 期，第 66~69 页。王利明：《合同法研究》（第 1 卷），中国人民大学出版社 2015 年版，第 132~135 页。

〔2〕 袁正英："第三人利益合同制度研究"，武汉大学 2014 年博士学位论文，第 37~40 页。

〔3〕 崔建远："论合同相对性原则"，载《清华法学》2022 年第 2 期，第 134 页。

〔4〕 王利明："论合同的相对性"，载《中国法学》1996 年第 4 期。

〔5〕 李剑："论垄断合同理论对合同相对性原则的超越"，载《社会科学战线》2012 年第 12 期，第 193 页。

〔6〕 陈璟："试论合同相对性原则例外的涵义"，载《当代法学》2002 年第 5 期，第 47 页。

〔7〕 袁正英："第三人利益合同制度研究"，武汉大学 2014 年博士学位论文，第 38 页。

之间约定：乙向第三人丙履行。该约定是有效的，且符合当事人的自由意志，但是丙享有权利并不仅是基于甲乙的约定，或者很难想象不特定人甲乙的约定就能让第三人获得法律上的权利。意志论在突破合同相对性原则的作用上，不是十分突出，甚至需要改良（下文会仔细分析，意志论在赋予第三人权利方面所面临的困境）。至于容易产生不当得利，首先，要承认这一点，第三人必须享有权利。这一权利的理论基础为何？既然都没有明晰第三人权利（利益），那么如何认定他不当得利？其次，即使认为存在第三人权利，在债务人不履行或向他人错误履行时，第三人依旧可以基于原因关系请求债权人履行或承担相应的违约责任。甚至在债权人死亡时，也可以向遗嘱执行人和继承人主张权利。基于以上的分析，学界提出的突破合同相对性的理由终究有不够圆满之处。那么，是否有新的理由支撑第三人权利和第三人义务？

（二）意志论契约理论

意志论契约理论似乎给出了答案。意志论认为，合同效力来源于当事人的自由意志。格劳秀斯和普芬道夫的自然法学说、康德的自由——义务伦理学说为这一理论提供了相应的基础。[1]基于自由理性的立约人的权利让与，以及受约人的接受，合同成立。康德的哲学观点更进一步，他将人的意志分为有意选择与单纯愿望。而只有前者才能形成合同约束力。[2]意志论使得个人为自身施加责任成为债务成立的基础，同时也支撑了合同缔结的合意主义。但对于第三人获得权利的路径与自身施加责任之间的关系，学者有两种不同的认识。格劳秀斯将允诺分解为两个部分：转让权利于受约人、赋予第三人以直接要求给付的权利。[3]但是，一个绕不开的话题无疑是受约人的地位问题。允诺真的可以一分为二吗？受约人如何勾连起立约人与第三人之间的关系？如果可以这样分析，则受约人的存在会变得没有意义。因此，普芬道夫发展了这一理论，他认为第三人权利同时从属于第三人与受约人的原因关系、立约人与第三人的执行关系。但波蒂埃认为允诺只能向受约人产生效果，再加之

---

〔1〕　张家勇："为第三人利益合同的意志论基础"，载《清华法学》2008年第3期，第93页。

〔2〕　参见康德：《法的形而上学原理——权利的科学》，沈叔平译，商务印书馆1991年版，第16页，转引自张家勇："为第三人利益合同的意志论基础"，载《清华法学》2008年第3期，第94页。

〔3〕　他还将承诺区分为"获接受的承诺"与"不获接受的承诺"，是合同法上一个巨大突破。参见唐晓晴："从合意契约到私法自治——意志论征服民法理论的道路"，载《私法研究》2016年第2期，第26~27页。

合意主义的加持，合同被牢固地限定在了立约人与受约人之间，这就形成了前文所述的合同相对性原则。那么意志理论能否证成第三人权利呢？要解决这个问题，我们要看，传统意义上的合同"二人模式"如何向"三人模式"转变。

一般意义上讲，一项债务的产生以双方当事人的合意为要件。《德国民法典》第 311 条第 1 款规定："对于以法律行为成立债务关系以及变更债务关系的内容，当事人之间的合同是必要的，但以法律不另有规定为限。"[1]该规定就是合同（必要性）原则。但该原则以"二人模式"为典型，那么如何解决纳入第三人所导致的问题呢？有两种思路：一是在"二人模式"的框架下纳入第三人权利。格劳秀斯的构造以及后来的"要约说"或"加入说""接受说""无权代理说"等都是这种思路。[2]但该思路出现很多问题。实际上，上文已经说明了这种拟制的局限。二是另辟蹊径，将第三人问题特殊化，采取"直接而独立取得说"。当然，这种学说也不乏反对者。立约人只是向受约人作出允诺，这又与第三人有何干系？立约人只有向受约人及第三人分别作出允诺，才有可能赋予第三人以权利。但此时，两条路径上的被动一方，就只能成为各自的受约人，何来第三人？这岂不是"名不副实"？

学者进一步提出一种"直接允诺关系"的学说：如果立约人对受约人表示对第三人授予权利的意图，这就不仅使得第三人享有权利或利益，而且使得立约人承担了该项债务。这种看法实际上，将授益意图与承担责任的意图统一了起来。但这两种意图是否总是能够统一却值得商榷。在遗嘱的情形，被继承的死因行为可以授予继承人利益，但却不需要向其明确表示意图。问题的关键在于第三人权利的获得虽然是当事人意图的体现，但是却并非基础合同的权利。允诺不仅使得立约人承担一项合同义务，同时也附有条件：一方面，立约人将权利让与第三人；另一方面，受约人也要向立约人作出相应的允诺。但这里依旧存在一个问题，权利的移转应当符合立约人与第三人共同的意志。直接的允诺关系能在多大程度上赋予第三人权利，或未可知。此处存在一项假设：因为第三人是获益的一方，所以法律认为他会乐意接受该项权利。这样，为第三人利益的合同中，第三人的接受变得不那么重要，而合同当事人的意图成为最重要的因素。

---

〔1〕 陈卫佐译注：《德国民法典》，法律出版社 2020 年版，第 120 页。

〔2〕 张家勇："为第三人利益合同的意志论基础"，载《清华法学》2008 年第 3 期，第 96 页。

这一意图可以理解为：立约人与受约人之间达成授予第三人利益的协议，从而具有了某种单方行为的特性。这样，第三人权利不是立约人对受约人允诺的单纯反射，而是当事人预期的效果。另外，通过补偿关系、对价关系，为第三人利益合同的设计绕开了对价原则的限制，也在一定程度上削弱了该原则。允诺责任在三方关系中得以扩张，从而实现了当事人的自由意志。对于立约人而言，他实现了向第三人给付的目的，同时通过某种安排，使自身免于双重给付的危险。对于受约人而言，他可以实现对价关系中的目的。补偿关系中的第三人权利的设定也影响着其实质上可以获得的权利。第三人权利的设定对受约人具有更加重要的意义，所以受约人设定第三人权利的意图具有主导作用。[1]只要立约人能够预见，受约人有向第三人设定权利的意图，则第三人权利可以因此而成立，并且立约人可以避免双重给付。第三人权利应依补偿关系的约定来确定。

为了突破合同必要性原则，要在意志论的框架下承认第三人权利，需要满足两个条件：第三人权利的取得必定对其有利；第三人无须参与即取得权利仍符合其意愿。[2]对这两个条件分别加以考察，可以发现其并非理所当然。首先，第三人在获得独立履行请求权的同时，也负有对立约人的照顾和附随义务。在违反这些义务时，可能承担积极侵害债权的责任或者是直接的违约责任。例如，因不受领给付而陷于受领迟延。依《德国民法典》第300条第2款，针对种类之债，其风险转移给债权人。同时依第304条的规定："在债权人迟延的情形下，债务人可以请求偿还其就无效果的提出以及就保管和保护债的标的而必须支出的额外费用。"[3]种种情势，可能使得第三人得不偿失。其次，第三人对受约人也可能负有给付义务。受约人可能获得的权利包括：对待给付请求权、无因管理人费用返还请求权、受托人必要费用返还请求权等。由此看出，第三人权利的取得并非总是对其有利。要规避这些不利风险，必须赋予第三人以拒绝权，使得其能充分行使个人的自由意志。如他可以选择明示或默示行使，也可以选择附条件或附期限行使。但德国法上第三人权

---

〔1〕　［美］A. L. 科宾：《科宾论合同》（上册），王卫国、徐国栋、夏登峻译，中国大百科全书出版社1998年版，第186页。

〔2〕　参见张家勇："为第三人利益合同的意志论基础"，载《清华法学》2008年第3期，第103页。

〔3〕　陈卫佐译注：《德国民法典》，法律出版社2020年版，第108页。

利的取得，采取默示接受的形式，使得拒绝权效果弱化，并非毫无问题。就第三人权利的第二个条件而言，法律一定能假定第三人会表示同意吗？有学者比较了赠与合同与为第三人利益的合同（两者有共同的立法目的，都是为了供养他人），赠与合同依旧以当事人的合意为要件，但辅之以"默示承诺"。但赋权型为第三人利益的合同中，就连这一拟制都被放弃，而采"直接而独立取得说"。[1]虽然默示承诺与推定抛弃拒绝权之间的法技术非常相似，但是前者在立约人给予之后，还有一段催告期（《德国民法典》第516条第2款）。只有在该期间届满之后，才终局地获得此一权利。但是后者在立约人给付之后，随即获得权利。两相比较而言，区别甚是明显。为了达致利益的均衡，这使得第三人对拒绝权的行使愈发依赖。总之，赋予第三人以拒绝权似乎完美地解决了这两个问题。

意志论的核心观点认为，仅仅基于自身的自由意志就能对他人的法律领域产生直接的影响。它可能运用到债务免除、债务加入、悬赏广告、遗赠、第三人清偿、单方面为他人提供担保等制度上来。[2]对他人科处义务，很显然不可依一方的意志而产生。但是权利，却在一定程度上可以。为了详细阐明合同当事人之间的约定与第三人权利之间的关系，有学者探讨了四种意志论的典型模式，值得深入探讨。

（1）合意模式。该模式以受益人的同意或接受，作为立约人与受约人授予其权利的重要条件。当事人单方面赋予他人以权益的法律行为，对受益第三人的法律领域并不产生直接的法律效果。只有这一"允诺"被第三人接受，它才会对第三人的法律领域产生影响。[3]这其实也是允诺产生效力的合同必要性原则的体现。它最大限度地尊重第三人的私人自治，但由于生效的条件过于苛刻，使得合同及单方行为的涉他效力实际上难以展开。在这一模式下，甲和乙约定，由乙给付丙100万元。此时，他们之间的合意要向丙发出，形成一项"要约"，并由丙承诺（同意）。这样，丙才获得了对乙的100万元债权。在此过程中，实际上经历了两次的要约承诺。立约人、受约人、第三人

---

〔1〕 参见张家勇："为第三人利益合同的意志论基础"，载《清华法学》2008年第3期，第105页。

〔2〕 薛军："合同涉他效力的逻辑基础和模式选择——兼评《民法典合同编（草案）》（二审稿）相关规定"，载《法商研究》2019年第3期，第23页。

〔3〕 参见薛军："论利他法律行为涉他效力的制度建构"，载《北大法律评论》2011年第2期，第601页。

的意思都被详尽加以考虑。合意模式充分顾及当事人的意思自治及交易安全，但其缺点是磋商过程过于烦琐，使得一项交易分解为两段，延缓了第三人获得权利的时间。有学者甚至总结，由于合意模式要求第三人接受允诺，那么第三人的行为能力尤其重要。如果利他行为做出之后，第三人丧失了行为能力，甚至法定代理人没有被指定或怠于行使代理权，这些都使得第三人权利陷于不确定的状态，会对第三人及其利害关系人产生不利影响。[1]以人身保险合同为例，若保险金的给付请求权最终需要受益人同意，则可能在投保人死亡时，这一保险金变为其遗产，由商业债权人、继承人参与分配，实际上有违投保人与保险人订立保险合同的目的。[2]由此看来，意志论的合意模式，有十分重大的缺陷。

（2）单方行为模式。与"合意模式"相比较而言，单方行为模式没有很好地贯彻意思自治原则。在特定的情况下，出于实践的需要，合同或一些单方行为，如果目的是使第三人获得法律上的利益，那么，即使第三人未参与相关行为，未表示同意，仍然可以产生涉他效力。如果受益第三人不希望获得相关利益，可以选择抛弃。[3]例如，甲乙二人约定，由乙支付丙100万元。此时，丙即获得了对乙的100万元债权。只是当丙抛弃这一权利之后，才向后消灭其效力。所以，理论上讲，100万债权所衍生出的孳息，还应当归还于丙。同时，由于丙抛弃时，减少了自身的责任财产，其债权人可以行使撤销权来保全其债权。总体而言，该模式侧重于立约人与受约人的意志，而没有考虑到第三人的意志自由。因为当其抛弃时，那已经是他自身的权利了，自身法律领域已然受到影响。虽然这种法律效果对其有利，但毕竟没有建立在同意的基础上，所以没有体现第三人对自己法律领域的支配。[4]而且在法律上的有利，并不一定在日常生活，以至人情、道德领域是有利的（不得强制

---

〔1〕 参见薛军："论利他法律行为涉他效力的制度建构"，载《北大法律评论》2011年第2期，第602~603页。

〔2〕 不过，就此而论，《民法典》第465条第2款的表述过于死板，并可能导致歧义。合同涉他效力的产生不仅取决于法律的规定，更重要的是可由当事人的合意而产生。因此，该条文的表述可以由"法律约束力"变为"法律效力"以囊括第三人权利的情形。

〔3〕 薛军："合同涉他效力的逻辑基础和模式选择——兼评《民法典合同编（草案）》（二审稿）相关规定"，载《法商研究》2019年第3期，第24页。

〔4〕 参见薛军："论利他法律行为涉他效力的制度建构"，载《北大法律评论》2011年第2期，第602页。

接受恩惠）。因此，在道义上，也不排除第三人拒绝单方加利行为。其中一例是债务免除。基于债权人单方的意思表示就可以免除债务人的债务，这是典型的单方行为模式。[1]但这种制度构造的批评之声甚嚣尘上。[2]因此综合分析以上两种意志论的优缺点，笔者希望找到最契合涉他合同的行为模式。

（3）修正的合意模式和修正的单方行为模式。面对上述两种模式的种种弊端，有学者试图采取修正主义的立场。首先是修正合意模式，即弱化"第三人接受"的要件，运用推定、默示接受的法技术，认为只要第三人不明确表示反对，就等于同意接受。[3]但是，这里却存在诘难，即对于他人的单方授益行为，第三人的态度无非三种：同意、反对以及沉默。首先排除同意。因为如果第三人已经同意，就不存在问题了。反对也没有问题，确定不产生效力。关键是对于沉默而言，它能否被推定为一种同意的意思表示，而达到弱化接受的效果？依《民法典》第140条第2款规定："沉默只有在有法律规定、当事人约定或者符合当事人之间的交易习惯时，才可以视为意思表示。"在一般情形下，当事人之间不会存在约定或习惯，那么就只剩下法律规定一条路径而已。但如果把单纯的沉默视为接受，实际上已经剥夺了第三人选择的权利，已经与单方行为没有差别。[4]这种拟制的弊端非常明显。有可能第三人在根本没有了解到合同当事人的授益意思的前提下，就保持一种沉默状态。如果在这种不知情的前提下，就说第三人接受，实属牵强。[5]另外，如果沉默也是一种意思表示的方式，那么第三人的行为能力也在考察范围之内。因此，对合意模式的修正实际上是失败的。

一般来讲，第三人对有利于自己的行为或结果是乐于接受的。在现有制度上，欠缺行为能力人所从事的纯获利益的法律行为对其具有法律效力就体

---

〔1〕 但梅仲协先生批评了债务免除的单方行为模式，认为其罔顾私人自治。参见梅仲协：《民法要义》，中国政法大学出版社1998年版，第323页。《民法典》第575条一改《合同法》第105条的规定，认可了债务人在合理期限内的拒绝权，因此是采取的修正的单方行为模式。

〔2〕 张谷："论债务免除的性质"，载《法律科学（西北政法学院学报）》2003年第2期，第78页。

〔3〕 薛军："论利他法律行为涉他效力的制度建构"，载《北大法律评论》2011年第2期，第604~605页。

〔4〕 参见薛军："论利他法律行为涉他效力的制度建构"，载《北大法律评论》2011年第2期，第605页。

〔5〕 A beneficiary's knowledge of the contract, coupled with a failure to object, is insufficient to vest the right. See Ian Ayres, Richard E. Speidel, *Studies in Contract Law* 1190, 7th. , Thomson/Foundation Press, 2008.

现了这一判断。此时他不具有相应的行为能力，进而没有完全的意思表示，但这却是他意志的体现。而这一意志的认定，在极大程度上是由于获利的结果。这也证明了法律行为涉他效力的单方行为模式应该是基本面。同时辅之以一定的修正手段，这既是所谓的"修正的单方行为模式"。它允许某些意在使他人获得法律上利益的合同或其他法律行为，在未经过他人同意的情况下直接发生效力，但相关的受益人可以通过行使拒绝权，使得相关的行为对于自己领域所产生的法律效果溯及既往地归于无效。[1]需要强调的是，拒绝权的构造与抛弃的法律构造完全不同。拒绝权使得他人对自身的加利行为溯及既往地归于消灭，并且不受债权人撤销权的干预。当然，拒绝权也使得自身能够避免他人的强迫得利。甚至这种方式比抛弃来得更为直接，它的存在极大地尊重了第三人的意志自由。拒绝权比起抛弃来也更加实用，因为债权抛弃会使得立约人不再对受约人负有债务，这往往与受约人的初衷相悖：立约人不仅没有授予第三人以权利，而且也不再对自己负责。第三人行使拒绝权则不会如此——依合同目的和性质，立约人仍应向受约人为给付。拒绝权的设计可以使利他合同的补偿关系获得更为合理的解决。[2]

（4）比较而言，修正的单方行为模式为四者之中的最佳方案。《民法典》第522条第2款确认了，第三人权利可以基于当事人的约定而产生，并不以其接受为先决条件。同时该条赋予第三人以拒绝权，较符合修正的单方行为模式。同时，这一架构也可以运用在第三人代为清偿的场合。如果第三人以赠与为目的清偿债务人对债权人所承担的债务，一旦债务人明确表示拒绝，那么第三人清偿即溯及既往地不能产生债的消灭的法律效果。[3]值得一提的是，合意模式考虑到了三方当事人的意志，可以用来支撑第三人义务。因为义务不能被单方面强加于人，所以以第三人附款的方式，充分倾听第三人的意愿，是符合相关法理的。

---

〔1〕 薛军："合同涉他效力的逻辑基础和模式选择——兼评《民法典合同编（草案）》（二审稿）相关规定"，载《法商研究》2019年第3期，第24页。薛军："意思自治与法律行为涉他效力的模式选择"，载《上海财经大学学报（哲学社会科学版）》2008年第5期，第30页。

〔2〕 葛云松："意思自治原则的理论限度——评《论利他法律行为涉他效力的制度建构》"，载《北大法律评论》2011年第2期，第635页。

〔3〕 薛军："合同涉他效力的逻辑基础和模式选择——兼评《民法典合同编（草案）》（二审稿）相关规定"，载《法商研究》2019年第3期，第29页。

当事人意志自由的理念为第三人权利的正当性提供了最有力的支持。[1]如科宾就认为，第三人权利来源于当事人的合意，而不论第三人是不是缔约人或受约人其中之一。[2]第三人的合同诉权同样来自当事人的意图或目的。[3]但整体上看，意志论与合同相对性其实一体连枝。两者都主张尊重当事人的意志（无论是积极意志还是消极意志），只是前者认为这种意愿可以扩及第三人，而后者则否。[4]

（三）诚信原则与第三人的合理信赖

诚信原则在第三人权利义务的证成上也不容忽视。它作为民法的"帝王条款"，在民事理论及实践中发挥着巨大的作用。在第三人权利的证成上，尤其如此。首先，诚信原则要求双方当事人在从事法律行为时，要实事求是、信守诺言。这一点在由第三人履行的合同及向第三人履行的合同中可以得到充分体现。第三人享有权利及履行义务的原因往往在于立约人对受约人的承诺，或是第三人对立约人的承诺。换言之，第三人权利或义务的存在总是依附于一方当事人的承诺。而承诺一旦作出，就要信守。其次，诚信原则要求，参与民事法律关系的一方当事人要善尽义务，充分照顾到对方当事人的利益。合同义务包含了给付义务、从给付义务及附随义务。与给付义务旨在实现合同目的不同，附随义务是为了确保当事人人身、财产和其他固有法益的安全。它随着当事人之间的接触而出现，始终伴随着债之关系，具有相对独立性。那么当事人违反合同附随义务该承担什么样的责任？合同责任吗？其实不然，最初他/她承担的是侵权责任。但是，随着诚实信用原则的发展，附随义务在性质及强度上显然超过了侵权行为法上的一般注意义务，而与契约关系相通，违反这些义务所侵害的，已不仅是一般人之间的注意规定，而且也是特定人

---

〔1〕 吴文嫔：《第三人利益合同原理与制度论》，法律出版社 2009 年版，第 82 页。

〔2〕 ［美］A. L. 科宾：《科宾论合同》（上册），王卫国、徐国栋、夏登峻译，中国大百科全书出版社 1997 年版，第 196~197 页。

〔3〕 ［美］A. L. 科宾：《科宾论合同》（上册），王卫国、徐国栋、夏登峻译，中国大百科全书出版社 1997 年版，第 196~197 页。

〔4〕 It is the *exchange of promises* between the immediate parties, and the operation of law thereon, that binds the promisor to the third person……that the law, operating upon the acts of the parties to the transaction, creates the *privity* immediately upon its being consummated between them. Ian Ayres, Richard E. Speidel, *Studies in Contract Law* 1188 (7th ed., Thomson/Foundation Press 2008).

之间的信赖关系，因此适用合同责任较为合适。[1]更由于契约关系的社会化，一项合同不可避免地牵涉他方。附保护第三人作用的合同就体现了这种附随义务的外移。虽然这里的"第三人"不是实际参与法律关系的主体，但是一般而言，他是债权人的近亲属或是债权人有义务加以关照的民事主体。申言之，"第三人"体现了债权人的利益。借助合同的附随义务，债务人的附随义务（保护义务）扩展到了第三人处。这也从一个侧面保障了债权人利益，体现着诚信原则对于对方当事人利益的照顾。例如拉伦茨（Larenz）就认为，诚实信用原则要求债务人在履行债务时，不仅相对于债权人必须尽到必要的注意，遵守保护和注意义务，而且相对于合同以外的第三人也应承担这些义务。[2]当然，这种"善意"的诚信原则不是无限扩张的，它也是具有边界的。债务人在客观上应该可以感知第三人及其利益的存在，并且这种扩张的保护义务应当符合一定的成本收益规则。举例来讲，商场、酒店的经营者在招待顾客时，他可以感知，顾客所携带的行李箱属于顾客的财产，应当妥善保管。但是对顾客的随行人员，如朋友、司机等，则没有保护义务（可预见规则）。所以，当顾客的财物丢失时，商场、酒店要负一定的赔偿责任。可是，对于身处该场所的随行人员，其人身损害酒店等场所应是概不负责的。否则，公共场所的管理人或负责人的义务将无限扩大，最终也不利于酒店业者的经营及服务业的健康发展。

在强调诚信原则以督促一方当事人善尽义务时，也不能忽视对方当事人的合理信赖。例如，若甲、乙、丙三人订立了一个连锁债务核销的协议，约定由甲的债务人乙直接向丙偿债以消灭两级债务，丙甚至为债务的履行做了合理的准备工作，这时如果乙毁约，不仅有损三方协议，而且损及丙的信赖利益。这也是赋权型向第三人履行的合同对第三人利益予以倾斜保护的原因。所谓信赖利益，指的是当事人信赖法律行为有效而投入的交易成本或机会损失。有学者建议，特定第三人对订立合同有合理信赖的，也可主张信赖利益

---

[1]　参见蒋雅琴："附保护第三人作用的契约之研究"，中国政法大学2006年硕士学位论文，第4页。

[2]　Karl Larenz, Lehrbuch des Schuldrechts, Band 1, Allgemeiner Teil, Auflage, 1982, S. 209, 转引自邵建东："论德国民法中附保护第三人效力的合同"，载《比较法研究》1996年第3期，第268页。

的损害赔偿。[1]该观点完全可以适用于涉他合同领域。但信赖何以成为一项权利？特别是非合同当事人对一项交易的信赖如何演变为他对合同相对人的一项权利？这点我们在实定法上可以找到例子，如《民法典》第159条对法律行为所附条件成就和不成就的拟制规定。在条件未成就时，当事人的预期利益还未发生，按理而言，权利人还不可以主张赔偿损失。但法律为了惩罚不诚信的当事人，也为了保障权利人的信赖利益（他相信预期利益不会因为对方当事人的不当行为而被阻断），承认信赖利益转化成了现实利益。这种信赖利益随着合同关系的发展而在当事人之间变得愈加紧密。从先合同阶段信任对方当事人诚信磋商时起，再到合同履行过程中相信其妥善履行合同义务，最后到后合同阶段保守秘密、妥当结束这场交易。关系性契约理论注意到了合同的本质即是双方当事人在彼此信任的基础上对于未来行动的安排。[2]他/她衡量边际成本而选择了这桩生意，从而为未来的行动定调。因此，信任关系对合同当事人来讲是至关重要的。[3]特别对于大宗、密集的交易类型，商业声誉、诚信、信赖关系尤其重要。

那么合同当事人之外的第三人对该合同会产生何种信赖利益？为什么她/他的信赖利益会转变为一项权利？这一点在附保护第三人作用的合同中尤其如此。毫无疑问的是，并不是任何第三人都可以基于对合同的信任而享有权利。这样的人群必须加以限定，否则债务人一旦毁约，必然会招致数量庞大的不明身份人员的起诉。换言之，第三人必须与该项合同交易有紧密的联系。德国法主张第三人与当事人之间有着属人法上的人身关系（如血缘、共同生活、雇佣等），同时这类人群不幸地临近主给付，又能为债务人所感知。如此，第三人的范围可以限缩至一定的合理区间。当确定值得合同保护的第三人之后，还需明确的是，他/她信赖着合同的什么而使其拥有权利？是主给付吗？那债权人的被抚养人、继承人、债权人将基于主给付直接追索债务人，

---

〔1〕 李旭东、段小兵："试论我国合同信赖利益损害赔偿制度的完善"，载《西南大学学报（社会科学版）》2007年第3期，第127页。

〔2〕 ［美］麦克尼尔：《新社会契约论》，雷喜宁、潘勤译，中国政法大学出版社2004年版，第4页。

〔3〕 董安生先生甚至认为法律行为的效力正是来源于它所引起的信赖。"法律行为（特别是合同行为）效力的根源，在于行为人的意思表示使相对人或其他利害关系人产生某种信赖并据此做出准备或安排……行为人……给相对人造成损失或信赖损失时，应当……承担责任。"董安生：《民事法律行为》，中国人民大学出版社2002年版，第49页。

社会将出现连环索债的乱局。所以这也是债权人代位权需要严格限制的原因。而且依据前文的分析，当事人（包括第三人）的信赖是随着交易磋商而开始，随后逐渐加深，直至交易结束后一段时间这种信赖才逐渐消灭的。所以第三人信赖的不应是合同主给付，因为主给付始于合同成立、终于合同履行完毕，而第三人的存在时间一定是长于并且覆盖了主给付存在的时间。如此分析下来，第三人信赖的只可能是以照顾、保护、保密、竞业禁止等义务为核心的附随义务。《民法典》第 500 条、第 501 条对此早有明定，此处不再赘述。

随之而来的问题是，第三人对债务人善尽保护义务（附随义务）的信赖该如何进行救济。这要从民事责任的源头谈起。民事主体承担民事责任的原因无非义务违反。当事人违反约定义务时承担合同责任，违反保护一般人之人身、财产及其他固有法益的义务时，承担侵权责任。但当违反合同保护义务，如一方不完全给付时，债务人承担的民事责任出现了交叉。因为和合同给付有关，所以是合同责任。但又是固有利益，所以债权人能主张侵权责任。这就是《民法典》第 186 条责任竞合的原因。但第 186 条仅限于合同当事人提起，中国法并没有给出当事人之外的第三人能主张合同责任的理由。根据笔者对比较法进行的分析，这很大程度上取决于德国法及类似立法例上对侵权责任分层次的规定，不利于第三人经侵权法主张自身权利。同时，又由于合同相对性等的阻碍，第三人无法从严格的合同解释中获取保障。于是，借助诚信原则的一般条款以及合同的补充解释，司法者扩张了合同保护义务的范围，使得第三人也可以经保护义务向债务人主张权利。因此，不得不说，合同债务人对第三人的保护作用主要是为了弥补德国侵权法的不足。

在利益第三人合同、附保护第三人作用的合同中，合同的订立会导致第三人的信赖，第三人有可能基于此信赖而行为，若忽视了第三人将会出于对合同的信赖而安排自己事务的可能性，将使第三人的信赖落空，使第三人的信赖利益受损。[1]对于第三人信赖利益的赔偿范围或具体数额，学界尚有不同观点。但它主要涉及相对人信赖利益及期待利益的损害赔偿。具体言之，

---

[1] See S. Wheeler & J. Shaw, *Contract Law* 405（Clarendon Press Oxford, 1994），转引自吴文嫔：《第三人利益合同原理与制度论》，法律出版社 2009 年版，第 84 页。

信赖利益是指当事人相信合同成立、有效而最终不成立、无效时所遭受的损失。它以所受损害、所失利益为内容，希望回复当事人未信赖时的状态。期待利益则指债务人未适当履行生效的合同而使债权人预期利益无法实现所生之损害。它的目的是使债权人获得合同履行后他所应得的收益。信赖同样存在于英美法，甚至在富勒、阿蒂亚那里，它成了对价的替代物。只要受约人合理信赖立约人的允诺，合同关系可以因此而成立。它超越了禁反言原则（Promissory Estoppel）而动摇了对价规则。[1]基于此，第三人也可向立约人寻求损害赔偿。在两种情形下，第三人可就第三人利益合同或者禁反言原则（信赖原则）择一主张其利益。一是，第三人信赖立约人之非典型允诺。二是，一项赠与允诺导致了受约人的信赖，并且第三人主张自己是信赖关系的受益人。[2]同时，英美法注意到信赖利益与期待利益之间界限的模糊性，所以信赖利益的赔偿包含了期待利益。大陆法信赖利益成文化的例子是耶林提出的缔约过失责任。它首次以信赖为由支持了合同损害赔偿请求权，创造了"有信赖即有诉权"的壮举。

综合两大法系与信赖利益有关的理论发展以及司法实践，我们知道特定第三人存在着对立约人允诺的信赖利益（某种情形下也包括期待利益）。而此信赖利益也得到了一定诉权的支撑与保护。此时的诉权基于英美法"无救济则无权利"及大陆法"从程序性权利到实体性权利的推定"得以发展成第三人对基础合同的原权（或权利束）。利益第三人合同中的第三人权利因此而被证成。结合相关分析，我们可以总结一个第三人合同权利生成的简单路径：立约人与受约人在基础合同的第三人约款中赋予第三人以利益。这一利益被分解为信赖利益和期待利益。这两类利益基于正当化，披上了"救济权"（损害赔偿请求权）的外衣，成为法律所保护的利益。救济权基于两大法系不同的路径而推导成实体权利——包括了给付请求权、给付受领权及损害赔偿请求权。这一理路也与许多西方法学家的思想不谋而合。例如，功利主义的集大成者边沁就认为，应"根据每一种行为是增加还是减少利益相关的当事人

---

〔1〕 美国合同法中以信赖替代对价而支持原告诉请的第一案为 Hoffman v. Red Owl Stores（1965）。其大致是缔约过失责任的案例类型。参见吴文嫔：《第三人利益合同原理与制度论》，法律出版社 2009 年版，第 289 页。

〔2〕 Ian Ayres, Richard E. Speidel, *Studies in Contract Law* 1179 (7th ed., Thomson/Foundation Press 2008).

的幸福这样一种趋向，来决定赞同还是否认这种行为"。[1]只要立约人、受约人、第三人对利他合同的利益安排是满意的，那么法律就没有理由否定这种制度安排。诚信原则要求信守诺言，所以一旦双方当事人约定第三人利益约款，他们就受到约束。加之合同当事人与第三人之间合理的利益分配，使得允诺可以拘束立约人与受约人。

对于第三人的损害赔偿，笔者依然赞同信赖利益的赔偿应以履行利益为限。在运用该规则时，我们首先要明确信赖主体和客体。第三人不是基于立约人或者受约人的一面之词，而是基于他们共同的合意。在意思表示属默示时，应当是对他们共同行为的信任。同时，第三人的信赖应体现为一定的客观行为，如为履行合同作出合理准备等。总而言之，主观化的信赖利益应得到客观证据的支撑。

（四）公共政策与社会利益

伴随着古代法从身份到契约的转变，我们发现私人之间的合同关系摆脱了纯粹的身份关系而成为财产关系。财产关系不如人身关系那般紧密，当事人可以通过债权让与或委任代理人，而让非合同的第三人加入债之关系。合同法社会化的趋势恰好顺应了民法从个人本位向社会本位的转变：它注意到合同关系并不是一种被割裂的社会关系，合同之外的第三人无时无刻不受到这种关系的影响。因此《法国民法典》为了发展特定的合同类型，而逐渐突破了合同相对性规则。需要注意的是，这种出于公共政策的考虑而承认第三人权利的路径与前文是不一样的。[2]无论是意志论还是诚信原则下契约的补充解释，都是在试图探寻当事人的"真意"。但公共政策或社会利益注意到了以第三人为代表的社会大众的需要，体现了某种第三人参与的交易形态对社会生活的积极作用。

该趋势率先在欧陆兴起。《法国民法典》第1165条后段规定："契约不损

---

〔1〕　By the principle of utility is meant that principle which approves or disapproves of every action whatsoever according to the tendency it appears to have to augment or diminish the happiness of the party whose interest is in question. Jeremy Bentham, *An Introduction to the Principles of Morals and Legislation* 14（Batoche Books, 2000）.

〔2〕　There is also scholar who recognizes that the commercial needs and social policy are useful in ascertaining the intent of contracting parties. Note, *Third Party Beneficiaries and the Intention Standard: A Search for Rational Contract Decision-Making*, 54 VA. L. REV. 1166, 1172（1968）.

害第三人，并且仅在本法典第 1121 条规定的情形下才能利益于第三人。"[1]第 1121 条前段规定了为第三人订约的两项条件（任选其一）——授予第三人利益是本人订约的条件或者是向他人赠与财产的条件。[2]这两个条件的设置起初是为了满足保险业的发展[3]以及私人之间附负担的赠与。就后者而言，受约人对第三人具有"情感利益"，可以基于利益第三人合同而赋予第三人对立约人终身年金请求权。就前者而论，主要是基于人身保险合同、货物运输保险合同的特点——投保人与受益人各异，而设计了合同相对性原则的例外。这有利于个人规避风险，促进了风险社会避险手段的发达，符合一定的公共政策。

对于社会利益这个概念的阐述过于抽象，需要具体化。"社会"一词与"公众"相近，指的是不特定的多数人或集团。就社会利益的满足而言，利益第三人合同提供了效率价值。基于独立的请求权，在交易中，第三人不用经过受约人而可直接追索立约人；基于独立的诉权，在诉讼中，第三人可以直接起诉立约人。这无疑可以简化交易方式、节约诉讼成本，实现法制的高效安排。社会中的每个个体都可能成为这样的"第三人"，都可以享受交易便捷，因此满足了一定社会需求。

易言之，合同相对性维护的是个人本位、私人间的交易秩序，而利益第三人合同等涉他合同维护的是社会本位、宏观上的交易秩序。这也符合一定的历史发展规律。在封建社会，社会分工和生产专业化不够发达，单个个体几乎是私人生活的全才——他/她会耕种、会采桑、会织布。该能力使得个人需求不够旺盛、交往面狭窄。人们可以通过互易和简单的货币经济而取得生活必需品。这种交易一般较为固定，牵涉面很小。但在自由资本主义甚至垄断资本主义时期，社会分工明显加速，个人承担的职能有限，如职业农民、职业军人等。他/她需要从市场中购买大量的必需品。私人间的交易形态变得

---

[1] 罗结珍译：《法国民法典》，北京大学出版社 2010 年版，第 310 页。

[2] 罗结珍译：《法国民法典》，北京大学出版社 2010 年版，第 301 页。

[3] 参见葛云松："意思自治原则的理论限度——评《论利他法律行为涉他效力的制度建构》"，载《北大法律评论》2011 年第 2 期，第 634 页。It is the same in the US. Most of these early cases involved beneficiaries of insurance contracts. Eg. Central Nat'l Bank v. Hume, 128 U. S. 195（1888）；Denike v. Metropolitan Life Ins. Co., 86 Cal. App. 493, 26 P. 322（1927）；Johnson v. New York Life Ins. Co., 56 Colo. 178, 138 P. 414（1914）. David M. Summers, *Third Party Beneficiaries and the Restatement（Second）of Contracts*, 67 CORNELL L. REV. 882（1981-82）.

复杂——现货交易逐渐被期货交易、信贷交易所取代。市场交易参与人员多、牵涉面广。因此需要在封闭的合同中加入外来因素——第三人权利。"人生而自由，却又无往不在枷锁之中"，可以说，涉他合同的出现体现了一定宏观（交易）秩序的维护，具有历史、经济、法学理论等多方面的张力。[1]

根据政策层面以及价值层面的考察，有学者建议在涉他合同以及合同相对性之间保持二元融合、对立统一的局面。[2]笔者深以为然。诚然，利他合同、附保护第三人作用的合同以及第三人负担合同等新兴合同类型承认了非合同当事人的权利或义务，在一定程度上突破了合同相对性。但是我们也要注意到，利他合同中第三人权利的取得、内容的确定仍要依据立约人与受约人之间的约定，附保护第三人作用的合同中第三人在主张权利时，也要接受债务人基于基础合同所享有的抗辩权。总体言之，第三人之债权和诉权依旧没有超脱当事人的意志，依旧没有摆脱合同相对性的束缚。所以应当妥善处理两者之间的关系。

四、涉他合同面临的困难与挑战

（一）涉他合同理论学说供给不足

法律条文是法学理论的反映。涉他合同制度在学说上的不足势必影响到其理解与适用。依笔者之见，理论供给不足包括：

第一，向第三人履行的合同中第三人享有权利的理论依据。根据上文对合同相对性所作的简单介绍，它的存在更多的是对于要式口约、物债两分的因应，同时也有对"任何人不得为他人立约"、合同关联关系的赞同。但是这些都不足以应对实践中的复杂交易，法律界转而运用拟制的手段，如债权让与、信托等，来支撑第三人权利。但是拟制的手段总是权宜之计，还是需要建构全面的第三人权利制度。这一时期，意志论理论应运而生。有学者认为意思自治原则与利益第三人合同之间有很深的联系。因为这一原则要求当事人有从事意思表示的自由，但是也要受自身意思表示的约束而不受别人的约束。合同作为双方意思表示的合意，第三人并不涉及于此。所以第三人不享有合同权利成为必然。但是新近的制度需求，使得第三人权利亟待承认，因

---

〔1〕　参见吴文嫔：《第三人利益合同原理与制度论》，法律出版社2009年版，第90页。

〔2〕　参见吴文嫔：《第三人利益合同原理与制度论》，法律出版社2009年版，第92~95页。

此又把目光投向意思自治原则（意志论）。[1]由此看来，这一理论具有很强的伸缩性——我可以表意约束我自己，但是也可以表意为他人授益。这就是有限的为第三人授益的规则。于是，有学者将意志论契约理论分为四种模式：合意模式、单方行为模式、修正的合意模式、修正的单方行为模式。但是，他指出修正的单方行为模式为这四种路径中最优的一种。因为它既避免了强迫第三人得利，也使第三人有获得合同权利的机会。[2]但意志论并非无懈可击，具有绝对的理论穿透力。例如，美国法上，有人认为第三人权利来自自身对授益意图的信赖。当然，也有人反对将第三人的合理信赖作为第三人权利产生的原因。而应当以 APP 规则来确定第三人——立约人和受约人订立合同时，会不会意料到当合同违约之时会有一个额外的可能的原告（additional possible plaintiff）出现。[3]另外，在政府合同中，一项基础设施建设项目附近的当地居民可以因公共利益和政策而成为权利第三人（受雇佣或请求防治污染）。所以，第三人权利的理论基础已经呈现多元化的趋势，需要学界加深研究。

第二，合同中债权人的地位和利益状态应当重新被定义。《民法典》一方面采取严格责任原则来认定违约责任，为债权人提供了充足的保护。另一方面其在债务人免责事由上以不可抗力、情势变更、某些合同类型中的免责条款，减轻了债务人承担违约责任的风险，确实较好地平衡了债权人与债务人之间的利益。但是在附保护第三人作用的合同、第三人代为履行的合同方面，现行立法与学理侧重保护债务人利益和交易安全，轻视债权人利益的问题明显。典型的像《民法典》第 524 条第 1 款，债务人不履行债务，第三人对履行债务具有合法利益的，第三人才有权向债权人代为履行，这使得第三人的履行受限，债权人的利益无法得到有效满足。这也不同于德国法对第三人清偿较少加以限制的立法模式。它可以从保护债务人的角度加以考虑，使其不必忧虑"刚出贼窝，又入虎穴"，也可以从交易安全的角度考虑，却较少考虑

---

〔1〕 参见王利明：《合同法研究》（第 1 卷），中国人民大学出版社 2015 年版，第 142 页。

〔2〕 参见薛军："论利他法律行为涉他效力的制度建构"，载《北大法律评论》2011 年第 2 期，第 598~619 页。薛军："合同涉他效力的逻辑基础和模式选择——兼评《民法典合同编（草案）》（二审稿）相关规定"，载《法商研究》2019 年第 3 期，第 22 页。

〔3〕 David G. Epstein, Alexandra W. Cook, J. Kyle Lowder, Michelle Sonntag, "An App for Third Party Beneficiaries", 91 WASH. L. REV., 1663 (2016).

了对债权人利益的满足。在附保护第三人作用的合同中，也是如此。承认第三人对于债务人的保护请求权，本质上也属于债权人权利的扩张，因为一般来讲，第三人都是与债权人具有某种身份法上的关系之人（配偶、子女、父母、同住之人等）。所以，尽管《民法典》对合同债权人与债务人的利益分配尚可，但是在涉他合同领域，要重新加以配置。

第三，相关具体规则不够精细，如利他合同的成立、形式、内容、效力、违约责任与救济等。以往的利他合同制度的研究，大多以第三人的权利和立约人的给付为中心，至多探讨了三方关系的内容（权利、义务）。但利他合同的成立、形式、抗辩权、甚至于最后的违约责任与救济都十分重要，需要进行法解释作业，也需要针对两类利他合同类型（简单型为第三人利益的合同与赋权型为第三人利益的合同）分别设计相应规则。就附保护第三人作用的合同而言，应明确第三人的范围，避免制度适用上的模糊与溢出效益。同时应缕析三方当事人的法律关系，助力规则适用。就由第三人履行的合同而言，也应该归纳案例类型，细化具体规则，在三方关系的框架内探讨相应的权利义务，如第三人不负有强制履行的义务、债权人不享有对第三人的履行请求权但有受领权、债务人的担保义务、违约责任及追偿权等。最后要明确第三人代为履行制度的适用范围，论证无利害关系的第三人任意介入的权利，要侧重描述第三人代为清偿后三方当事人地位的动态衡平，如债权人与债务人的基础关系、第三人对债权人的执行关系、第三人对债务人的求偿和代位关系、代位人相互之间的追偿关系等。这些都是急需解决的问题。

（二）司法实践中多样化的涉他合同纠纷

本书写作期间《民法典》刚刚生效不久，笔者在中国裁判文书网上没有找到以第 522 条、第 523 条或第 524 条为依据的法律文书。所以笔者不得不以《合同法》第 64 条（相当于第 522 条第 1 款）、第 65 条（相当于第 523 条）为法律依据，检索相关裁判文书，并进行分析。当然，这并不能排除其他条文有对应的涉他合同案例。限于笔者的精力和文章篇幅有限，此处只是选取了重点案例加以介绍。

1. 向第三人履行的合同

笔者在中国裁判文书网上，以"法律依据：《中华人民共和国合同法》第六十四条""法院层级：中级法院""文书类型：判决书""案由：民事案由"为检索条件，共检索到 304 份判决书。限于篇幅，本书选取了其中 30 份左右的文书，剔除其中不相关者，组成如下十种案例类型：

（1）买卖合同涉第三人效力。在重庆鑫源农贸发展有限公司与重庆诚之意实业有限公司买卖合同纠纷一案中，[1]诚之意公司向鑫源公司购买水泥烧成煤，再卖予重水公司，由鑫源公司将诚之意公司购买的煤交付重水公司而实际完成诚之意公司与鑫源公司的买卖合同履行义务。因时值春运，鑫源公司未能及时履行向重水公司的交付义务，导致鑫源公司对诚之意公司违约。其后，诚之意公司为继续履行其与重水公司的买卖合同，遂与重庆霆讯公司签订较高单价的烟煤买卖合同。这使得诚之意公司受有损失。本案的争议焦点在于诚之意公司的损失认定上，它应该结合诚之意公司与鑫源公司的买卖合同，诚之意公司与重水公司的买卖合同，以及诚之意公司与霆讯公司的合同综合来判断。总之，本案涉及简单型为第三人利益的合同中，债务人违约责任的认定问题。

（2）技术合同涉第三人效力。在北京联创工场科技有限公司与成都趣睡科技有限公司、李某技术合同纠纷一案中，[2]趣睡公司作为甲方、联创工场作为乙方、李某作为丙方，共同签订了《技术合作协议》。其中条款2.3"股权合作"具体约定，在双方合作过程中，联创工场提供的各项服务仅收取趣睡公司基础人力成本。李某作为趣睡公司的主要股东及法定代表人，赠送其所拥有（或其代持的期权池的）趣睡公司0.25%股权给案外人北京联创工场创业服务中心（有限合伙）。在《技术合作协议》第2.3条未得到履行的情况下，联创工厂作为债权人，有权要求债务人向其承担违约责任，有权提起本案诉讼。在李某违约的情形下，债权人有权要求其向第三人北京联创工场创业服务中心（有限合伙）继续履行转让股权的义务。明显地，该案涉及债权人请求债务人向第三人承担违约责任的情形。

（3）保险合同涉第三人效力。在中国人民财产保险股份有限公司灵丘支公司与张某保险合同纠纷一案中，[3]原告为自己的×××号车辆在被告处投保了车上人员责任险（司机）和车上人员责任险（乘客）且不计免赔，保险金额均为200 000元，保险期间自2017年9月6日起至2018年9月5日止。

---

〔1〕 重庆市第四中级人民法院民事判决书〔2019〕渝04民终752号。
〔2〕 四川省成都市中级人民法院民事判决书〔2019〕川01民初965号。
〔3〕 山西省大同市中级人民法院民事判决书〔2019〕晋02民终971号。

2018 年 4 月 26 日 3 时 00 分，原告雇佣的司机马某贵驾驶原告的×××、×××重型货车，沿保沧线由西向东行驶至 61 公里 975 米时，撞上前面同向车道王某春驾驶的×××、×××重型货车尾部，致马某贵及其×××、×××重型货车乘车人张某受伤，两车不同程度损坏的交通事故。事故发生后，原告为马某贵、张某垫付了所有费用，因此而取得了向保险人的索赔权。本案随之而由投保人张某提起，并最终获得胜诉判决。本案中保险合同的被保险人是第三人，享有要求债务人履行合同的权利。其后，这一权利转移至投保人。这既涉及赋权型为第三人利益的合同，又涉及债权让与，反映到解释层面，应明晰其三方关系，以便确定当事人的权利义务。

（4）劳务合同涉第三人效力。在薛某、郭某劳务合同纠纷一案中，[1]郭某雇佣薛某安装升降机，并积欠其劳务费 18 万元。郭某二人制定还款计划：郭某陆续向薛某还款 18 万元，但其间薛某需向第三人出具增值税专用发票 25 万元。其后，薛某明确表示自己不出具发票，郭某遂停止还款。本案一、二审法官将开具发票的行为先后认定为法律行为附条件以及对待给付义务。尽管如此，本案还是涉及第三人受领给付的权利，这是简单型为第三人利益的合同要解决的问题。同时，在双务合同中，债权人在债务人不履行或不适当履行对第三人的债务时，债权人可以行使履行抗辩权，拒绝对债务人的给付。

（5）夫妻共同债务（民间借贷）涉第三人效力。在黄某道与周某光、李某平民间借贷纠纷一案中，[2]2014 年 9 月 21 日，周某光向黄某道出具了一张借条，借条载明："今借到黄某道现金（人民币）叁拾肆（340 000.00）万元整。借款人：周某光"。2014 年 12 月 8 日，黄某道拿着借条复印件到周某光之妻李某平处，李某平在借条复印件上写下"此款如属实，我愿偿还。李某平。2014.12.8"。法院因此而认定李某平的行为为债务加入。此案较类似于由第三人履行的合同或保证，但又不是。这要求我们仔细辨析这几组概念之间的区别。

（6）服务合同涉第三人效力。在上诉人希得（深圳）教育投资有限公司

---

[1]　安徽省蚌埠市中级人民法院民事判决书 [2019] 皖 03 民终 667 号。
[2]　重庆市第四中级人民法院民事判决书 [2019] 渝 04 民终 21 号。

与被上诉人深圳市前海聚能物联××有限公司服务合同纠纷一案中，[1]希得公司入驻涉案单元系基于其与聚能××公司签订的两份《孵化器服务协议》，希得公司与聚能××公司成立合同关系。前海聚能公司与希得公司之间就涉案孵化场地并未签订书面形式的孵化服务合同。前海聚能公司依据希得公司向其支付《孵化器服务协议》约定中的综合服务费，以及其为希得公司开具增值税发票的事实，主张其与希得公司之间形成事实合同关系。但希得公司向前海聚能公司支付《孵化器服务协议》约定的综合服务费，系依据聚能××公司向希得公司送达的《付款指示》，希得公司履行的是与聚能××公司之间的《孵化器服务协议》。故前海聚能公司与希得公司就孵化场地没有形成企业孵化服务关系。希得公司自2018年6月1日开始未按照聚能××公司的《付款指示》向前海聚能公司缴纳孵化场地的综合服务费，亦自2018年4月1日开始未再缴纳相应的水、电费。根据《合同法》第64条的规定，希得公司应当向聚能××公司承担违约责任。前海聚能公司起诉要求希得公司向其支付孵化场地的综合服务费、水电费及场地占用费，没有法律依据，法院并未支持。

（7）特许经营权合同涉第三人效力。在中盐江西盐化有限公司与江西省盐业集团股份有限公司与公司有关的纠纷一案中，[2]江盐公司与中国盐业总公司签署《合作协议》，共同出资设立了中盐江西公司。江盐公司许诺中盐江西公司在合作协议中具有受益人地位，其可以在江西省内专营盐业运输业务。但在履行过程中，根据江盐集团公司所发的多份文件显示，江盐集团公司违反了约定，另行安排了会昌运销中心、江盐实业、强本科技公司经营上述业务，导致违约。基于其违约行为，第三人中盐江西公司可以请求江盐公司承担违约责任。

（8）建设工程施工合同涉第三人效力。在杨某洪与新疆宏远建设集团有限公司建设工程施工合同纠纷一案中，[3]宏远公司第四师与七十七团签订一份第四师七十七团城镇配套基础设施项目（排水、供热管网及道路施工）施工合同，合同约定由宏远公司承建该工程。后宏远公司将道路建设部分分包给杨某洪。杨某洪又雇佣实际施工人唐某等施工，并欠下工程款若干。在建

---

〔1〕 广东省深圳市中级人民法院民事判决书［2020］粤03民终8428号。

〔2〕 江西省南昌市中级人民法院民事判决书［2017］赣01民初500号。

〔3〕 新疆生产建设兵团第四师中级人民法院民事判决书［2018］兵04民终131号。

设工程施工合同中，杨某、唐某等是第三人，并享有向发包人追偿工程款的权利。最终法院判决宏远公司先行垫付部分工程款。这符合《最高人民法院关于审理建设工程施工合同纠纷案件适用法律问题的解释》第26条第2款的规定："实际施工人以发包人为被告主张权利的，人民法院可以追加转包人或者违法分包人为本案当事人。发包人只在欠付工程价款范围内对实际施工人承担责任。"[1]实际施工人可以作为承包、转包合同的第三人而向债务人主张权利。这其实是赋权型利益第三人合同的案型。

（9）居间合同涉第三人效力。在江苏土拍信息科技有限公司与江苏扬子江国际冶金工业园管理委员会居间合同纠纷一案中，[2]法院认为土拍公司、冶金工业园签订的《土地招商代理合同》系双方真实意思表示，应属合法有效，双方均应按约履行。依据该合同的约定，土拍公司的主要合同义务是推介、促成其客户参加拟出让地块的拍卖，并与土地出让方签订合同，冶金工业园的主要合同义务为支付报酬，双方的权利义务特征符合居间合同的特征，应认定双方系居间合同关系。依据《合同法》第64条的规定，当事人可以约定由债务人向第三人履行债务，双方约定土拍公司促成土地出让方与竞拍者订立合同不影响合同性质的认定。综上，媒介居间合同中居间人作为债务人也对第三人负有促成交易的义务，属于为第三人利益合同的案例类型。

（10）信托中的第三人效力。在上海浦东发展银行股份有限公司武汉分行与中国民生银行股份有限公司杭州分行债权转让合同纠纷一案中，[3]恒丰银行青岛分行与华润深国投信托订立《信托合同》（指定用途的封闭式单一资金信托），由后者以自己的名义向国业建设公司发放贷款。后恒丰银行青岛分行向浦发银行武汉分行转让了信托债权。浦发银行获得信托受益权后，再次将其转让给民生银行杭州分行。在本案中，民生银行杭州分行未依照《业务合作函》的约定向华润深国投信托支付债权转让价款，购买《信托合同》项下债权，应向浦发银行武汉分行承担违约责任。这即是信托涉及债权让与，信托受益人向他人转让信托债权，是比较复杂的三方法律关系。

---

[1]　值得注意的是，该解释现已失效。现行有效的对应条文为，《最高人民法院关于审理建设工程施工合同纠纷案件适用法律问题的解释（一）》（法释〔2020〕25号）第43条第2款。

[2]　江苏省苏州市中级人民法院民事判决书〔2019〕苏05民终230号。

[3]　湖北省武汉市中级人民法院民事判决书〔2018〕鄂01民初472号。

2. 由第三人履行的合同

同样地，笔者在中国裁判文书网上，以"法律依据：《中华人民共和国合同法》第六十五条""法院层级：中级法院""文书类型：判决书""案由：民事案由"为检索条件，共检索到487份判决书。限于篇幅，本书选取了其中30份左右的文书，剔除其中不相关者，组成如下十种案例类型：

（1）买卖合同由第三人履行。在大连仕豪房地产开发有限公司、金和混凝土（大连）有限公司买卖合同纠纷一案中，[1] 法院认为，案涉《承诺书》系华鑫公司作为案涉《商品混凝土工程承包合同书》的订货单位向供货单位金和公司作出的；华鑫公司作为承诺人，仕豪公司作为见证人。根据该《承诺书》载明："一、我公司同意由仕豪公司预留部分工程产值（或结算剩余工程产值），作为向金和公司支付混凝土货款的保障。二、若我公司不能按合同及时向金和公司支付混凝土货款时，仕豪公司有权将预留的属于我公司的部分工程产值（或结算剩余工程产值），直接支付给金和公司。"的内容，仕豪公司没有向金和公司作出自愿承担华鑫公司债务的意思表示，仕豪公司仅作为华鑫公司债务履行的辅助人。据此，可以认定案涉《商品混凝土工程承包合同书》的当事人仍然是金和公司、华鑫公司，仕豪公司并未真正作为债务人加入金和公司、华鑫公司之间买卖合同关系中，仕豪公司只代华鑫公司向金和公司履行债务，不承担该《商品混凝土工程承包合同书》的责任，仕豪公司属于《合同法》第65条规定的未向合同当事人作出任何承诺的第三人。当第三人不履行合同义务时，债权人金和公司应当向债务人华鑫公司主张违约责任。本案中，法院严格区分了债务加入与由第三人代为履行。两者法律效果不同。若是前者，第三人与债务人承担连带责任；若是后者，只有债务人承担违约责任。

（2）居间合同由第三人履行。在上诉人北海市日月兴房地产投资开发有限公司（以下简称日月兴公司）与被上诉人广西五鸿建设集团有限公司（以下简称五鸿公司）、新疆晨迪房地产开发有限责任公司北海分公司（以下简称晨迪北海分公司）、林某锋居间合同纠纷一案中，[2] 法院认为案涉《居间佣金合同》的相对人为日月兴公司与五鸿北海分公司，晨迪北海分公司为第三

---

〔1〕 辽宁省大连市中级人民法院民事判决书［2019］辽02民终5055号。
〔2〕 广西壮族自治区北海市中级人民法院民事判决书［2020］桂05民终2379号。

人。现晨迪北海分公司不愿意给付居间佣金。最终法院依据《合同法》第 65 条的规定，判决作为相对方母公司的五鸿公司支付居间佣金及利息。笔者认为，这涉及由第三人履行的合同终局的违约责任由谁承担的问题。

（3）定作合同由第三人履行。在浙江龙卷风电子商务有限公司、马某定作合同纠纷一案中，[1]马某与龙卷风公司之间成立定作合同关系。对于龙卷风公司尚欠马某的定作款 3 335 964 元，双方达成了《结算抵偿协议》。根据《结算抵偿协议》，债务人龙卷风公司对债权人马某负有 3 335 964 元债务，双方约定分两种方式履行，即以现金支付债务 1 650 000 元，以货物抵偿其余款项，并约定了抵偿的货物由第三人邮政速递诸暨分公司负责将抵偿货物交付债权人马某；上述《结算抵偿协议》签订后，由于协议当中约定的丙方邮政速递诸暨分公司未在协议中签名盖章，致使马某与邮政速递诸暨分公司之间的合同关系未成立，邮政速递诸暨分公司尚处于法律规定的履行债务的第三人身份地位，龙卷风公司已按约支付了定作款 1 650 000 元，另交付了马某储存于邮政速递诸暨分公司处的价值 1 337 064.40 元的抵偿物，上述债务履行均已被马某所接受，《结算抵偿协议》中的债权已部分消灭，对未消灭部分债权，因马某请求邮政速递诸暨分公司履行未果，故对马某请求的 348 579.78 元，债务人龙卷风公司尚应按协议约定的方式承担责任，同时赔偿马某相应损失。在该案中，丙是甲乙定作合同的第三人，但由于甲方通过指示交付的方式不成功，从而使得货物的所有权并未转移。其间由于丙方行使留置权，甲方也未履行给付定作费用的义务，本案应当由甲向乙承担违约责任。

（4）股权转让合同由第三人履行。在朱某林与龙某泉、谢某树股权转让纠纷一案中，[2]法院认为，本案股权转让发生在转让人程某有、程某豪和受让人龙某泉、谢某树之间，被告龙某泉、谢某树是股权转让款的付款义务人，虽然程某有、程某豪和龙某泉、谢某树在《股份转让协议之补充协议》约定"股份转让款中的 1250 万元由大美公司在其所开发的'毛母文化旅游城'项目的营业收入总额中予以支付"及"剩余 1900 万元，由大美公司以'毛母文化旅游城'所开发的项目房产予以抵偿"，但大美公司不是股权转让的当事人，也不是《股份转让协议之补充协议》的当事人，上述约定对其没有约束

---

[1]　浙江省绍兴市中级人民法院民事判决书［2019］浙 06 民终 1096 号。
[2]　湖南省湘潭市中级人民法院民事判决书［2018］湘 03 民初 300 号。

力，应认定上述约定为第三人代为履行，根据《合同法》第65条的规定，因大美公司未按上述约定履行债务，作为债权人的原告有权要求被告龙某泉、谢某树支付股权转让款。本案依旧涉及当事人的地位是债务人还是代为履行第三人的问题。

（5）承揽合同由第三人履行。在江海区百诚装饰工程部、江门市蓬江建筑集团有限公司承揽合同纠纷一案中，[1]达进公司与蓬江公司签订《建设工程施工合同》，由后者承包某工程。后来，蓬江公司与吴某甫签订《项目承包协议书》约定："蓬江公司将达进公司的上述工程交由吴某甫项目承包，蓬江公司负责与建设单位签订施工合同，并负责向吴某甫提供办理施工许可证的相关资料；吴某甫在该工程的资产属于吴某甫所有，该工程的债权债务由吴某甫独自负责。"后吴某甫将防火门的工程交由百诚装饰工程部完成。法院认为，吴某甫通过蓬江公司向百诚装饰工程部付款，此应认定为吴某甫与百诚装饰工程部所约定由第三人代为履行的一种方式，该履行方式并不能引致蓬江公司成为百诚装饰工程部的涉案交易相对人。吴某甫仅是挂靠在蓬江公司名下，并借用其资质。因此，就涉案工程款而言，百诚项目部只能向吴某甫主张权利。该案涉及借名、挂靠与由第三人履行的关系，法院对当事人真实意思的确认非常重要。

（6）租赁合同由第三人履行。在余某宽、普洱市思茅区海发租赁服务部建筑设备租赁合同纠纷一案中，[2]中流公司与余某宽签订《工程承包合同》，由余明亮承包普洱冰洋现代城相关工程。其后，余某宽与海发租赁服务部签订《脚手架合同书》，租赁其建筑器材若干，并积欠租金70余万元。后中流公司、余某宽、海发租赁服务部达成三方协议，由中流公司在余某宽班组中的应付工程款中，扣除70余万元，直接支付给海发租赁服务部。后中流公司、余某宽均未归还租金，并引发一定数量违约金，由此引发纠纷。法院基于三方协议，认定中流公司属于债务承担，需向海发租赁部偿还租金70余万元，但是就违约金而言，因为中流公司不是合同当事人（至多是第65条规定的第三人），所以只由余某宽承担。本案严格区分了两种法律关系，也值得加以研究。

---

〔1〕 广东省江门市中级人民法院民事判决书［2018］粤07民终2050号。
〔2〕 云南省普洱市中级人民法院民事判决书［2018］云08民终293号。

（7）海上货运代理合同由第三人履行。在上海新悦航运有限公司与上海莱镜商贸有限公司海上货运代理合同纠纷一案中，[1]日本 JC 公司委托原告办理一票货物从日本东京至中国上海，为此原告通过其在日本的代理东洋特快订舱，东洋特快出具了提单，该提单记载的托运人为日本 JC 公司，收货人为被告，放货联系人为原告。该票业务为"电放"操作方式。东洋特快又向上海海华轮船有限公司订舱，并由后者签发另一份提单，该份提单显示盖有电放章。根据东洋特快签发的提单记载，涉案货物运费到付。货物运抵目的港后，发生 THC、换单等费用 2650 元，并由原告向上海航华国际船务代理有限公司付清。法院认为，东洋特快签发的提单记载的托运人为日本 JC 公司，收货人为被告，货物采取"电放"的操作方式，提单并未正常流转到记名收货人手中，故本案被告并非海上货物运输合同的当事人。提单记载的运费到付仅为运输合同下承托双方关于由第三人履行债务的约定，该约定本身对被告不具有约束力，被告不承担合同责任。原告应当向作为托运人的日本 JC 公司主张。本案的关键在于"电放"和"运费到付"的约定对被告没有约束力。海上货物运输合同只在 JC 公司与原告之间发生关系。被告仅处于第三人地位。

（8）合伙协议由第三人履行。在贵州省铜仁居安房地产有限责任公司、王某娜合伙协议纠纷一案中，[2]居安公司承建思南乌江腾龙峡旅游区盐市街项目，九垦公司代理销售居安公司所建房屋，王某娜与九垦公司签订《项目投资合作协议》，约定王某娜出资 20 万元，以入股分红方式参与九垦公司代理销售的思南乌江滕龙峡旅游区门面房的营销运作，并参与分红。2015 年 3 月 18 日，九垦公司与居安公司签订终止《思南县乌江腾龙峡国家级旅游度假区全程销售招商代理合同》的协议书；2015 年 5 月 12 日，王某娜与九垦公司签订《合作款项说明》，约定由居安公司从其所欠九垦公司款项中退还王某娜出资款 20 万元，合作期间费用由九垦公司承担，2015 年 5 月 14 日，九垦公司向居安公司出具委托付款函，要求居安公司将欠款 210 993 元中的 200 000 元支付给王某娜。后因为客观原因，居安公司未予支付。法院认为，王某娜与九垦公司达成的《合作款项说明》不构成债权转让，九垦公司向居安公司

〔1〕 上海海事法院民事判决书［2018］沪 72 民初 657 号。
〔2〕 贵州省铜仁市中级人民法院民事判决书［2018］黔 06 民终 90 号。

发出的委托付款函亦非债权转让通知；同时，王某娜一审起诉主张由九垦公司而非居安公司承担合同义务，说明其并无债权债务转让的意思。故王某娜、九垦公司、居安公司之间未形成债权让与的法律关系。《合作款项说明》实质上形成了由第三人居安公司代为支付款项的由第三人履行的合同。

（9）拍卖合同由第三人履行。在四川省农业科学院、成都建工地产开发有限责任公司拍卖合同纠纷一案中，[1]建工地产公司通过拍卖方式竞得省农科院出售的"金湖度假村"整体资产，按照双方签订的《备忘录》约定，应由建工地产公司向省农科院支付资产总价 1565 万元，《备忘录》签订后，建工地产公司向省农科院支付款项共计 1501.75 万元，后由大成公司于 2008 年 1 月 25 日代建工地产公司向省农科院支付 13.25 万元。省农科院虽然于 2008 年 3 月 24 日向建工地产公司出具《关于"金湖"资产经费结算及有关事宜的情况说明》中载明大成公司已代建工地产公司支付完毕所有尾款，但省农科院认为该情况说明出具时由于工作人员计算错误，漏算之前已经向成都建筑工程集团总公司退回的 50 万元定金。从一二审查明的事实看，省农科院实际收到资产转让价款金额为 1515 万元。虽然建工地产公司主张案涉 50 万元已向大成公司支付并委托大成公司代付该款项，但根据《合同法》第 65 条之规定，建工地产公司作为未履行完毕付款支付义务的债务人，应当向省农科院继续履行支付义务。这其实也是委托付款协议，与上一案例类似，甚至还牵涉因第三人的原因导致的违约。

（10）建设工程设计合同由第三人履行。在汇创国际建筑设计有限公司与平顶山市城乡规划局新城区分局服务合同纠纷一案中（后法院认定为建设工程设计合同法律关系），[2]被告在网上发布了城区某地块的设计方案征集信息。原告经邀请入围了设计方案的评选。但原告的设计方案最终没能中标。根据征集信息，原告可以要求被告给付设计保底费 40 万元。被告辩称网上征集信息有一个条款规定"设计的奖金及保底费应由项目开发单位在签订开发合同之后的 15 日内支付"。现由于客观情势，开发单位及项目迟迟未能确定。法院经审理查明，原告与被告双方经要约与承诺的方式签订设计合同。原告在花费一定人力、物力的前提下，完成了设计图纸。而被告作为当事人却没

---

〔1〕 四川省成都市中级人民法院民事判决书［2017］川 01 民终 13640 号。

〔2〕 河南省郑州市中级人民法院民事判决书［2019］豫 01 知民初 1094 号。

有给付保底费，构成违约。项目开发单位的付款允诺实为由第三人履行的约款。依据《合同法》第 121 条（相当于《民法典》第 593 条），因第三人的原因导致的违约仍应由债务人承担违约责任。综上，本案仍然是合同当事人地位的确定问题。

3. 第三人代为履行的合同

在北京华亿伟业房地产开发有限公司与叶某慧等商品房预售合同纠纷一案中，[1] 上诉人（原审被告）房地产公司与原审被告叶某签订《商品房预售合同》，将一套房屋卖予叶某。后叶某又将该房屋转卖给被上诉人（原审原告）程某与杨某。程某、杨某实际入住多年后，出卖人以买受人不履行《商品房预售合同》约定的付款义务为由向法院申请解除了该合同，并要求次买受人程某、杨某腾房。但两被上诉人主张自己为《商品房预售合同》的有合法利益第三人，并以自身的期待权受侵害为由请求一审法院撤销民事判决。诉讼中，程某、杨某明确表示，如果叶某确实未支付房款，其同意代叶某履行向房地产公司偿付房款的义务。据此，一审法院判决：撤销［2018］京 0112 民初 5665 号民事判决书。后经终审法院予以维持。这实际上认可了次买受人的"代履行权"。[2] 此案判决时《民法典》尚未生效实施，法院仅能对《最高人民法院关于审理城镇房屋租赁合同纠纷案件具体应用法律若干问题的解释》（法释［2009］11 号）[3] 第 17 条作当然解释，承认次买受人的"代履行权"。本案主要涉及第三人对履行债务具有"合法利益"的认定问题。

结合以上的分析可以看出，司法实践中运用《合同法》第 64 条（相当于《民法典》第 522 条第 1 款）、第 65 条（相当于《民法典》第 523 条）的案例较多，呈现出诸多问题。如真正利益第三人合同与不真正利益第三人合同的分类、债务人违约责任的认定、债权人能否请求债务人向第三人承担违约责任、债权让与与向第三人履行的合同的区分、债务承担与由第三人履行的合同之间的差异、第三人的受领权等。这里有些是司法层面的问题，如债权让与、债务承担等三组概念的区分，当事人地位的认定（债权人、债务人、

---

〔1〕 北京市第三中级人民法院民事判决书［2019］京 03 民终 13802 号。

〔2〕 河南省高级人民法院："商品房次买受人'代履行权'应受法律保护——程某、杨某诉叶某、某房地产公司商品房预售合同案"，载 https://baijiahao.baidu.com/s？id=1690454071257184679&wfr=spider&for=pc，最后访问日期：2021 年 2 月 1 日。

〔3〕 现已被修改，参见法释［2020］17 号。

第三人）；有些是立法层面的问题，如对第三人请求权的承认；同时还有些是法条衔接的问题，如在双务合同中，在债务人不履行或不适当履行对第三人的债务时，债权人可否行使履行抗辩权拒绝对债务人的给付，以及第三人的留置权与由第三人履行的合同冲突时如何处理。《民法典》第 522 条第 1 款、第 523 条与《合同法》第 64 条、第 65 条用语基本相同，因此原有问题依旧存在。而第 522 条第 2 款的出现承认了第三人的合同权利，但是债权人的请求权问题、违约责任的问题、债权人的抗辩权问题等都是新问题，也亟待解决。还有第 524 条几乎是从无到有的产物，司法实践中甚至没有积攒相应的案例类型，只能较多地基于理论建构。这些理论及实践问题都需要本书接下来的部分给出答案。

第二章　权利型涉他（一）：向第三人履行的合同

　　由于实践中涉及第三人利益的合同不断增多，为了更好实现合同缔约方意愿，加强对第三人利益的保护，[1]《民法典》第522条新增加了第2款，作为真正利益第三人合同的一般条款。该条统率着融资租赁合同、建设工程合同、海上货物运输合同及保险合同等涉第三人合同权利的相关规定。在解释和适用该条的过程中，应运用文义解释、体系解释等方法，厘清该条的内在含义，并协调该条与合同编乃至其他民事法律之间的关系。

一、向第三人履行合同的基础问题

（一）合同是否生效取决于拒绝权等权利是否行使

　　合同生效以其成立为前提。合同成立是指，合同当事人之间的意思表示达成一致。此时协议具有了确定力和拘束力。依据《民法典》第522条，不真正的利益第三人合同只能依约定产生。而真正的利益第三人合同可以依据法律规定或者当事人约定产生。这样看来，两条路径都能成立利益第三人合同。但实际上，法律规定只是针对特定的合同类型，[2]例如保险合同、货物运输合同等。这些条文也只是保险法（如第18条第3款）、合同编通则对惯常交易的反映。换言之，法律规定所认可的还是当事人之间的约定。既然如此，利益第三人合同中当事人之间的约定就显得十分重要，需要详细加以探究。

　　依据修正的单方行为说，第三人不需要对立约人与受约人之间的协议表

---

〔1〕　黄薇主编：《中华人民共和国民法典释义》，法律出版社2020年版，第998页。

〔2〕　黄薇主编：《中华人民共和国民法典释义》，法律出版社2020年版，第1000页。

明态度，即可成立向第三人履行的合同。[1]现在的关键在于，立约人与受约人之间的协议（补偿关系）如何成立？笔者认为，只要双方之间就合同的必要条款达成一致，补偿关系即告成立。[2]前文已经论及，为第三人利益合同是合同编通则所要规定的内容，对典型合同各章具有广阔的适用空间。因此，我们以买卖合同为例，要使向第三人履行的买卖合同成立，至少应当具备三个要件：立约人、受约人、第三人三者的身份；合同标的（物）；立约人向第三人为给付的约定（如果是真正的利益第三人合同还需在约定中认可第三人的履行请求权）。其他条款可以按照《民法典》第510条，经由当事人事后的补充协议、合同相关条款或交易习惯确定，或者依据《民法典》第511条法定的补充解释来加以确定。例如，对于价格，可以依照政府定价或政府指导价。对于合同履行地点，若是往取债务，以债务人的所在地为准。若是赴偿债务，则以债权人的所在地为准。当然这是买卖合同。若是新型合同，如网络服务合同，则交易的渠道、网络域名等都需要商定，这才称其为合同成立。

合同成立只是在事实上认可了利他合同这样一种协议。但该合同真正能够执行还需要一些生效要件的满足。譬如，如果当事人约定或者法律规定，该协议需要满足书面形式，或者是要批准备案的，则必须经过这些手续之后，合同才能生效。同时，一般的合同生效要件也能适用于利益第三人合同。依据《民法典》第143条之规定："具备下列条件的民事法律行为有效：（一）行为人具有相应的民事行为能力；（二）意思表示真实；（三）不违反法律、行政

---

[1] 崔建远持此说。参见崔建远："论为第三人利益的合同"，载《吉林大学社会科学学报》2022年第1期，第159页。关于第三人取得权利的时间点，他也确立了一些前置条件，如约定优先、合同有无附条件及期限。值得注意的是，王利明有相反意见。他认为"第三人明确表示接受合同为其设定的利益"是成立条件之一。参见王利明：《合同法研究》（第1卷），中国人民大学出版社2015年版，第152页。吴文嫔与王利明观点一致。吴文嫔：《第三人利益合同原理与制度论》，法律出版社2009年版，第328页。

[2] In the privacy of promisor and promisee the intent to bestow a benefit is important to identify third party beneficiary contract. Promises to render performances other than the payment of money require some expression of an intent by the parties to give the benefit of performance to the beneficiary. See Section 304 of the Restatement (Second) of Contracts. One is an intended beneficiary when performance of the promise will satisfy an actual or supposed or asserted duty of the promise to the beneficiary. To underpin third party's right, some evidence is needed such as specifications, drawings, and warranties when involves construction contract. See KMART Corporation v. Balfour Beatty, Inc. 994 F. Supp. 634 (1998). All in all, these evidences must prove that promisor understand the promisee had an intent to benefit the third party. Ian Ayres, Richard E. Speidel, *Studies in Contract Law* 1171 (7th ed., Thomson/Foundation Press 2008).

法规的强制性规定，不违背公序良俗。"特别需要强调的是，依据修正的单方行为模式，利益第三人合同的成立与生效不需要第三人的意思表示，因此不需要考察第三人是否有相应的民事行为能力。但是如果第三人是自然人的情形，他是否必须存在？更确切地说，此处的第三人是否可以是胎儿？依据《民法典》第16条之规定："涉及遗产继承、接受赠与等胎儿利益保护的，胎儿视为具有民事权利能力。但是，胎儿娩出时为死体的，其民事权利能力自始不存在。"既然胎儿可以接受赠与，那么为胎儿的利他合同设计更带有赠与和赋权的性质，似乎没有任何理由拒绝对其施加保护，以认可胎儿的第三人地位。[1]另外，如果说以往学界对于《合同法》第64条还在纠缠不清，无法确定第三人是否具有独立的履行请求权，[2]那么现在这一疑惑早已消散。所以当事人约定赋权型为第三人利益的合同也是可行的，没有违反法律的强制性规定。

但是，利他合同的生效问题远没有这么简单。因为，这里还要考察第三人是否行使拒绝权。若第三人行使拒绝权，则合同的第三人效力溯及既往地归于消灭。第三人已经获得利益，要按照不当得利的规则返还给立约人。同时，由于是要回复之前的状态，因此第三人的债权人无法行使撤销权而实现债的保全。这是前文所探讨的修正主义的立场，此处不再赘述。因此，利益第三人合同的生效还要以第三人不行使拒绝权为前提（由于拒绝权的问题十分重要，所以此处仅粗略概括，下文会有详细阐述）。同时，立约人与受约人基于双方的约定，还享有在第三人确定接受之前的变更权与撤销权。因此，若撤销权被行使，第三人权利也归于消灭。结合以上对于第三人拒绝权与立约人、受约人撤销权的分析，利益第三人合同的生效，要以这两项权利的不

---

〔1〕　德国法亦承认胎儿可以成为合同第三人。《德国民法典》第331条第2款规定："受许诺人在第三人出生前死亡的，向该第三人履行给付的许诺，仅在取消或变更它的权能已被保留的情形下，始得予以取消或变更。"在死因处分的情形下，第三人还未出生，因此胎儿也可以成为德国法上的第三人。陈卫佐译注：《德国民法典》，法律出版社2020年版，第137页。

〔2〕　对于《合同法》第64条规定的第三人是否享有履行请求权，理论界有四种不同观点：一为肯定说，即认为第64条规定的向第三人履行的合同中第三人享有履行请求权；二为否定说，认为该条规定的是不真正的利他合同，第三人仅为履行受领人，并未取得任何履行请求权。按照此种理解，债务人对第三人不负有任何直接义务，但债权人可以请求债务人向第三人履行。三为宽泛肯定说，即认为该条规定既包括真正利益第三人合同又包括不真正利益第三人合同。但其重心应是前者。四为不足肯定说，认为该条规定的就是真正为第三人利益合同，但该条存在表述上的不足，应从立法论上加以改进。参见最高人民法院民法典贯彻实施工作领导小组主编：《中华人民共和国民法典合同编理解与适用》，人民法院出版社2020年版，第412~413页。

行使为消极要件。

（二）以第三人所享有的权利为依据将利益第三人合同二分

凡合同必然要采取一定形式，向第三人履行的合同也不例外。当然，近现代合同法坚持形式自由，采取不要式原则，唯于例外情形，要求特定的形式。[1]合同大致有书面形式、口头形式和其他形式。就利他合同而言，重要如人身保险合同，也不要求书面。但在实践操作过程中，需要填写保单，以示慎重，并留有证据。其他交易在添加向第三人给付的附款之后，即可以成立合同，不需要特定形式。即使需要一定形式，也只是立约人与受约人之间的补偿关系需要（当然，补偿关系与执行关系很难割裂）。所以从这个意义上来说，利益第三人合同是非要式合同。

与形式相比，向第三人履行的合同的类别是一个更复杂的问题。这在两大法系之间就有不同，并且由于在 1999 年《合同法》立法之时，立法者对这一问题的认识还不够成熟，因此只保留了第三人的给付受领权，于是乎我国的利他合同只是下文要介绍的简单型。于此，笔者将详细阐述两大法系对于利益第三人合同的分类，并在比较法的基础上，进行适当的类型划分。

第一，简单型与赋权型为第三人利益的合同。赋予第三人以直接给付请求权的情形主要出现在具有保障功能的合同中，如人身保险合同、农地转让合同等。[2]德国法上针对利益第三人合同有两种分类：真正利益第三人合同与不真正利益第三人合同。于前者，第三人对债务人享有债权；于后者，仅涉及给付过程的缩减。[3]区分它们应该依照当事人的约定或可推知的意思。在法律上和学理上，除了上述合同类型以外，还有一些真正利益第三人合同的类型：附条件的赠与（第 525 条）与还算不重要的财产与物品承受（第 330 条）。[4]这一点在第一章两大法系的比较分析中都有体现，充分显示了这一制度的普适价值。但是由第三人履行的合同没有赋予债权人以请求权，因此它不是真正利益第三人合同。我国实际上借鉴了这种分类。

---

〔1〕 韩世远：《合同法总论》，法律出版社 2018 年版，第 107 页。

〔2〕 ［德］迪尔克·罗歇尔德斯：《德国债法总论》，沈小军、张金海译，中国人民大学出版社 2014 年版，第 377 页。

〔3〕 ［德］迪尔克·罗歇尔德斯：《德国债法总论》，沈小军、张金海译，中国人民大学出版社 2014 年版，第 377 页。

〔4〕 ［德］迪尔克·罗歇尔德斯：《德国债法总论》，沈小军、张金海译，中国人民大学出版社 2014 年版，第 378 页。

依《民法典》第522条的规定，立法者将为第三人利益合同划分为赋权型与简单型两种类型。比较该条第1款与第2款，第1款规定"由债务人向第三人履行债务"，第2款规定"第三人可以直接请求债务人向其履行债务""第三人可以请求债务人承担违约责任"，由此看出这两种情形的为第三人利益合同之间的不同在于：前者中第三人只能接受债务人的给付，后者中第三人可以以自己的名义直接请求债务人给付。自然地，前者中第三人不能请求债务人承担违约责任，而后者中第三人可以请求债务人承担违约责任。在大陆法系国家，基本上都有这两种类型的设置。如《德国民法典》第328条第1款规定："向第三人所为的给付，可以通过合同以使该第三人直接取得请求给付的权利为效果，予以约定。"〔1〕这是典型的赋予第三人直接履行请求权的设计。举重以明轻，简单型利益第三人合同也可以由当事人的约定或合同目的推知。《民法典》第522条是这种立法模式的延续。

第二，受赠人利益第三人合同与债权人利益第三人合同。该分类出自《美国第一次合同法重述》（Restatement of Contracts）。这样分类的好处是说明了第三人获得合同权利的原因。在受赠人利益第三人合同（donee beneficiary contract）中，第三人获得可以执行合同的权利是因为受约人意图赠与第三人以好处。在债权人利益第三人合同（creditor beneficiary contract）中，第三人获得权利是因为受约人想借由立约人履行而清偿他对第三人的债务。〔2〕当然，这种利他合同的二分法也存在一定弊端。一是，受赠人及债权人无法穷尽第三人的种类，进而可能导致在大量案件中第三人无法获得救济。二是，合同法第一次重述明显优待受赠人利益第三人（如合同双方在订立利他合同之后不能修改第三人约款），这使得法律针对地位较高的债权人利益第三人的保护反而不足。总之，第一次合同法重述在有限范围内认可了第三人权利，这是普通法的巨大进步。但是它仍然受到先例的影响，没有在一般意义上承认第三人权利，也没有平等保护两种利益第三人。

第三，意图受益第三人合同和偶然受益第三人合同。依《美国第二次合同法重述》（Restatement（Second）of Contracts），我们可将受益第三人作这样的两分。其第302条第1款规定："除非立约人与受约人另有合意，第三人是

〔1〕 陈卫佐译注：《德国民法典》，法律出版社2020年版，第137页。
〔2〕 RESTATEMENT OF CONTRACTS § 133（1）（a）（b）.

意图受益第三人，如果当事人双方的意图就是赋予第三人以请求履行的权利并且此履行将会清偿受约人对第三人的债务或者种种情况表明受约人希望借此履行授予第三人以利益。"第 2 款规定，"如果一个受益人不是意图受益第三人，就是偶然受益第三人。"基于我国的大陆法系传统，下文将不会着重分析这两类第三人形态。笔者将在此处对其稍加介绍。

美国法除定义以外，以 3 个条文的篇幅，规定了对第三人的抗辩权、对第三人义务的变形以及政府合同。《美国第二次合同法重述》第 309 条第 1 款规定："允诺不产生对受益人的义务，除非立约人与受约人之间形成了合同；如果合同在成立时是可撤销的或不可执行的，则任何受益人的权利都受这种缺陷的影响。"第 2 款规定："如果一项合同由于实际不可施行、公共政策、条件未发生、或目前或将来无法履行而全部或部分地不再具有约束力，则任何受益人的权利在此范围内被解除或订正。"第 3 款规定："除第 1 款、第 2 款和第 311 条规定的或合同规定的情形外，任何受益人对立约人的权利不受立约人对受约人的主张或抗辩的限制，也不受受约人对受益人的主张或抗辩的限制。"第 4 款规定："受益人对于立约人的权利受制于因他自身行为或同意而产生的请求或抗辩。"对这些条文进行梳理，可以发现其具有一些特色。第三人的权利采直接而独立取得说，不需要第三人的接受。[1] 这一点较类似于意志论的单方行为模式。但第三人的权利大小取决于补偿关系。其次，第三人的权利很大，它不受补偿关系以及对价关系绝对的束缚。但是若第三人自己同意限制或放弃权利，则可以相应地产生立约人的抗辩权。这种立约人抗辩权的弱化，充分体现了美国法对受益第三人权利的积极承认。

接下来是《美国第二次合同法重述》第 311 条对第三人权利的具体规定。其第 1 款认为："如果允诺条款有规定，则通过受约人的行为或后续立约人与受约人达成的协议而对意图受益第三人权利的撤销或变更是无效的。"第 2 款规定："如果没有这样的条款，立约人和受约人保留通过后续协议撤销或变更对第三人义务的权利。"第 3 款："撤销或变更的权利消灭，当受益人在收到撤销或变更的通知之前，已经基于合理信赖而实质性地改变了他的地位，或

---

〔1〕 The beneficiary in these cases acquired a vested right to the proceeds of the insurance policy upon the making of the contract. David M. Summers, *Third Party Beneficiaries and the Restatement* (*Second*) *of Contracts*, 67 CORNELL L. REV. 882 (1981-82).

者是已经就立约人的允诺提起诉讼，或者在立约人或受约人的要求下已经明确接受了该允诺。"第4款规定："如果受约人收到对价，以达成撤销或变更立约人义务的目的，这虽然对受益人来说是无效的，但他可以对该对价主张权利。立约人的义务在受益人所获得的对价范围内相应被免除。"第311条既可以说是对第三人权利的规定，更可以被认为是对立约人与受约人变更权和撤销权的规定。它分为三个层次：一是，若基础协议规定第三人权利不得变更和撤销，则依其规定；二是，若没有该规定，则立约人与受约人可以通过协议变更或撤销第三人权利；三是，在第三人已经信赖或以自己的行动对允诺表示接受时，前项变更权和撤销权消灭；四是，第三人可以在获得立约人提供给受约人的对价的基础上放弃对立约人的给付请求。这实际上是撤销权与变更权的变通规定。

《美国第二次合同法重述》第313条规定了政府合同。顾名思义，政府合同是私人与政府或其代理人所签订的合同。该条第1款规定："302、309、311，这三个条文可以适用于政府合同，但与法律或政策相冲突的除外。"从该条文可以看出，政府合同也是一类利益第三人合同。第2款规定："一般而言，立约人与政府或政府代理人签订合同，为公众从事履行行为，以及提供服务，并不会因不履行或不适当履行合同，而对单个的社会成员承担合同责任。但是有两项例外，一是立约人的允诺预设了这样的责任，二是受约人应当对社会成员承担违约责任并且对于立约人的直接诉讼符合合同条款和相关公共政策。"该条款显示，一般的政府合同，普通民众作为利益第三人，并不享有违约损害救济的权利。这较类似于大陆法系简单型为第三人利益的合同。但又有两项例外，使得政府合同立于简单型与赋权型两种合同之间摇摆不定。

综合以上两种分类，我们可以发现，英美法较大陆法而言，十分注意第三人权利的来源，他/她可能是受约人的债权人或受赠人，这样使得第三人权利"师出有名"。这也有可能是受到了对价原则的影响——第三人提供的对价被合理地涵盖进受约人所提供的对价之中。另外，已如上文所述，美国法上立约人所享有的对第三人的抗辩权显著偏弱，而针对抗辩权笔者将在下文的解释适用部分详细探究。

（三）合同将产生三方债务关系

由于利他合同的主体较为复杂，单纯以权利义务为叙述对象，容易混淆，所以笔者选取了法律关系的视角。另外，利他合同的效力最为重要的就是合同的第三人效力，因此在分别探讨第三人与立约人、受约人的关系时，效力的问题可以解释清楚。换言之，效力内化于内容的描述中。基于利益第三人合同将产生三边债务关系。[1]它包括了立约人（债务人）与受约人（债权人）之间形成的补偿关系、受约人与第三人之间形成的对价关系以及立约人与第三人之间形成的执行关系。

其一，立约人与受约人的补偿关系。立约人与受约人之间的法律关系，其实就是双方法律行为。他们之间经历了要约和承诺的过程，并达成合意。例如，甲向乙以100万元购买一批煤矿，约定乙产出煤矿之后，直接将其交付给丙，丙同时享有请求履行的权利。合同达成后，甲将100万元打到乙的账上。在这一协议中，三个参与人之间的法律关系大体都得到了约定。甲须向乙给付价款，乙须向丙给付货物，丙在履行期限内可以请求乙履行。丙在乙逾期不履行或不适当履行时，可以要求乙承担违约责任。因此，可以说补偿关系构成了利益第三人合同的根本基础，利益第三人合同的效力在整体上也取决于这一关系。[2]

由于补偿关系本质上就是合同关系，因此它的成立及生效应根据合同编通则或总则编关于法律行为的一般规定来确定。合同是否采取一定的形式也要根据补偿关系的内容来判断，[3]当然也以非要式为原则，以要式为例外。同时，执行关系与补偿关系之间的关系可以类推主从合同关系。主合同的约定，如债务履行期限、争议解决方式的选择、担保等，都形塑着执行关系的内容。第三人对立约人是否有独立的履行请求权也取决于补偿关系中的约定。并且依据第335条（《德国民法典》，如无特殊说明以下均同），"以不能认为合同订立人双方另有意思为限，即使第三人享有请求给付的权利，受许诺人也可以请求对该第三人有利的给付"。[4]一如前述，立约人与受约人是否可以在第三人接受前变更或者撤销权利设置也由该协议决定。如果没有相反约定，立约人对第三人可以主张其在补偿关系中对受约人的抗辩权。

---

〔1〕［德］迪尔克·罗歇尔德斯：《德国债法总论》，沈小军、张金海译，中国人民大学出版社2014年版，第379页。

〔2〕［德］迪尔克·罗歇尔德斯：《德国债法总论》，沈小军、张金海译，中国人民大学出版社2014年版，第379~380页。

〔3〕BGHZ 54, 145；Staudinger/Jagmann (2004) § 328 Rn. 52.

〔4〕陈卫佐译注：《德国民法典》，法律出版社2020年版，第138页。

其二，受约人与第三人之间的对价关系（原因关系）。原因关系，顾名思义，为债权人何以让第三人得到债务人的给付提供法律原因。[1]原因关系可以以不同的方式建构。例如，受约人可能对第三人负有法定或约定义务，具体像是在先的金钱债务或扶养义务，或者是受约人单纯地想赠与第三人某物或某权利。原因关系是执行关系（立约人给付）的原因，因此，如果原因关系不成立，则受领人可以根据不当得利法（《德国民法典》第812条及以下）向第三人请求让与给付请求权或者返还已提供的给付。[2]但是，依据通说，补偿关系独立于原因关系，当原因关系欠缺法律原因，不会对补偿关系产生影响。只有当原因关系根据当事人的意愿构成利益第三人合同的交易基础时（第313条），或者当事人使原因关系的存在成为利益第三人合同产生的条件（第158条第1款）时，情况才会不同。[3]

其三，立约人与第三人之间的执行关系。利益第三人合同的目的是实现第三人利益，最关键的是要靠执行关系，也即第三人请求或接受立约人的履行所形成的法律关系。在德国法上，对这一关系的教义学归类不是十分清楚。依通说，在第三人和债务人之间没有成立独立的合同关系。[4]但是，有观点认为，不仅第三人的债权，而且相互的保护义务也都要以此为依据，所以，债务人与第三人之间的关系可以作为"准合同"法律关系，或曰准合同信赖关系。[5]笔者以为，这一观点值得商榷。依据"直接而独立取得说"，当立约人与受约人就第三人获利达成合意时，第三人即取得合同权利。这意味着第三人的承诺被法律所拟制。从立约人与受约人的合意之中可以剥离出立约人的允诺（要约），与前述的法律拟制一道，形成了合同的形式。再辅之以立约人给付的提出，更加强化了合意的内容。立约人以其给付行为，构成了意思实现。合同的形式与实质达成一致。因此，承认执行关系为合同关系，并无不可。

---

〔1〕　［德］迪尔克·罗歇尔德斯：《德国债法总论》，沈小军、张金海译，中国人民大学出版社2014年版，第380页。

〔2〕　MünchKomm-Gottwald　§　328 Rn. 28.

〔3〕　Staudinger/Jagmann（2004）　§　328 Rn. 48.

〔4〕　MünchKomm-Gottwald　§　328 Rn. 30.

〔5〕　Bayer, Vertrag zugunsten Dritter, S. 286 ff. Staudinger/Jagmann（2004）§ 328 Rn. 30，转引自［德］迪尔克·罗歇尔德斯：《德国债法总论》，沈小军、张金海译，中国人民大学出版社2014年版，第380、381页。

第三人取得请求债务人为给付的权利，基本上为债权，原则上不可以取得物权、矿业权、知识产权等。[1]但对于动产物权的观念交付，笔者以为可以经由真正的利益第三人合同之订立而完成物权的移转。由于德国法上准合同的定性，所以债权人与第三人在给付障碍中，可以享有的权利变得模糊。但是，似乎是达成共识的是，只要在此期间债务人对第三人违反了合同义务，他就可以主张赔偿完整利益以及迟延损害。[2]但通说否定了第三人享有触及合同整体的权利，如替代给付的损害赔偿请求权以及合同解除权。因为只有立约人与受约人之间的给付才建立在相互的对价基础上，所以这一权利专属于合同当事人。例外情形是，当事人已经约定第三人的权利不可变更或撤销，此时债权人行使解除权等合同整体权利必须考虑第三人的意见。[3]《德国民法典》第 334 条进一步承认第三人与债务人处于相互性关系之中，这足以体现执行关系的（准）合同地位。

针对第三人的履行请求权，立约人可以主张补偿关系中的抗辩。[4]例如，如果基础合同中订有仲裁条款（Arbitration Clause），那么与第三人权利有关的争议必须先行仲裁。但是《德国民法典》第 334 条是任意性规范，因此抗辩权可以被当事人的合意排除，或依据合同性质得出。[5]同时，依据修正的单方行为模式，第三人权利的取得不以其接受为必要。但是，第三人的接受排除了其拒绝权的行使。权利取得的时点应该依照第 328 条第 2 款的规定来处理，应依立约人与受约人之间的合意或合同目的来确定。在有疑问时，应当认为第三人立即并终局地取得权利。[6]第 331 条规定了一项例外，即在受约人死亡后所进行的给付，推定第三人在其死亡时享有请求给付的权利，在此之前，权利属于受约人。如果第三人在受约人死亡时还未出生，则它所享

---

〔1〕 崔建远："论为第三人利益的合同"，载《吉林大学社会科学学报》2022 年第 1 期，第 157 页。

〔2〕 Larenz, Schuldrecht I, § 17 Ib.

〔3〕 王泽鉴教授直接否定了债权人与债务人的解除权，原因是第三人的权利已经确定。该观点值得注意。王泽鉴：《法律思维与民法实例：请求权基础理论体系》，中国政法大学出版社 2001 年版，第 110 页，转引自刘凯湘："民法典合同解除制度评析与完善建议"，载《清华法学》2020 年第 3 期，第 161 页。

〔4〕《日本民法典》第 539 条、《意大利民法典》第 1413 条等条文都有类似规定。

〔5〕 ［德］迪尔克·罗歇尔德斯：《德国债法总论》，沈小军、张金海译，中国人民大学出版社 2014 年版，第 381 页。

〔6〕 MünchKomm-Gottwald § 328 Rn.34，转引自［德］迪尔克·罗歇尔德斯：《德国债法总论》，沈小军、张金海译，中国人民大学出版社 2014 年版，第 382 页。

有的只是期待权。第三人、立约人均可以主张执行关系的抗辩权。这可以从该关系的（准）合同性质得出结论。

与第三人权利取得对应的一个话题是，债权人在什么条件下可以撤销（撤回）第三人的权利。依《德国民法典》第328条第2款，当满足合同条款或合同相关目的时，当事人才可以直接变更或撤销第三人权利。因此，一般来说第三人权利不可变更或撤销。依第332条，受约人可以保留单方变更第三人的权利，也可依死因行为而行使之。同时，依第331条第2款，当受约人死亡时，第三人还未出生，只有当受约人的继承人保留了撤销（撤回）的权利时，才能予以变更或废止它。因为在这种情形下，第三人特别值得保护，所以不能依据合同目的或相关情势而轻易撤回。例如在人寿保险中，投保人可以以死因处分变更第三人，但是应立即通知保险人。

（四）合同违约的救济应体现三方主体的利益均衡

因为利益第三人合同大致涉及三方当事人，所以从导致违约的主体出发，大致有债权人违约、债务人违约、第三人自身违约以及当事人之外的原因导致的违约等情形，以下逐一介绍。

（1）债权人违约。这种情形理解起来较为简单。还是以买卖煤矿的例子来说明。甲与乙订立以丙为受益第三人的合同之后，甲逾期未给付货款或只给付部分货款，此时甲属违约。乙可以视情节轻重而缩减对丙的给付或解除合同[1]并请求损害赔偿。有学者认为，债权人的违约程度要达到符合法定解除合同的条件。[2]笔者赞同该观点。第三人的权利只要部分受到影响，就可以认为利益第三人合同的合同目的无法实现。解除权人可以依《民法典》第563条第1款第4项解除合同。这时对第三人的保护是最全面的。

当债权人违约，会引起利益第三人合同一系列的变化。我们还是以三方关系来说明。就补偿关系而言，合同的不履行或不适当履行会使得债务人可以行使合同履行抗辩权。就买卖煤矿的例子而言，他的给付在债权人之后，可以行使先履行抗辩权拒绝自己的对待给付。当债权人迟延履行主要债务使得合同目的不能实现时，债务人可以解除合同，并要求损害赔偿。就执行关

---

〔1〕　在利益第三人合同中，债权人违约可导致债务人解除合同，债务人违约可导致债权人解除合同。刘凯湘："民法典合同解除制度评析与完善建议"，载《清华法学》2020年第3期，第162页。

〔2〕　参见袁正英："第三人利益合同制度研究"，武汉大学2014年博士学位论文，第127页。

系而言，因债权人违约，债务人不仅可以向其行使抗辩权，也可以向第三人主张其对债权人的抗辩权。原因很简单，乙向丙的给付就是建立在甲对乙的给付基础之上，此时的基础被动摇了，所以对第三人的给付也受到了影响。当然，第三人权利没有受到影响的部分，仍然继续有效。就原因关系而言，债权人的违约行为导致第三人权利受损，因此第三人可以要求其承担赔偿责任，但此时债权人可能面临来自债务人与第三人的双重请求，因此应当有相应的制度设计以避免债权人的赔偿额度明显超过他所造成的实际损失。若原因关系也是双务合同，则受益人作为原因关系的债权人，也可以主张双务合同的抗辩权。受约人应先履行时，第三人可主张先履行抗辩权。当第三人先履行时，第三人已经履行完毕，可以向受约人主张违约责任，如继续履行、采取补救措施、甚至损害赔偿。在诉讼地位方面，债务人起诉请求债权人给付货款，受益第三人对货款无请求权，因此债务人是原告、债权人是被告、第三人是无独立请求权第三人。

（2）债务人违约。第三人权利的实现仰赖于债务人的履行，所以它对于利益第三人来讲是至关重要的。同时，债务人违约的情形也十分常见。还是以煤矿买卖合同为例，甲向乙给付 100 万元之后，乙毁约拒绝向丙给付煤矿或者向丙给付劣质的煤矿。于此情形之下，也会产生三方关系的紊乱，具体包括：就执行关系而言，第三人可以请求债务人继续履行、采取补救措施或赔偿损失。若构成根本违约，第三人甚至可以解除合同。当然，基于第三人准合同债权人的法律地位，他是否可以行使触及合同整体的权利，似乎可以商榷。通说认为，真正的利益第三人合同中，由于债务人的违约而导致解除权发生时，应当由债权人解除合同，第三人不享有解除合同的权利（但债权人应当通知第三人）。[1] 但在债务人的给付障碍同时构成原因关系中债权人对第三人的给付障碍时，第三人可以解除原因关系之债。原因关系一经消灭，执行关系也将受其影响。这在第三人亦负有义务的场合（如受领义务、保密义务、货物质量的检验义务等），对其较为有利。同时，有学者主张第三人可

〔1〕参见王利明：《合同法研究》（第 1 卷），中国人民大学出版社 2015 年版，第 162~163 页。转引自潘重阳："论真正利益第三人合同中第三人的违约救济"，载《东方法学》2020 年第 5 期，第 154 页。陈景善、郜俊辉："利他合同之法定解除权行使规则研究"，载《社会科学研究》2020 年第 6 期，第 81 页。

以放弃权利，以脱离债之关系。[1]但这似乎与"独立而直接取得说"相悖。因为此时第三人已表明自身接受合同权利的立场，从而终局地加入合同中来。允许其随意放弃权利以逃避债务，不符合公平及诚信原则。

就补偿关系而言，因为债务人违约同时违反了他与债权人之间的约定，所以债权人可以请求其向自己承担违约责任，同时可以请求其向第三人继续履行、采取其他补救措施或赔偿损失，但是债权人的该项权利不得与第三人所享有的权利相冲突。例如，在债务人继续履行、损害赔偿均可能的情形下，第三人请求违约债务人继续履行，债权人请求其损害赔偿的，则继续履行应当优先。这合乎赋予第三人以利益的合同目的。在同样的情况下，当第三人主张损害赔偿而债权人主张继续履行时，由于主张损害赔偿等同于终结原有合同，而诸如解除权等涉及合同整体的权利应归属于债权人，因此，债权人主张继续履行应当优先。就第三人是否可以主张违约金请求权而言，补偿关系中当事人的合意是重要的。若存在这样的合意，则第三人毫无疑问地享有违约金请求权。但补偿关系中只是存在违约金条款，并未言明第三人享有该项权利时，第三人可以向债务人主张违约金请求权吗？就惩罚性违约金而言，由于其并不仅在于补偿当事人因违约而造成的损失，还在于惩罚、收益及担保职能，债权人为清偿原因关系的债务，而赋予第三人对债务人独立的履行请求权即为已足。此时的惩罚性赔偿当不为第三人所创设。[2]就赔偿性违约金而言，由于它是对债权人（或债务人）违约时利益受损的衡量，因此第三人如若接受权利授予，也应当受违约金条款的束缚。在第三人援引违约金请求权而无法获得全赔时，第三人可以基于原因关系向债权人继续要求补偿。

就对价关系而言，债务人单方的违约一般不会影响到对价关系。但是当第三人向债务人直接提起诉讼时，因债务人可以以补偿关系的抗辩权而对抗第三人的诉讼请求。因此，债权人应当以（诉讼）第三人的身份参加诉讼。当债权人解除合同时，第三人或者可以基于对价关系而请求债权人为对待给付，或者可以对债权人基于对价关系的履行请求权行使抗辩权，或者可以向

---

　　[1]　潘重阳："论真正利益第三人合同中第三人的违约救济"，载《东方法学》2020年第5期，第154~156页。

　　[2]　潘重阳："论真正利益第三人合同中第三人的违约救济"，载《东方法学》2020年第5期，第157页。石佳友、李晶晶："论真正利益第三人合同中的第三人权利"，载《湖南科技大学学报（社会科学版）》2022年第5期，第75页。

债务人请求损害赔偿。[1]

债权人应否对债务人的违约行为向第三人承担责任？以典型的人身保险合同为例，当作为债务人的保险公司违约时，受益第三人十分明显地不能向投保人或其继承人主张违约责任。因此在初步的判断上，就否定了债权人向第三人承担违约责任的提法。其次，在学理上进行分析。如前文所述，债权人与第三人之间的对价关系只是利益第三人合同发生的原因，其并不影响该合同的成立和生效。有学者进一步指出："（对价关系是）为了明确界定三方主体的法律地位，以便于明确各自的权利义务关系，并非为第三人向债权人请求违约责任提供便利。"[2]而且，即使是依据对价关系由第三人向债权人追究违约责任，也要看有无法律规定及当事人之间的约定。最后，第三人只是准债权人的地位，若直接允许第三人向债权人追究违约责任，不免加重债权人责任，既违反实质公正，又会阻止合同关系的正常运转。所以，对于该问题，应采否定说。

由于债务人违约，依《民法典》第522条第2款，债务人应当向第三人承担违约责任。第三人在诉讼中应是原告，债务人是被告。债权人无违约损害赔偿请求权，因此是无独立请求权第三人。

（3）债权人与债务人共同原因导致违约。这种情形也很常见。在买卖煤矿的例子中，甲乙本来打算让丁获得第三人权利，不料在书写合同书或者通知时错误指向了丙。这时，甲乙基于错误的意思表示授予丙以合同第三人效力，可以依据《民法典》第147条撤销其意思表示。依第155条，经撤销，合同自始无效。依据第157条，甲乙应当赔偿丙的信赖利益。同时赔偿额度应当在甲乙之间进行分配。当然，如果这种错误事由并不巨大，则可以以变更取代撤销。这时，第三人权利并不因此而消灭。但若是债务人无法实现对第三人的给付，或者债权人坚持撤销而不行使变更权，则第三人可以要求债权人与债务人赔偿损失。同时，这一变更权或撤销权的行使不会因第三人的接受而受到影响。但如果第三人一旦接受，或因之而改变自己的地位，或提起诉讼，则最终违约责任的计算要考虑到第三人因之而加深的合理信赖，作

---

[1] 参见刘凯湘："民法典合同解除制度评析与完善建议"，载《清华法学》2020年第3期，第162页。

[2] 袁正英："第三人利益合同制度研究"，武汉大学2014年博士学位论文，第132页。

为扩大损害赔偿额的依据。在债权人与债务人共同违约的情形下，他们双方对于第三人所原有的抗辩权可以继续行使，只是在解除合同的情形之下，相应的合同抗辩权消灭。

当债权人或债务人违约时，第三人如何提起诉讼？这是程序法上的问题，却关系到第三人权利的实现，因此也十分重要。司法解释对第三人的定位无疑是令人担忧的。《关于适用〈中华人民共和国合同法〉若干问题的解释（二）》第16条规定："人民法院根据具体案情可以将合同法第六十四条、第六十五条规定的第三人列为无独立请求权的第三人，但不得依职权将其列为该合同诉讼案件的被告或者有独立请求权的第三人。"〔1〕因此，合同第三人在诉讼中是无独立请求权第三人。司法解释出台时，给出的理由是："尽管合同具有涉他因素，但是，第三人毕竟不是合同规定的当事人，其与合同当事人双方的地位是有区别的。所以，第三人不能以当事人身份出现。但是，第三人毕竟也不同于债务履行辅助人，如果仅是债务履行辅助人，则只能作为证人，不应当作为无独立请求权的第三人。"〔2〕综合来看，司法解释实际上采取了相对保守的立场。这在《合同法》第64条不承认第三人独立权利的背景下，是可行的。但是在《民法典》及本书承认第三人独立履行请求权的理论中，是站不住脚的。因此，尽管在债权人或债务人提起的诉讼中，第三人是无独立请求权的第三人的地位，但由于没有处理他自己的诉及诉讼请求，因此他可以嗣后独立提起诉讼。〔3〕此时，第三人是原告，债权人与债务人是共同被告。

（4）因不可归责于当事人的原因而导致的违约。这主要集中于不可抗力、情势变更以及案外人的原因所导致的违约。不可抗力容易理解。当事人不能预见、不能避免、不能克服的客观事实都属之。在买卖煤矿的例子中，乙的煤矿厂发生矿难，煤矿无法按时产出即是其例。而情势变更，如煤矿出现全行业的产能过剩、需要精简产能。案外人的原因，如债务人安排丁运输煤矿的过程中，出现交通事故，车毁人亡，无法按时交货的情况。这些事由都是容易出现的，但相应的应对方式不同。若是不可抗力导致的违约，则第三人权利自行终止，已经给付的不能收回，还未给付的停止给付，当事人之间互

〔1〕　值得注意的是，根据法释〔2020〕16号，法释〔2009〕5号已废止。第三人的诉讼地位便更值得探讨。

〔2〕　参见王利明：《合同法研究》（第1卷），中国人民大学出版社2015年版，第164页。

〔3〕　王利明：《合同法研究》（第1卷），中国人民大学出版社2015年版，第164页。

不承担法律责任。[1]若是情势变更，应依《民法典》第 533 条，债务人与第三人先行协商。在合理期限内协商不成的，可以请求人民法院或者仲裁机构变更或者解除合同。例如，政府削减产能，导致供货紧张，则可以延展履行期限或者提高煤矿价格以弥补工时。若是案外人的原因，则还是依据合同相对性的原理，由卖家乙承担责任。乙进行赔偿之后，可以向丁追偿。需要注意的是，种种情况的发生若不足以动摇合同的根基，导致根本违约的出现，则当事人不能行使解除权，而只能就未受清偿的部分要求继续履行、采取补救措施或赔偿损失。

就诉讼地位来看，若纠纷属于削减产能等情势变更的情形，债务人是原告或者是仲裁申请人，可请求人民法院或仲裁机构变更或解除合同。第三人自然是被告或被申请人。由于债权人可以请求债务人向第三人履行，他的请求权在此时亦受到影响。因此，债权人为有独立请求权第三人。若纠纷属于案外人的原因导致的违约，债权人与第三人的诉讼请求一致，均是请求债务人向第三人履行。因此，债权人与第三人为共同原告，债务人为被告。

（5）第三人违约。针对这一情形存在疑问的是，第三人可否违约？违约是指义务的违反。因此，问题的关键就在于第三人在享有权利之余，是否还负有义务。按照前文对于"不得强迫他人得利"的分析，利益第三人合同在授予第三人以权利时，也不可避免地给予其义务。依有关学者的考证，随着执行关系的确立，第三人应承担对债务人的附随或照顾义务，其内容与具体的合同类型有关。无论是真正利益第三人合同还是不真正利益第三人合同，第三人不受领债务人的给付将陷于受领迟延。由此（第三人）可能依第 304 条（《德国民法典》条文，笔者注，下同）对因提出给付无结果以及继续保管和保存标的物而增加的费用承担赔偿责任。[2]第三人还可能承担第 546 条第 1 款（承租人返还义务）或第 604 条第 1 款（借用人返还义务）。在返还不能或迟延返还时，还可能发生第 283 条以及第 287 条规定范围内的损害赔偿责任。[3]甚至在对价关系中，第三人无偿获利的性质将被削弱。受约人获得对第三人的对待给付请求权、第 683 条第 1 句的无因管理人费用返还请求权、第 670

---

〔1〕 参见袁正英："第三人利益合同制度研究"，武汉大学 2014 年博士学位论文，第 128 页。

〔2〕 张家勇："为第三人利益合同的意志论基础"，载《清华法学》2008 年第 3 期，第 103 页。

〔3〕 张家勇："为第三人利益合同的意志论基础"，载《清华法学》2008 年第 3 期，第 103 页。

条（受托人必要费用返还请求权）的费用偿还请求权，或第 684 条第 1 句的不适法无因管理情形的不当得利返还请求权。[1]依据修正的单方行为模式，第三人权利的取得不需要其表示接受，但是若其表示认可或接受的，债权人与债务人更加加深了其受领给付的信赖，第三人违反受领义务的法律后果将进一步扩大。他也有可能辜负债权人与债务人的信任，转让利益给别人。综合以上的分析，第三人享有类似债权人的地位，他也对利益第三人合同负有义务，也可能成为自身权利无法获得的违约主体。

其次，第三人如何承担违约责任？这里存在一个非常严重的问题。债务人可以向债权人提出请求，要求债权人承担第三人的违约责任吗？还是以煤矿买卖合同为例，第三人丙没有及时受领煤矿，导致乙承担了一定的仓储费用。这部分费用乙可依留置权的抗辩，要求丙在提货时补交。但是，乙可否要求甲补交？应采肯定说，此时产生的多余费用，也是甲乙之间的合同目的所应当包含的。若第三人的违约达到根本违约的程度，则债务人可以解除合同，并要求债权人或第三人赔偿损失。只是第三人所承担的损失应当是有限的，即不得超过其在利益第三人合同中所享有的利益，这样才不会违背这一合同类型的宗旨。债务人是否可以预先扣除其所遭受的损失而为给付？这应当是法院裁判之后，他才享有的权利。在第三人违约成否未定时，债务人应完全给付或在行使留置权的情形下暂停给付。

综上所述，第三人违约时，债务人是否有权要求债权人或第三人承担违约责任？首先，债务人可以要求第三人承担违约责任。前文已经分析，第三人处于准债权人的地位，他在执行关系中可能会受领迟延，也可能违约。因此，债务人可以向其追究准合同法律关系的违约责任。同时，传统大陆法系都支持第三人基于执行关系对债务人的抗辩权，这也从一个侧面说明了债务人对于第三人的违约损害赔偿请求权。其次，债务人可以要求债权人承担违约责任。受益第三人的产生在很大程度上是基于债权人的指定，执行关系的出现也是以补偿关系为基础。因此，在第三人违约的情形下，债务人可以向自己真正的合同相对方要求承担违约责任。同时第三人如果已经部分履行，债务人在要求债权人赔偿时应该予以扣减，以避免债务人的不当得利和债权人的损失。对此，有学者总结："对于第三人的违约，债务人享有向债权人或

---

[1]　张家勇："为第三人利益合同的意志论基础"，载《清华法学》2008 年第 3 期，第 104 页。

者第三人要求承担违约责任的选择权，其中，向第三人主张违约责任时，须以向第三人继续履行给付义务为前提条件。"[1]《关于适用〈中华人民共和国民法典〉合同编通则部分的解释（征求意见稿）》（以下简称《征求意见稿》）第 30 条第 2 款有说明，便不再赘述。此时的诉讼地位为，债务人为原告，债权人与第三人为共同被告。

二、真正利益第三人合同的解释适用

在接下来的各节里，笔者会从基础理论出发，探讨《民法典》利益第三人合同条文中的模糊、遗漏之处，进行法律解释或法律漏洞的填补，以裨益法律适用。须注意的是，虽在《民法典》中，真正利益第三人合同的条文在不真正利益第三人合同之后，但是其规范构造较为复杂，可以先行探讨。在之后的不真正利益第三人合同中，当本节的设计可以适用时，笔者将不再涉及或仅一笔带过。特此说明，以下展开论述。

（一）利他合同涉及合同履行

这个问题涉及利他合同安置于何处。如果认定其为效力问题，则应安放在《民法典》合同编通则的第三章，反之则为第四章。针对这一问题，学界众说纷纭。如有学者干脆在"合同的第三人效力"的标题下探讨利他合同问题。[2]笔者在前文的探讨中，也认为执行关系或第三人权利是利他合同区别于一般合同的最为重要的特征。因此，说利他合同问题主要是合同效力问题，有其合理之处。而《合同法》将其设定在合同履行的部分，恐怕是受到了立法者以简单型利益第三人合同为蓝本设计利他合同的思维局限的影响。他们误以为向第三人给付的合同只是涉及受领人的变化和给付过程的缩减。这一点在不承认赋权型利益第三人合同时，或许还有一定道理。但是在《民法典》第 522 条第 2 款明确承认其地位的大背景下，再将其仅认定为合同履行问题，恐怕难谓妥当。从三方法律关系来看，履行的语义大致等同于执行关系，这样就不当限缩了讨论范围。因此，有学者建议，可行的立法选择有两种：一

---

〔1〕 袁正英："第三人利益合同制度研究"，武汉大学 2014 年博士学位论文，第 133 页。

〔2〕 仇晓洁："论合同的第三人效力"，中国政法大学 2011 年博士学位论文，第 1 页。吴文嫔也持"效力说"，认为将第三人利益合同规定在合同履行一章，混同了经由指令而为给付与第三人利益合同，不利于第三人的保护。吴文嫔：《第三人利益合同原理与制度论》，法律出版社 2009 年版，第 323 页。

是，若赋权型为第三人利益的合同的法条设计较为细密，则可以在合同编通则部分单列一章罗列其规则。[1]二是，若法条设计较为稀疏，像《民法典》只用了一个条文并分两款解决问题，则可以只将其安插在第三章"合同的效力"中。[2]但笔者以为，利他合同的最终目的还是实现债务人对第三人的给付，即效力最终的落脚点在履行上，因此利他合同主要是履行规则。这也符合体系解释的方法，毕竟第522条位于第四章"合同的履行"中。

（二）受约人可请求立约人向第三人履行

该观点跨越了补偿关系与执行关系，因此不太容易被证实。还是以人身保险合同为例，甲在乙保险公司为自己投保了人身保险合同，并以配偶丙为受益人。当甲受到意外伤害时，可以要求乙向丙支付赔偿金。相应的法律依据包括《保险法》第40条第2款："受益人为数人的，被保险人或者投保人可以确定受益顺序和受益份额；未确定受益份额的，受益人按照相等份额享有受益权。"第41条中也有规定，"被保险人或者投保人可以变更受益人并书面通知保险人"。虽然法条没有明说投保人可以请求保险人向受益人赔付，但是综合这两个条文来看，投保人可以在保险合同中确定受益顺序和受益份额以及变更受益人。他具有很大的话语权。"举重以明轻"，在发生理赔事由之后，投保人当然可以请求保险人对受益人进行赔偿。同时，结合受约人与立约人订立补偿关系的意图，受约人向立约人支付对价，就是为了立约人向第三人给付，因此在立约人不履行时，受约人可以请求其向第三人履行，这才符合双务合同之合同目的。《德国民法典》第335条、英国《1999年合同（第三人权利）法案》（Contracts（Rights of Third Parties）Act 1999）第1条第7款[3]、《瑞士债法典》第112条第1款[4]也有类似规定。在我国《民法典》中，这一点未能明确，形成法律漏洞，应当通过目的性扩张来填补。

---

〔1〕 有学者发现，《德国民法典》《意大利民法典》《埃塞俄比亚民法典》、美国《第二次合同法重述》《加拿大魁北克民法典》都是如此，"民国民律草案"亦同。张家勇：《为第三人利益的合同的制度构造》，法律出版社2007年版，第368页。

〔2〕 《法国民法典》《瑞士债务法》《欧洲合同法原则》《日本民法典》《韩国民法典》《阿尔及利亚民法典》以及《大清民律草案》都是如此。张家勇：《为第三人利益的合同的制度构造》，法律出版社2007年版，第368页。

〔3〕 (7) In this Act, in relation to a term of a contract which is enforceable by a third party——…… "the promisee" means the party to the contract by whom the term is enforceable against the promisor.

〔4〕 "以自己名义为第三人利益设定债权的人，可以为第三人利益要求履行合同。"

（三）立约人可主张与第三人之间执行关系的抗辩

立约人对第三人的抗辩权在前文已有所提及。以买卖煤矿的例子来看，丙可能因为受领迟延，而须承担货物的仓储费用、提存的保管费用，甚至立约人有机会享有留置抗辩权。另外，由于第三人享有的是债权请求权，因此可能会受到诉讼时效的影响。当然，债权人以及第三人的提出请求、起诉或申请仲裁，都可以起到中断诉讼时效的效果。另外，从理论上讲，执行关系也是一类（准）合同关系，甚至第 522 条第 2 款也表明"第三人可以请求债务人承担违约责任"，因此立约人作为债务人，也享有类似双务合同的抗辩权。在第522 条第 2 款中，立法者仅规定"债务人可以向第三人主张其对债权人的抗辩"，但忽略了债务人对第三人的抗辩，可能的原因是立法者认为债务人与第三人之间本就存在执行关系，该条款也承认执行关系是一种合同关系，所以债务人当然存在执行关系的抗辩，即使不规定也没有太大的问题。确实，这样的抗辩不规定亦可，写明则显得逻辑更加周延、完整，让司法者知晓立约人所享有的两个方向上的抗辩权。这也十分有利于衡平立约人相对弱化的合同地位。

（四）第三人可以在合同成立时不存在和不确定

《民法典》没有只言片语提及此情形。[1]但实际上，它在实务中是大量存在的。一是，在海上货物运输合同中，运用提单接收货物的情形，会使得第三人在运输合同签订时，不那么确定。提单分三种：不记名提单、记名提单、"凭交货人指定"提单。其中，除了记名提单以外，其他提单都不具有确定性。采取这样的交易形式，是为了在货物在途时方便转卖。承运人只知道自己将运输货物至某港口，而不知道是谁来取货，所谓"见单即付"。二是，在票据的流通中，第三人也不确定。出票人、前手以及后手之间形成了一个类似利益第三人合同的法律关系。当前手背书转让票据之后，他并不能脱离票据关系而"独善其身"。因此，相对于第一个前手以及出票人而言，后手及间接后手都是不确定的。这主要是由于票据具有流通性，在兑付日来临之前，可以有多个后手。这里的后手就处于第三人的地位（注意，这不是债权让与，因为所有的前手都脱不了干系）。三是，总括性人身保险合同。例如，政府出

---

〔1〕值得注意的是，有学者提出了反证。"合伙企业的合伙人为成立合伙企业而订立的合伙合同、公司发起人为成立公司而订立的发起协议，未来的合伙企业和公司实际上就是'未来的利益第三人'。"李永军："《民法典》涉他合同中第三人利益的实现途径"，载《苏州大学学报（法学版）》2021 年第 1 期，第 23、25 页。

资给防疫一线人员、基层网格员、医务工作者购买团体保险，这时被保险人的身份还没有确定。只有当这个抗疫团体中的人员确诊新冠肺炎之后，被保险人（第三人）才能够被确定下来。通过这三个例子，我们就可以看出，实务当中确实有这样的制度需求。立约人只要知道自己履行的对象不是受约人即为已足。同时，前文已经提及，在德国法上存在胎儿作为第三人的情形（第331条第2款）以及以死因处分变更第三人的规定（第332条），《欧洲合同法原则》第6：110条第1款亦言明：“第三人无须于达成该协议时既已特定。”美国法也有类似规定。[1]这从比较法上佐证了笔者的观点，符合比较法解释方法。但随即而来的问题是，如何终局确定第三人的身份。这当然可以从交易习惯中推知，如在海上货物运输合同中，谁持有提单谁就是第三人。也可以依事理而推知，如第三人是胎儿的情形，当它出生是活体时即可确定。还可以依据法律规定或当事人的约定，如票据法上承兑日期来临时的持票人、死因处分时受约人的指定。

（五）第三人取得利益可以附条件

法律行为可以附条件，利益第三人合同也不例外。如果仅是一般的条件，如自然事件——今天不下雨或者第三人成年时，这与普通的合同无异。但如果是涉及第三人自身要承担一定的义务，则可能使得事态复杂化。无论是修正的单方行为模式还是“直接而独立取得说”都是建立在第三人纯获利或者大体上获利的前提下。若是第三人取得权利要以一定的负担为必要条件，则可能动摇“一般人都会接受利好”的理论根基。例如，在煤矿买卖合同的例子中，甲向乙支付100万元以购买乙一批煤矿，并约定交付于丙。同时附加了一个条件，丙必须以市价购买甲一批设备。在本案中，三方的法律关系已经是连环买卖，而不是利益第三人合同了。它的成立，必须以丙对相关交易条件表示认可和接受。因此，第三人取得利益可以附条件，如人身保险合同中，受益人取得保险金赔付请求权必须以被保险人死亡或伤病为条件。但是，

---

〔1〕　It is not necessary that the beneficiary be named and identified as an individual; a third party may enforce a contract if he can show he is a member of a class for whose benefit it was made. In public liability and property damage insurance, it is held that a person injured may sue on a contract for the benefit of all members of the public who are so injured since the happening of the injury sufficiently determines his identity and right of action. See Johnson v. Holmes Tuttle Lincoln - Mercury, Inc. 160 Cal. App. 2d 290, 325 P. 2d 193. Ian Ayres, Richard E. Speidel, *Studies in Contract Law* 1175 (7th ed., Thomson/Foundation Press 2008).

当这种条件已经成为一种与所获利益无关或者不相称的负担时，要以合意模式，即第三人的接受为条件。当然，此时的利益第三人合同已经不是纯粹的利他合同了，毋宁说这是一种连环买卖或连环交易。

（六）第三人享有拒绝权

前文已经提及，修正的单方行为模式区别于单方行为模式及合意模式最为重要之处在于第三人拒绝权的设计。它克服了合意模式所要求的第三人的接受所导致的烦琐，又避免了单方行为模式下第三人权利取得没有任何要求所导致的滥用。这样的衡平手段，需要极为精细的法条予以设计。比较遗憾的是，《民法典》只是简单地规定"第三人未在合理期限内明确拒绝"，对拒绝权一笔带过。在下文，笔者将解释其制度内涵。

第一，拒绝权的效力和性质。拒绝权的设计，应当体现当事人，特别是第三人的意志。它要使得第三人能有效避免强迫得利。因此，拒绝权的行使应不同于抛弃，必须具有向前的效力。它能够溯及既往地阻止他人做出的法律行为对第三人的法律领域产生效果，就如同从来没有发生过一般。[1]拒绝权基于第三人单方的意思表示，就能产生对己不生效力的效果，因此属于形成权。既然是形成权，则应当有一定的期限限制（即除斥期间，《民法典》使用了"合理期限"的字眼），以消灭这种成否未定的状态。基于一般理论，拒绝权的行使不得附条件或期限，以避免这种不确定状态的加剧。既然是一项权利，第三人也可以放弃，如除斥期间届满而不行使拒绝权，或者是以明示或默示的方式表示接受立约人的给付。

第二，拒绝权的行使方式和行使时间。行使方式解决从何种外部表示可以推测出第三人的内心意思的问题。根据学界的归纳总结，它存在强化模式与弱化模式两种方式。所谓的强化模式是指，通过各种方法来赋予第三人实现其拒绝权的最大机会。这就意味着不仅可以明示拒绝，也可以通过行为默示拒绝，同时要式与非要式皆可。而所谓的弱化模式，则是指针对拒绝权的行使设立一定的要求，以确保受益第三人行使拒绝权的意图的明确和慎重。[2]应该说，无论是强化还是弱化，只要是能够反映第三人的真实意思，

---

〔1〕 薛军："论利他法律行为涉他效力的制度建构"，载《北大法律评论》2011年第2期，第610页。

〔2〕 参见薛军："论利他法律行为涉他效力的制度建构"，载《北大法律评论》2011年第2期，第610页。

都是可行的，但就怕第三人意思摇摆不定或无法被证明。因此，有学者认为，应当采取弱化模式，使第三人对自己的财产领域能够慎重行事。但是，笔者以为，利益第三人合同已经赋予了立约人与受约人极大的自由，这种自由在修正的单方行为模式之下，甚至可以在第三人不知情的情况下，授予其权利。若此时还要求拒绝权的行使采取一定的形式，则有忽视第三人意志自由之嫌。因此，推定第三人的拒绝意思也是可行的，但前提是有种种迹象表明第三人的这一意思。在行使时间方面，既然拒绝权针对涉他法律行为，那么它的行使应当等到立约人与受约人形成合意，并向第三人作出意思表示之后。此时这一意图成立且生效。所以，拒绝权的行使只能发生在授权意思生效之后。[1]至于拒绝权行使的期间，《民法典》使用的是"合理期限"的字眼。基于不同的合同类型，如合同标的巨大或是履行期限较长时，法律应赋予第三人较长的考虑时间。因此，笔者认为这样的规定十分可行。

第三，拒绝权的行使不受利益相关人的干预。利益第三人合同可以赋予第三人以利益，从而实现其财产上的增量。而拒绝权的行使，使得第三人权利溯及既往地归于消灭，因此会导致第三人对于自己的债权人的责任财产不当减少，而有损债权人利益。那么，债权人可否依《民法典》第538条"债权人的撤销权"之规定，请求人民法院撤销第三人的拒绝行为呢？笔者持否定见解。但其理由并不如有关学者所说的那样——有无利他法律行为对第三人没有影响。[2]而是拒绝权的行使是当事人自由意志的结果，体现了强化模式对"强迫得利"疑虑的消解。在一般的赠与合同中，受赠人尚须表示接受。只有在接受之后，再行放弃，这才能被撤销。换句话说，此时受赠人已经终局地获得了相应权利。但是，在利益第三人合同的场合，依据独立而直接取得说，第三人直接获得权利，这时附加的拒绝权只是添加了权利消散的一丝负面可能。两相比较而言，一是为了维护第三人的自由意志，二是为了避免在债权成否未定时就越界"撤销"，拒绝权的行使应该不受相关人特别是第三人的债权人的干预。

（七）在第三人利益确定前立约人与受约人享有变更权和撤销权

前文在介绍美国法时，笔者已经提及了立约人与受约人的变更权与撤销权。

---

〔1〕　参见李和平："论民法对单方法律行为的控制"，载《法学杂志》2012年第8期，第53页。

〔2〕　薛军："论利他法律行为涉他效力的制度建构"，载《北大法律评论》2011年第2期，第611页。

其实，大陆法系国家或地区也有这种设计。它们一般认可立约人在受益第三人表示附合于有利于自己的约定之前，可以撤回对第三人有利的约定。[1]一般认为，虽然学说上采取独立而直接取得说，但是利他合同的法律效果在第三人表示接受（或拒绝）之前都是不确定的，可以由当事人行使撤销权加以否定。[2]这里要对撤回权与撤销权作明确的区分。前者是针对意思表示发出但还没有到达（生效）的情形，而后者是针对已经生效的意思表示。明确这一点之后，我们就会发现，使用"撤回"是不对的。它明显带有合意模式的残余，因为撤回权还是建立在把受益人的接受作为利益第三人合同生效的要件的背景之下，如果第三人没有明确表示接受，则涉他效力还没有产生，自然是用撤回较合适。但是在笔者已经详细论证修正的单方行为模式的合理性之后，再使用撤回就不恰当。与之相对，撤销则是可以的，它的产生事由包括意思表示的瑕疵以及当事人的事先约定。

依据当然解释，撤销可以，"举重以明轻"，变更权的行使也是可以的。但是，当权利人在行使变更权或撤销权时，要赔偿第三人的信赖利益。这一点，美国法的规定值得借鉴。美国《第二次合同法重述》第 311 条第 3 款规定："撤销或变更的权利消灭，当受益人在收到撤销或变更的通知之前，已经基于合理信赖而实质性地改变了他的地位，或者是已经就立约人的允诺提起诉讼，或者在立约人或受约人的要求下已经明确接受了该允诺。"该规定强化了第三人的信赖保护。但我国法律在赋予立约人和受约人行使变更权与撤销权相当大的自由之外，再给予第三人信赖利益的赔偿请求权，已经很好地平衡了三者之间的利益。所以没有必要在造成第三人信赖的情形下，阻却变更权与撤销权的行使。值得一提的是，为了鼓励交易和保护交易安全，在当事人行使变更权可以达成目标时，应当仅能行使变更权，而尽量保证利益第三人合同在整体上有效。最后，由于变更权、撤销权与前文提及的拒绝权一样，

---

〔1〕 如《意大利民法典》第 1411 条第 2 款。薛军："论利他法律行为涉他效力的制度建构"，载《北大法律评论》2011 年第 2 期，第 613 页。

〔2〕 利益第三人合同的缔结及撤销较为复杂，笔者拟就各个缔约阶段详细说明：立约人与受约人达成第三人权利的约款后，基于修正的单方行为说，第三人即获得了合同权利。此时，第三人可能对此约款不知情。立约人与受约人可以撤销或变更第三人权利。第三人可能对此约款知情。知情后，一般而言，他会有两种选择——接受或拒绝。若是接受，第三人权利终局确定，立约人与受约人再无变更或撤销的权利。若是拒绝，第三人权利终局消灭，也无所谓变更及撤销的行使。Stanfield v. W. C. McBride, Inc., 149 Kan. 567, 88 P. 2d 1002, 1005-06 (1939).

都是形成权，所以它们应该受到除斥期间的限制。《民法典》使用的"合理期间"具有一定弹性，可以赋予法官较大的自由裁量权，放在这里也十分合适。

解除与变更、撤销等很是接近，都是一项形成权。但解除权的行使会有两项限制：一是，行使解除权会使得合同关系归于消灭，从而影响第三人获得或将要获得的权益；二是，债权人要受到原因关系的束缚，债权人行使权利应征询第三人的意见，否则三方关系消除即会退回原因关系的对待给付。[1]但是，第三人的权利毕竟从属于补偿关系，不容许第三人解除主合同以脱身是不合理的。另外，在合同解除后，第三人的权利也有其他的救济手段，如信赖利益的损害赔偿、原因关系的对待给付等。因此，实际上也有一些措施来保障第三人的权利。总之，变更、撤销、解除等形成权，都属于债权人可以行使的范围。

还需注意，在第三人表示接受权利后，当事人仍可以在征得他的同意下撤销或变更第三人权利。但在第三人下落不明或有精神缺陷时，法院或仲裁机构可以根据合同当事人的请求免去此项同意。[2]司法机关免去第三人同意的，可以附加其认为适当的条件，包括要求合同当事人向第三人支付赔偿金。[3]但是，依据《征求意见稿》第30条第1款的规定，除法律另有规定外，第三人主张行使撤销权、解除权等触及合同根本的整体性民事权利的，人民法院不予支持。可能的理由包括：撤销权有特定的权利主体，现有制度已提供救济，第三人可能判断失误。[4]

（八）第三人不能主张违约定金

《民法典》第586条第1款规定，"当事人可以约定一方向对方给付定金作为债权的担保"。实践中，一般是受约人给予立约人定金作为立约人向第三人履行债务的担保。例如，在买卖煤矿的例子中，甲向乙给付10万元，以担保乙向丙交付一定数量的煤矿。问题是，当乙违约时，丙是否可以要求乙赔偿双倍定金，即20万元？笔者以为，丙无权依《民法典》第587条要求乙返

---

〔1〕　石佳友、李晶晶："论真正利益第三人合同中的第三人权利"，载《湖南科技大学学报（社会科学版）》2022年第5期，第74页。

〔2〕　See Contracts（Rights of Third Parties）Act 1999, Section 2,（4）.

〔3〕　See Contracts（Rights of Third Parties）Act 1999, Section 2,（6）.

〔4〕　石佳友、李晶晶："论真正利益第三人合同中的第三人权利"，载《湖南科技大学学报（社会科学版）》2022年第5期，第78页。

还双倍定金。理由是两点：一是，定金合同作为担保合同依附于主合同（即补偿关系）而存在，与执行关系的联系并不强。况且定金合同是实践合同，"定金合同自实际交付定金时成立。"而在利益第三人合同中，交付定金的往往是受约人，只有将受领双倍定金的主体定为受约人才符合定金合同的从属地位及交易习惯。二是，违约定金具有保证债务人向第三人履行的客观目的及一定的惩罚性功能，而这些意义都不是执行关系所能涵盖的。况且依据前文的分析，利益第三人合同中第三人的地位绝不能等同或优于债权人的地位，否则将与债权让与相混淆。当承认第三人可以主张定金罚则时，他实质上等同于债权人的地位。因此，第三人不能主张违约定金。

三、不真正利益第三人合同的理解适用

上文探讨真正的利益第三人合同之后，接下来的不真正型就轻松许多。因为它有很多地方可以套用前文的观点。如该类合同的成立和生效、拒绝权、撤销与变更等。以下仅就两类合同之间的差异作详细说明。

（一）第三人无独立请求权而有受领权

简单型为第三人利益合同，又叫给付缩减、经指示而为交付，是指立约人与受约人约定，由立约人直接向第三人为交付，第三人获得履行受领权的合同。还是以煤矿买卖合同为例，甲向乙以 100 万元价款购买一批煤矿。同时，双方约定，待矿石产出之后，由乙向甲的控股子公司丙为给付。当然，甲与丙之间的营业场所不同。那么，在本案之中，乙须向丙给付这批煤矿，同时一旦丙接受（当然不以接受为必要），他就有义务受领给付，不然须承担迟延受领的违约责任。关键的不同在于本案中的丙无独立的履行请求权。乙可以自发地在履行期限到来时，向丙为给付。甲也可以在乙怠于给付时，请求其为一定给付。但是，丙不能直接请求乙交付这批煤矿。如果是代理或债权让与的情形，则另当别论。但总之，丙不能享有自身的独立履行请求权。这就是简单型为第三人利益的合同。由此向前作进一步的推论。正是由于第三人丙只有受领权，没有请求权，因此该权利不会受到诉讼时效的限制，可以在任何时间内行使。

同时，它的衍生权利，如违约损害赔偿请求权，第三人丙也不享有。这一点在《民法典》第 522 条第 1 款"应当向债权人承担违约责任"中，已经有所体现。其原因在于，第三人以自己的名义，为了债权人的利益来受领履

行，第三人对履行不具有自己独立的法律利益，履行之中所包含的法律利益，仍是债权人的利益。[1]受领履行的第三人所获得的只是一种纯粹事实性质的经济利益，[2]故债务人不履行或者履行债务不符合合同约定的，应当向债权人承担违约责任。

因此，综合来看，简单型为第三人利益的合同中第三人的权利地位弱于赋权型利益第三人合同。债权人和债务人之间甚至可以随时就债务履行的对象进行变更，第三人无干涉的权利。第三人可以拒绝受领，此时构成债务人给付障碍。他可以转而向债权人为给付。当债权人无法被联系或拒绝接受时，债务人可以通过提存的方式终止债权债务关系。[3]顺便值得一提的是，该合同类型虽然可以叫作经指示而为交付，但是它与《民法典》第227条上的指示交付有很明显的区别：一是，利益第三人合同无论是简单型还是赋权型都是三方关系，并不是债权人将动产的给付请求权让与给第三人。换句话说，原因关系并不是一种现实的交易关系，真正的交易是由执行关系达成的。二是，指示交付中负有交付义务的人（债权人）可以通过转让请求第三人（债务人）返还原物的权利代替交付。也即是说一旦达成让与合同并通知第三人（债务人），动产的所有权即转移了。但这与利益第三人请求权或受领权的设置并不相符。因此，不能混淆二者。

（二）准用真正利益第三人合同

既然简单型与赋权型利益第三人合同的区别只有这么一点，那么在差异之外的其他情形，前者都可以准用后者。在这样的立法简化技术之上，我们需要做的就是合理地认定立约人与受约人之间的约定到底是简单型为第三人利益的合同，还是赋权型为第三人利益的合同。关于这一点，德国法可以给我们以镜鉴。其第328条第2款规定："无特别规定时，必须由情事，特别是由合同目的推知。"因此，判断依据包括：合同约定、交易环境、合同目的。当然，有些情形是法定的，须稍加注意。如前文提到的，人身保险合同、海

---

〔1〕 最高人民法院民法典贯彻实施工作领导小组主编：《中华人民共和国民法典合同编理解与适用》，人民法院出版社2020年版，第414页。

〔2〕 参见薛军："'不真正利他合同'研究——以《合同法》第64条为中心而展开"，载《政治与法律》2008年第5期。

〔3〕 最高人民法院民法典贯彻实施工作领导小组主编：《中华人民共和国民法典合同编理解与适用》，人民法院出版社2020年版，第414页。

上货物运输合同等，都是赋权型为第三人利益的合同。

四、为第三人利益合同的当代新发展

(一) 意外受益人开始出现

意外受益人的权益并非基于当事人的意思而产生，而是基于合同的履行或国家政策性的考虑使其因合同的履行受益。[1]意外受益人与意图受益人（简单型与赋权型）最主要的区别就在于其利益是否由当事人授予。其较常见的领域为：系列合同与公益合同。举例而言，A 将建造一栋大厦的工程分包给 B、C 二人，并约定由 B 于 8 月前完成主体建造，由 C 于 12 月前完成装饰装修。若 B 无法按时完成工程，则 C 也将违约。依美国法之规定，C 可依据 A、B 之间的合同而向 B 主张损害赔偿（如停工、窝工的责任）。此时，C 就是意外受益人。除了建设工程施工合同以外，系列买卖合同也可存在受益第三人。如制造商 A 将货物出售于 B，B 将同一标的物转售于 C，C 再将其出租于 D，则 D 可以越过 C 而直接追索 A 与 B。这即是法国法合同群中第三人享有的"附带权利"。[2]公益合同的意外受益人主要出现在美国法中。如政府为建筑业主提供担保贷款，但条件是其租金不得高于一定数额。合同虽然具有使公众受益的意图，但是没有具体指明谁才是受益人。因此，被收取高价房租的租客可以基于政府与物业所有人之间的贷款合同而向后者追究合同责任。[3]这两类意外受益人的出现多是立法者或司法者出于维护社会公共利益的需要而创立，因为这些不特定第三人体现的是公正、效率等价值。但在美国法上出现了许多第三人权利不明的争议案件，使得意外受益人的存在受到质疑。以下仅举出一些实例，供读者参考。

案例一，一群鸟儿在飞机场旁的垃圾站上空盘旋。这群鸟儿钻进一架喷气式飞机的引擎，导致其失事了。当地县政府早就与联邦航管局签订协议，保证机场四周不得兴建建筑而影响飞机的起飞和降落。那么，因飞机失事而

---

〔1〕 吴文嫔：《第三人利益合同原理与制度论》，法律出版社 2009 年版，第 308 页。

〔2〕 See Barry Nicholas, *French Law of Contract* 172–173 (Butterworth 1982). 转引自吴文嫔：《第三人利益合同原理与制度论》，法律出版社 2009 年版，第 309 页。

〔3〕 Eg. Zigas v. Superior Court, 120 Cal. App. 3d 827, 174 Cal. Rptr. 806. Shell v. Schmidt (1954) 126 Cal. App. 2d 279.

受伤的乘客可否成为这一协议的受益第三人？[1]

案例二，作为工会成员的客车司机举行罢工。这不仅违反了工会与州政府之间签订的集体协议，而且还导致了节假日期间正常的运送服务受阻。因游客锐减而遭受亏损的景区经营者可否主张其为集体合同的受益第三人？[2]

案例三，开发商为了在当地取得一块地皮，而与县政府签订协议，保证改进附近的道路。不料，开发商并未信守诺言。那么，当地居民能够作为开发商与县政府之间契约的利益第三人而提起诉讼吗？[3]

案例四，市政府与一家公司签订了一项停车线养护合同（maintenance of parking meters）。该合同明确了工人的最低工资及工作环境。那么，并未获得相应待遇的公司员工可否主张自己是前述合同的受益第三人？[4]

案例五，奖学金基金会与医学院学生签订一项契约，规定如果该学生在毕业后就到某特定地区执业，则他可以享受每月200美金的补助。那么当该学生不遵守诺言时，特定地区的居民能否主张其为前述契约的利益第三人？[5]

案例六，市政府与有线电视公司签订了一项特许经营权合同，并规定了相应的费率。那么当地的订购居民可否以该公司收费过高为由，主张自己是特许经营权合同的利益第三人？[6]

案例七，土地的所有者与购买者订立买卖合同，规定当买受人获得抵押贷款时，他就将土地卖出。不料，银行承诺放贷，后又反悔。那么土地所有者是该抵押合同的利益第三人吗？[7]

案例八，A公司与B公司商定购买某种型号的机器。B公司了解到C公司有这种机器。因此，B公司请A公司到C公司的工厂验货。A照做，并在检验合格的基础上与B公司签订合同购买该机器。B随后与C签订买卖合同，

---

[1]　See Miree v. United States, 538 F. 2d 643 (5th Cir. 1976).

[2]　See Burke & Thomas, Inc. v. International Organization of Masters, Mates & Pilots, 92 Wash. 2d 762, 600 P. 2d 1282 (1979).

[3]　See Vale Dean Canyon Homeowners Association v. Dean, 100 Or. App. 158, 785 P. 2d 772 (1990).

[4]　See Alicea v. City of New York, 145 A. D. 2d 315, 534 N. Y. S. 2d 983 (1988).

[5]　See Suthers v. Booker Hospital District, 543 S. W. 2d 723 (Tex. Civ. App. 1976).

[6]　See Bush v. Upper Valley Telecable Co. , 96 Idaho 83, 524 P. 2d 1055 (1973).

[7]　See Khabbaz v. Swartz, 319 N. W. 2d 279 (Iowa 1982).

并规定由 C 将该机器水运至 A 处，并由 A 付运费。接着，A、B、C 三人协商推迟了运货时间。后 B 与 A 产生争议，便指示 C 将货物交予他方。那么，A 是不是 BC 间买卖合同的受益第三人？[1]

案例九，由于纳税人少缴税款，联邦政府获得相应税收抵押权。之后，该人与其妻达成离婚财产分割协议。该协议规定，纳税人要交付一定数量的财产给其妻。其妻应当出卖该财产，并在清偿财产上的担保债务后，可获得剩余收益。那么，联邦政府是财产分割协议的利益第三人吗？[2]

案例十，房屋承租人由于偶然停电，身体受到伤害。他是不是电力公司与房东之间合同的利益第三人？[3]

案例十一，一家石油公司与纽约州公路局签订一项合同，规定该公司有服务在途车辆的专属权利。该公司承诺在收到来电后的 30 分钟内可以赶到事发现场为故障车辆提供服务。在某天下午 3 点左右，一辆车爆胎抛锚。大约一小时后，一位士兵开车路过，替司机拨通了石油公司的电话。但直到下午 6 点，服务车辆依旧没有赶到。该司机因此自己更换车胎，其间突发胸部疼痛，并于 28 天后不治身亡。那么该司机能否主张前述合同的第三人权利？[4]

案例十二，居屋计划的所有权人与房建局签订一项合同，规定所有权人需使房屋宜居。此时，租客发现租赁房屋破损严重。他能否主张自己是利益第三人？[5]在类似案件中，租客以第三人身份索要房屋维修基金的赔偿，或者希望追究房建局对铅涂料污染的监管责任。[6]

案例十三，买卖双方签订土地买卖合同，条件是买方获得贷款。在办理贷款时，放贷员要求先对土地价值进行评估。于是，买方向银行支付了 100 美元，由其指派了会计师。如果会计师由于过失未能发现、披露该副地块的重大瑕疵，那么买方能主张什么权利？[7]

案例十四，死者的子女与 A 运输公司订立合同，请求其将死者的遗体运

---

[1] See Corrugated Paper Products, Inc. v. Longview Fibre Co., 868 F. 2d 908 (7th Cir. 1989).

[2] See United States v. Wood, 877 F. 2d 453 (6th Cir. 1989).

[3] See Shubitz v. Consolidated Edison Co., 59 Misc. 2d 732, 301 N. Y. S. 2d 926 (1969).

[4] See Kornblut v. Chevron Oil Co., 62 A. D. 2d 831, 407 N. Y. S. 2d 498 (1978).

[5] See Little v. Union Trust Co. of Maryland, 45 Md. App. 178, 412 A. 2d 1251 (1980).

[6] See Ayala v. Boston Housing Authority, 404 Mass. 689, 536 N. E. 2d 1082 (1989).

[7] See Alva v. Cloninger, 51 N. C. App. 602, 277 S. E. 2d 535 (1981).

送到阿拉巴马州进行安葬。A 公司随即与 B 公司订立合同，由其实际安排运输。不料，B 公司运输迟延了。该子女可否主张自己是 A 公司与 B 公司所签合同的利益第三人？[1]

案例十五，一男子从珠宝店购买了一枚"钻石"戒指，并赠与其女友作为订婚礼物。不料，该戒指事后证明是赝品。那么，她可以主张自己是前述买卖合同的利益第三人吗？[2]

案例十六，S 制作了一个网站，并向 ICANN 注册域名"speiderman"。但有一个条件是，当发生域名争议时，S 必须接受仲裁。接着，"spiderman"域名的持有者 C 向 ICANN 提出注销"speiderman"域名。S 反对，认为 C 没有签订书面的仲裁协议，因此他不能强迫自己进行仲裁。那么，C 可就 S 与 ICANN 之间的协议主张权利吗？[3]

案例十七，A 是 JWM 公司的员工。一日，由于 B 对 A 存有种族歧视，B 撕毁了他与 JWM 公司签订的协议。问 A 是不是该协议的利益第三人？[4]

以上所举案例虽属美国法范畴，但深具启发意义。意外受益第三人案件的复杂程度由此可见一斑。实际上，有些案件，如案例四、案例八、案例十七，可援引其他法律加以解决（如劳动法、买卖合同的违约责任）。有些案件中的第三人明显是偶然的受益第三人，没有独立履行请求权，如案例二、案例七、案例九。更多的案件是由于立约人与受约人之间的授益意图不明，而导致了第三人地位的模糊不清。这有赖于当事人提供的证据以及法院的政策考量。[5]值得一提的是，依据案情描述，至少案例一、案例三、案例五、案例六可以肯定

〔1〕　See Neal v. Republic Airlines, Inc. , 605 F. Supp. 1145（N. D. Ill. 1985）.

〔2〕　See Warren v. Monahan Beaches Jewelry Center, Inc. , 548 So. 2d 870（Fla. App. 1989）.

〔3〕　See Collins v. International Dairy Queen, 2 F. Supp. 2d 1465（M. D. Ga. 1998）.

〔4〕　Domino's Pizza, Inc. v. McDonald, 546 U. S. 470, 126 S. Ct. 1246, 163 L. Ed. 2d 1069（2006）.

〔5〕　In 1975's *Cort v. Ash*, the Supreme Court advanced a means of test to bestow the cause of action to private entities, namely, （1）whether the plaintiff is a member of the class for whose special benefit Congress enacted the federal statute；（2）whether there is any indication of legislative intent concerning private actions；（3）whether the implication of such a right is consistent with the purposes underlying the legislative scheme；and （4）whether the cause of action is one traditionally relegated to the state law. But this four-part criterion courts actually use varies from case to case. For example, in *Fuzie v. Manor Care, Inc.* , a private right to enforce a public program was created inrrespective of legislative intent. Anthony Jon Waters, *The Property in the Promise：A Study of the Third Party Beneficiary Rule*, 98 HARV. L. REV. 1174, 1188（1985）.

意图授益第三人的出现。但是否需要在实定法中确立意外受益人的地位，笔者持否定见解[1]——这样的第三人不容易特定化，而且一些特别法也为第三人的诉权提供了法律依据。

（二）第三人利益合同开始带有社会法色彩

随着私法逐渐从个人本位走向社会本位，利益第三人合同也渐趋发挥社会法功能。如在政府与跨国公司之间签订的自然资源开发合同中，为了强化环境管理部门的监管职责，立法者赋予当地居民以第三人诉权，在被告破坏生态、污染环境时，可以由居民作为原告要求合同法上的损害赔偿。[2]为了给残疾人、黑人等深度失业者（hard core unemployed）提供平等的就业机会，民政部门与相关企业达成协议，提供财政税收等方面的优惠政策。当企业出现违约行为时，这些弱势群体可以请求赔偿。[3]在证券投资领域，当基金公司违规操纵股票，导致股民巨额财产损失时，单个股民可以起诉基金公司要求赔偿。[4]在教育领域，联邦法赋予黑人学生与白人接受同等教育的机会。而它也是通过承认黑人学生们对公立学校与联邦政府之间契约的利益第三人

---

〔1〕　Actually, US law disfavor intent beneficiary status in general, which apparently shores up in Restatement (second) of Contracts § 313 (2): Members of the public may not recover on the contract unless the terms of the promise provide for such liability. Of course, the outcome of cases decided by courts depends on circumstances. Compare 588 F. 3d 1237, 1244 (CA9 2009) ("Any intended beneficiary has the right to enforce the obligor's duty of performance……"), with Grochowski v. Phoenix Construction, 318 F. 3d 80, 85－86 (CA2 2003) ("there is no presumption in favor of a right to bring suit" as third-party beneficiary of a government contract), and Dewakuku v. Martinez, 271 F. 3d 1031, 1042 (CA Fed. 2001) (rejecting third-party suit).

〔2〕　Charles E. Hanks, *Environmental Law-Third Party Beneficiary Contract as a New Weapon in the Continuing Pollution Fight*, 26 Ark. L. Rev. 408 (1972).

〔3〕　But in the case of *Martinez v. Socoma Companies, Inc.*, 11 Cal. 3d 394, the jobless people in East Los Angeles who had not trained or hired by the defendant as agreed in the contract had no standing to sue because it was the government that suffered the direct pecuniary loss and allowing plaintiff's claim would nullify limited liability. The contracts were designed not to benefit individuals as such but to utilize the training and employment of disadvantaged persons as a means of improving the East Los Angeles neighborhood. In other words, the intended parties of interest are inclusive of other local enterprises and the government itself through reduction of law enforcement and welfare costs. Ian Ayres, Richard E. Speidel, *Studies in Contract Law* 1181-1182 (7th ed., Thomson/Foundation Press 2008).

〔4〕　*Baird v. Franklin*, 141 F. 2d 238 (2d Cir.). *cert. denied*, 323 U. S. 737 (1944). *Weinberger v. New York Stock Exchange*, 335 F. Supp. 139 (S. D. N. Y. 1971). *New York Stock Exchange v. Sloan*, 394 F. Supp. 1303 (S. D. N. Y. 1975)

的地位而实现的。[1]在建筑商为兴建公屋而获取政府资金补贴时，若建筑商违反了其与政府间订立的契约，则租户可以以受益第三人的地位起诉任一合同当事人。[2]在我国，有学者认为，为保障受益公众在政府购买公共服务中的获得感，可运用第三人利益合同构筑受益公众的救济进路。以政府作为购买主体、相关企业为承接主体、政府提供公共服务的对象为受益公众，三方主体之间进而形成利益第三人合同的关系。依据《民法典》第522条第2款，承认受益公众的直接请求权，有利于改进相关企业的服务质量。利益第三人合同可以广泛适用于居家养老购买服务合同以及医疗购买服务合同。[3]因此，有学者进一步总结在商业实践、公共政策、社会福利、民权保障方面，利益第三人合同具有保护弱势群体利益、维护公共利益的新的社会功能，体现了合同法的社会法化。[4]但有学者指出需警惕公益合同、政府合同的社会化倾向，因为政府作为一个公法人其自身的"授益意志"往往不容易确定。第三人权利由此也呈现出模糊甚至扩大的趋势。据此，法院会不当增加立约人的责任，并损及政府的自由裁量权（administrative discretion）。[5]

---

　　[1]　See *Bossier Parish School Board v. Lemon*, 370 F. 2d 847（5th Cir.）, *cert. denied*, 388 U. S. 911（1967）. In upholding each of the plaintiffs' claims for injunctive relief, both courts analyzed the claims as originating in, if not depending upon, the plaintiffs' status as third party beneficiaries of the funding contract. That contract bestowed on them a right to enroll in defendant's school system on terms equal to those under which resident children were admitted. Anthony Jon Waters, *The Property in the Promise*: *A Study of the Third Party Beneficiary Rule*, 98 HARV. L. REV. 1185（1985）.

　　[2]　Eg. *Holbrook v. Pitt*, 643 F. 2d 1261（7th Cir. 1981）. *Zigas v. Superior Court*, 120 Cal. App. 3d 827, 174 Cal. Rptr. 806（1981）, cert. denied, 455 U. S. 943（1982）.

　　[3]　纪闻："政府购买公共服务合同中的受益公众救济——以第三人利益合同为视角"，载《新疆大学学报（哲学社会科学版）》2020年第6期，第33~41页。

　　[4]　参见吴文嫔：《第三人利益合同原理与制度论》，法律出版社2009年版，第312~314页。美国学者也认为，公法将公益合同视为一种允诺中的财产（the property in the promise），其权利人为承受利益的私主体。一旦这种"财产"遭受损失，宪法会赋予其正当程序的保护手段。Anthony Jon Waters, *The Property in the Promise*: *A Study of the Third Party Beneficiary Rule*, 98 HARV. L. REV. 1192 ~ 1195（1985）.

　　[5]　Recent Cases, 88 Harv. L. Rev. 653（1975）. See also *Astra USA*, *Inc. v. Santa Clara County*, 563 U. S. 110. Such（third-party beneficiary）suits would have undermined the efforts of HHS to administer Medicaid and（U. S. C. S.）§ 256b harmoniously on a uniform, nationwide basis……suits by 340B entities to enforce ceiling-price contracts running between drug manufacturers and the Secretary of the Department of Health and Human Services are incompatible with the statutory regime……control could not be maintained were potentially thousands of covered entities permitted to bring suits alleging errors in manufacturers' price calculations.

（三）程序法愈加保护第三人权利

我们提及第三人权利，总以为它是一项实体权利。但现今的第三人权利有向程序法扩张的趋势。英国《1999 年合同（第三人权利）法案》（Contracts（Rights of Third Parties）Act 1999）第 8 条规定，当涉及第三人与允诺人之间有关第三人要求执行合同的实体条款的争议时，第三人可以作为仲裁申请人而提起仲裁。[1]虽然这仅是第三人损害赔偿请求权的一项延伸，但是也体现着第三人合同权利的强化。在美国法中也有类似规定。[2]另外在民事诉讼中，未能参加原诉讼的有独立请求权第三人和无独立请求权第三人在自身实体权利受到生效法律文书的影响时，可以依据我国《民事诉讼法》第56 条第 3 款提起第三人撤销之诉。[3]虽然该立法例不指向利益第三人合同，但是第三人的程序性权利的重要性不言而喻。第三人确已拥有实体及程序双重权利。

五、小结

《民法典》试图吸收两大法系关于利益第三人合同的最新成果。这种尝试应当得到肯定。事实上，它也大体勾勒了利益第三人合同的两种类别（真正型与不真正型），简要地概括了各自的三方法律关系，明晰了当事人权利与相应的违约救济。但是，大开大合地泼墨之后，还需要小心细致地描绘，这样一幅水墨画的美丽图景才能呈现在司法者乃至社会公众面前。鉴于此，笔者基于之前的铺垫，对《民法典》第 522 条及相关条文解释如下：

（1）无论是真正的利益第三人合同，还是不真正的利益第三人合同，都存在着一些共通的规则。它们包括，合同的成立须立约人与受约人达成授予第三人利益的合意。该合同是否生效取决于拒绝权等权利是否行使。我们可

---

〔1〕 8. Arbitration provisions. （1）Where— （a）a right under section 1 to enforce a term（"the substantive term"）is subject to a term providing for the submission of disputes to arbitration（"the arbitration agreement"），and……the third party shall be treated for the purposes of that Act as a party to the arbitration agreement as regards disputes between himself and the promisor relating to the enforcement of the substantive term by the third party.

〔2〕 A litigant who is not a party to the relevant arbitration agreement may invoke 9 U. S. C. S. § 3 of the Federal Arbitration Act if the relevant state contract law allows him to enforce the agreement. *Arthur Andersen LLP v. Carlisle*, 556 U. S. 624.

〔3〕 王亚新："第三人撤销之诉的解释适用"，载《人民法院报》2012 年 9 月 26 日。

以以第三人所享有的权利为依据将利益第三人合同二分。当第三人仅享有受领权时，为不真正的利益第三人合同；当第三人享有独立的履行请求权并享有违约救济的权利时，为真正的利益第三人合同。合同一旦成立生效，会产生三方债务关系。它包括了原因关系（决定债权人为何要赋予第三人以利益）、补偿关系（债务人受领债权人的给付以作为执行关系的法律基础）、执行关系（债务人向第三人给付而形成的准合同法律关系）。当出现合同违约的情形，如债权人违约、债务人违约、第三人违约以及多方主体导致违约时，会有不同的路径对合同权利加以救济，总的要求是应体现三方主体的利益均衡。

（2）真正的利益第三人合同有一些独有的特点。如利他合同主要是合同履行问题，但也杂糅了合同第三人效力的规定。受约人可请求立约人向第三人履行，但违约责任原则上不得高于第三人的实际损失（以损害填补为原则，不排除超额违约金，但是严格限制双重给付）。[1]立约人可主张与第三人之间执行关系的抗辩。第三人也可以在合同成立时不存在和不确定。明确第三人取得利益可以附条件，这一条件包括债权人的死亡。同时要强化第三人的拒绝权，以实现修正的单方行为模式对第三人意思自由的补强。这一点包括了：拓宽拒绝权的行使方式、放宽拒绝权的行使时间、排除第三人的债权人的干预、给予适当的除斥期间等。为实现三方关系的再衡平，在强化第三人拒绝权的同时，也要赋予立约人与受约人的变更权与撤销权。当然，它们的行使应当在第三人表示拒绝或接受权利之前，并且还要赔偿第三人信赖利益的损失（以履行利益为限）。第三人在救济方式上不能主张违约定金。

（3）不真正的利益第三人合同可以准用真正的利益第三人合同的大部分规则，但需注意，第三人无独立请求权而仅有受领权。

（4）利益第三人合同在当代有了一定的新发展。要注意意外受益人的出现，该类合同的社会法色彩，以及程序法对第三人权利的特殊保护。

---

〔1〕　有学者建议，第三人仅可以主张赔偿性违约金，而不能主张惩罚性违约金。同时，第三人主张的违约责任形式应避免与债权人主张的违约责任形式发生冲突。应该说，有一定合理性。潘重阳："论真正利益第三人合同中第三人的违约救济"，载《东方法学》2020年第5期，第151页。

第三章

权利型涉他（二）：附保护第三人作用的合同

附保护第三人作用的合同，与上文向第三人履行的合同相比，更加注意到合同的社会化倾向。它的倡导者观察到，在继续性、长期性以及公众性的合同中，债务人不仅要照顾到债权人的固有利益，同时也要照顾到与债权人具有密切关系的第三人的利益。这里的第三人包括亲属、员工、商品交易的后手等。我们将这种合同债务人负有保护第三人的法定义务的情形，称之为附保护第三人作用的合同。不可否认，这一合同类型的适用场景明显少于向第三人履行的合同，换句话说它不具有适用上的普遍性。[1]它的典型案例主要发生在租赁合同、承揽合同、运输合同等[2]履行时间长、涉及人员广的交易领域。所以，我国法律上还没有独立的条文与之相对应。但它又是一个涉及债务人对第三人的保护义务，第三人享有"被保护"权利的合同现象。把它放在此处讨论，能够进一步深化第三人权利理论。

一、该类合同出现的原因

（一）德国侵权行为法存在漏洞

附保护第三人作用的合同（Vertrag mit Schutzwirkung für Dritte[3]），是指合同成立之后，不仅在债权人与债务人之间发生法律关系，而且债务人对于

---

〔1〕 有学者认为，因为附随义务在各类合同中都普遍存在，所以但凡是合同，皆可存在附保护第三人的作用。"其（附保护第三人作用的合同）发生以租赁、运送、承揽、医疗和雇佣契约等最为常见，但法院并未对……适用领域作出限制"。参见丁亮华："第三人受合同保护之可能及限制——基于诚实信用原则对合同相对性效力的突破"，载《判解研究》2012年第59期，第135页。

〔2〕 参见刘春堂："契约对第三人之保护效力"，载《辅仁法学》1985年第4期。转引自邱雪梅：《社会转型视野下民事责任之变迁》，暨南大学出版社2015年版，第85页。

〔3〕 相关定义参见刘春堂："契约对第三人之保护效力"，载《辅仁法学》1985年第4期，第291页。

与债权人具有特殊关系的第三人，也有照顾及保护等义务。债务人违反此义务的，也应向第三人负违约责任。[1]德国法，主要是判例法，发展出此一制度，主要是为了强化第三人的利益。当然，由于第三人与债权人之间有特殊关系，因此从某种意义上来讲，强化第三人的利益，也是在强化债权人的利益。这体现了债的本质在于债权人利益的满足。但是这一制度也具有鲜明的特色。

　　例如，小区业主甲需要为新买的毛坯房安装卫生间的设施，包括门窗、浴霸等。甲与乙公司签订装修合同。乙公司派遣丙具体承担装修事宜。后丙工作失误，导致门窗脱落，砸伤甲之妻丁。依据德国法，丁因为不是合同当事人，不能主张合同权利，只能要求乙承担侵权损害赔偿。但是，丁要就行为人丙的过失负举证责任，并且要受短时效的限制，并且乙可以主张对受雇人丙的选任监督已经尽了相当的注意而被免责。[2]这样的规定对丁非常不利，因此德国司法实践上发明了这样的制度，使得受害人丁可以主张甲乙之间的承揽合同，来要求乙承担责任。这样做的好处至少包括：丁不负举证责任；乙要就使用人或雇员丙的过失负责；诉讼时效较长。因此，我们也可以说该制度是德国法为弥补侵权法的不足，而对契约法所作的改良。

　　（二）诚信原则衍生出保护照顾义务

　　德国实务界最初认为它是利益第三人合同的一种特殊形态。但拉伦茨教授持否定态度。因为利益第三人合同中的第三人对债务人有独立的履行请求权，这种请求权以给付义务为内容。相反，新制度中的债务人只对第三人负有保护义务，第三人只能在债务不履行的情形下，要求债务人进行损害赔偿，而并没有给付请求权（即充其量于此类型中之第三人，仅能对从给付有所主张，而无法对主给付有所主张）。[3]所以，拉伦茨教授称之为"附保护第三人作用之契约"，[4]并已获得习惯法、[5]判例法的认可。相应的案例类型包

---

　　〔1〕　王泽鉴：《民法学说与判例研究》（第2册），中国政法大学出版社2005年版，第24页。

　　〔2〕　王泽鉴：《民法学说与判例研究》（第2册），中国政法大学出版社2005年版，第25页。

　　〔3〕　吴俊贤："附保护第三人作用契约之研究"，辅仁大学2003年硕士学位论文，第72页。

　　〔4〕　Larenz Schuldrecht I，S.166；Esser，Schuldrecht I，S.293，397.转引自王泽鉴：《民法学说与判例研究》（第2册），中国政法大学出版社2005年版，第25页。

　　〔5〕　如 Gernhuber 教授即谓，"于实践上，附保护第三人作用契约亦已涉及习惯法。"转引自吴俊贤："附保护第三人作用契约之研究"，辅仁大学2003年硕士学位论文，第77页。但习惯法的成立需要事实惯性。由于附保护第三人合同制度的适用范围有很大争议，甚至学者对已适用案件也有不同看法。因此，习惯法能否确立有待检验。

括：买卖防锈剂案（卖方对于买方工厂的女工负有保护义务）；犯人雇佣案（看管犯人的监狱对于雇主之其他员工，也负有保护义务）；围墙承揽案（承揽人对于定作人之家属，也负有注意及保护义务）。德国联邦法院曾一度想以契约的补充解释作为该类案件的理论基础，即以假设的当事人之保护意思作为第三人权利的来源。但这一尝试毫无疑问失败了。因为保护义务在先契约阶段及契约无效时均能成立，此时还并不存在契约成立意义上的意思。特别是在缔约过失案件中，法院也承认了债务人对合同第三人的保护义务。[1]所谓的补充解释无疑带有强烈的法官评判。新近理论赞成社会国原则说，认为上述案型均仅有利于个别族群（如亲属、承租人）。[2]笔者认为似不可采单一理论解释第三人保护义务。诚然，社会国原则注意到债权人与第三人关系的相近性，但它无法涵盖多样化的社会关系。利益第三人合同说虽然不甚确切，但着实解释了第三人"权利"的来源。契约的补充解释与诚信原则虽然抽象，但确实弥补了当事人思虑之不足。因此，这些理论应综合考量。总体上看，笔者认为附保护第三人作用的合同与缔约过失责任一样，属法定之债。实务上也认为，依据合同目的、交易习惯以及诚实信用原则，合同附随义务（特别是注意义务及保护义务）应当及于因债权人之关系而与债务人之给付发生接触，而债权人对其应当照顾及保护之人。此人与债权人一样对合同具有同一利益，因此债务人对其亦须负责。总体来看，债务人保护义务扩大的原因有二：一是债权人对第三人具有照顾义务；二是债务人能预见到这一关系。

所以，这一制度建立在基于诚信原则而发生之保护照顾等附随义务之上。而这一附随义务应扩张及于债权人对其负有特别照顾保护义务之特定第三人，从而在债务人与第三人间即产生了一种以诚实信用为其基础、以照顾及保护义务为内容之法定债之关系。[3]经王泽鉴先生的归纳总结，德国法上的案例类型还包括：司机对乘客之妻儿亦负有安全运送义务，当车祸导致他们受伤时，也要负损害赔偿责任；修道院聘请马车运输，医生实际乘坐，发生车祸时医生可以向马车方请求债务不履行的损害赔偿责任；出租人出租感染病菌的房屋，承租人的同住家属患病的，可以请求契约上的损害赔偿；出租人将

---

〔1〕 BGHZ 66, 51

〔2〕 吴俊贤："附保护第三人作用契约之研究"，辅仁大学2003年硕士学位论文，第80页。

〔3〕 Larenz, Schuldrecht I, S. 166. 转引自王泽鉴：《民法学说与判例研究》（第2册），中国政法大学出版社2005年版，第26~27页。

一房间出租给承租人举办晚会，在晚会期间，一位参会人员由于照明设施不佳而跌倒，导致失明，则他可以请求出租人赔偿损失。这也因为出租人能预见到这样一位可能的参会人员。[1]

（三）民事责任出现规范裂缝

第一，德国法上雇主责任的免责事由过于宽泛，使得其可以轻易摆脱侵权责任。《德国民法典》第 831 条第 1 款规定："为某事务而使用他人的人，对该他人在执行事务中所不法加给第三人的损害，负赔偿义务。使用者在挑选被用人时，并且，以使用者须置办机械或器具或须指挥事务的执行为限，使用者在置办或指挥时尽了交易中必要的注意，或纵使尽此注意也会发生损害的，不发生赔偿义务。"[2] 这一免责事由在司法实践中，从宽认定的很多。但是，如果受害人主张合同责任，雇主不能轻易免责。前文的装修合同案就是一例。为此，受害人（第三人）可以主张债权人与债务人（雇主）之间的承揽合同关系，而享有"被保护"的权利。我们可以看出，附保护第三人作用的合同最早是利益第三人合同的变种。

第二，德国侵权法立法模式的缺失。《德国民法典》第 823 条损害赔偿义务的一般条款看似十分圆满地规制了侵权行为，实则不然。它忽略了因过失而导致的纯粹经济损失的赔偿。这样，侵权人因过失而导致的第三人其他利益的损害虽然不在第 823 条调控的范围之内，但是可以借助利益第三人合同所发展出的附保护第三人作用的合同制度而加以规制。此后，第三人的范围进一步扩大，而不限于与债权人有特殊关系的人。另外，侵权行为请求权的时效期间较短，这也是当事人无法依侵权提起诉讼的原因。

第三，德国合同法与侵权法相比，弹性更大，适合处理较复杂的案件。德国合同法很早就承认了利益第三人合同，这为法院在类推适用利益第三人合同时，提供了可选择的法律依据。其次，学界对于合同附随义务，特别是保护义务的认可，为第三人权益的保护提供了可靠依据。保护义务的主要目的和功能在于保护债权人的固有利益不因合同的履行而遭受侵害。这种固有利益与合同给付并无十分直接的关系，它属于侵权法与合同法的中间地带。因此，在保护义务的主体上，从债权人挪至第三人，并没有太多的违和感。

---

〔1〕 王泽鉴：《民法学说与判例研究》（第 2 册），中国政法大学出版社 2005 年版，第 27 页。

〔2〕 陈卫佐译注：《德国民法典》，法律出版社 2020 年版，第 383～384 页。

虽然德国法对该制度探讨较多，相应地，笔者的介绍也很多，但是美国法上的类似规定也不容忽视。第三人对合同当事人（主要是立约人）主张侵权责任（tort recovery by third persons）的案件十分多发，并主要体现为专家对第三人的责任（attorney malpractice case）。在这类案件中第三人权利的产生主要是基于公共政策（public policy）。它的考量因素包括了：该交易在多大范围内试图影响第三人、损害发生的可预见性、第三人遭受损害的确定性、专家的过错行为是不是损害发生的近因、专家可否遭受伦理上的谴责、是否需要防止未来损害。[1]在 Hale v. Groce 案中，林德法官就以被继承人的意志和合同目的为由支持了继承人对律师的诉讼请求。此时继承人的地位是过失履行合同的被害方（negligently injured parties）或合同受益第三人。[2]由此，美国法上的第三人也可依据侵权法规则向合同当事人请求赔偿。有些案件由于第三人的范围过于宽泛以及专家行为强烈的主观色彩，法院驳回了第三人的诉讼请求（无论是合同的或是侵权的）。[3]第三人对合同当事人的侵权诉讼也可以用来解决纯粹经济损失问题，但是它也面临着合同相对性较大的压力。[4]在公司作为合同缔约方的案件中，合同的履行给第三方带来负外部效应，例如人身伤害等。[5]因此，也应当重视合同保护第三人的作用。实践中的案件，如在对公司的供应链合同中，供货方由于价格、工时等的因素而使用童工，甚至是贩卖人口，给当地居民（local community）带来巨大伤害。赋予第三人救济的权利，兼有经济及伦理上的理由。

总之，民事责任的规范裂缝在美国法上同样存在。在合同法上，供货合同中供货公司一方的雇员并不是合同受益第三人（beneficiaries of promises）；在过失侵权上，也难谓买方公司对供货公司的雇员存在一般的注意义务

---

〔1〕 Biakanja v. Irving, 49 Cal. 2d 647, 650, 320 P. 2d 16（1958）. See Ian Ayres, Richard E-. Speidel, *Studies in Contract Law* 1178（7th ed., Thomson/Foundation Press 2008）.

〔2〕 Hale v. Groce, 304 Or. 281, 774 P. 2d 1289.

〔3〕 Eg. The case of alleged referee malpractice. Bain v. Gillispie, 357 N. W. 2d 47（Iowa App. 1984）

〔4〕 Eg. East River S. S. Corp. v. Transamerica Delaval, Inc., 476 U. S. 858, 106 S. Ct. 2295, 90 L. Ed. 2d 865（1986）.

〔5〕 Contracting parties must take into account negative externalities to third parties when the contracting parties could reasonably foresee that performance of the contract would create a risk of physical harm to these third parties. See Kishanthi Parella, "Protecting Third Parties in Contracts", *58 American Business Law Journal 337* （2021）.

（general duty of care）：第三人无法在任一途径中得到完满救济。因此，有学者提出了类似保护第三人合同的制度（warrant obligations at the *ex-ante* contract design stage）。[1]这有利于规避合同履行和合同违约两种情形所产生的负外部性。例如，连锁买卖合同中后续合同出现的雇用童工、强迫劳动等问题。这导致初始买方在买卖合同中订立社会责任条款（social compliance clause），以防止后续卖方肇致的声誉危机（reputational risks）和遵循示范法（model clauses）的规定。

普通法上已有相关案例类型可资借鉴。在跨国供货合同中，卖方雇佣的工人并非受益第三人，对合同条款并无权利义务，但是买方在短工期、多体量的要求中，对卖方施加压力，进而传导至卖方劳动者。劳动者因而遭受工作时间和强度的剥削。他们的利益遭受损失应当享有诉权。而在买方一侧（主要是零售者），其顾客在并不知悉供应链情况的前提下，购买了零售商的商品，变相加重了对劳工的负担，因此这些消费者也具有相应的诉权。诉讼理由有二：一是知情权受损；二是若知情便不会购买。还有即是在买卖合同中，买方默许甚至支持了卖方的蓄奴行为，给当地居民带来困扰。基于这样的情况，当地社群（local communities）作为第三人拥有诉权。

为了给合同外第三人提供适当的救济，缔约双方应当预见到自己的行为将要给第三人造成的身体损害（physical harm），以及以合理的方式订立合同条款以规避这一负外部性（negative externality）。但是这里又出现一个疑问。第三人的范围并不是漫无边际的。我们应该如何去进行限制？一个线索是可预见性规则。缔约人应该合理地预见到第三人可能在合同履行中遭受身体伤害。在缔约阶段，可以进行相当的程序设计，发挥类似合规计划的效果，以规避法律风险。但是，企业的合规计划（compliance program），或者合规部门，不会有这样的人力、物力去进行实际操作。其他部门也存在着对于资金的相互竞争。公司领导层也可能无视这些监管规定。这时，赋予缔约人以保护第三人的义务，可以规避监管漏洞。当公司的内控风险越发升高时，他们便会投入资金进行相应的监管。附保护第三人作用的合同便发挥了巨大作用。另外，企业的合规计划要求一定的强制披露义务（mandatory reporting require-

---

[1] See Kishanthi Parella, "Protecting Third Parties in Contracts", *58 American Business Law Journal 337*, 342 (2021).

ments），例如对人权保障的应对措施。但这些大多是倡导性的，没有充分的激励和惩罚机制。而所谓激励监管并没有起到应有的作用。这是因为企业为了避免相互间盲目的竞争，产品的消费者也没有重视这些监督权利。公司订立附保护第三人作用的合同还有利于促进强制性尽职调查（mandatory due diligence），和包容审慎的监管义务。但该义务群限定在了特定行业、特定地域，法律操作层面不如合同附保护第三人作用来得有效。

附保护第三人作用的合同之建立有着一定的规范基础。这主要在于在合同生态系统中，或曰关系性合同之中，第三人为合同订立与实施发挥了巨大作用。例如，具有亲属关系的第三人提供了对方当事人的信息，降低了信息成本。作为第三人，商会订立商人法，通过商业规范弥补了不完全合同的不足。它的优点在于筛选出诚信的交易者。交易双方作为共同行业协会的成员，也避免了短期投机主义倾向带来的风险。商业和社会关系的相互作用，使得缔约人迫不得已规避违约带来的负面影响。这种信誉资本（reputational capital）甚至可以代际传播，从而增加威慑效果。总之，关系性契约理论将第三人视为合同之内的人（insider）。因此，在规范意义上，第三人应当受到与缔约人同样的对待，始符合公平原则。在合同缔约的准备阶段，以及合同违约中的救济中，都要体现合同保护第三人的作用。

二、制度的构成要件

在探讨构成要件时，我们需要明确受保护的第三人的范围不能太大。这样容易混淆侵权责任与违约责任的界限，同时也容易不当增加债务人的责任风险与交易成本。其次，保护义务的产生应当与合同的给付义务勾连。所以第三人和债务人的给付的偶然接触不产生保护作用。[1]例如，如果是房屋租赁合同，则与债权人一起生活的亲属可以成为第三人，而外来的访客不可以。因此，应当首先限制第三人的范围。要成为这样的第三人，其条件包括：

（一）存在债务关系

第三人的保护作用应依附于债务关系，而不仅是合同关系。此在德国学者格恩胡贝尔（Gernhuber）以及沃尔科默（Vollkommer）教授的相关著述中有所体现，均称之为附保护第三人作用之债之关系。契约之外的情形，主要

---

〔1〕 仇晓洁：“论合同的第三人效力”，中国政法大学 2011 年博士学位论文，第 100 页。

是契约磋商时的法定债之关系、契约磋商中断之法律关系、公法上之利用关系等。[1]更有激进观点认为，所有类似契约的交易关系都可存在第三人被保护的现象。[2]德国法上存在一反例，以说明该要件欠缺的后果：原告 M 与 F 发生性关系后，使得 F 怀孕。F 随后去医院寻求避孕方法。被告医师为 F 开立避孕药后，不见起效，F 产下一婴。原告遂诉至法院，请求医师支付抚养费。德国联邦最高法院驳回此案的理由之一即是，原告不能主张诊疗契约的保护作用。因为 F 早在前往医院时已经怀孕，此时原告的抚养义务也已出现。但 F 与医师并未订立诊疗契约。所以当时，原告不能援引附保护第三人作用之契约向被告主张抚养费。[3]

（二）第三人临近于主给付

第一个要件过于宽泛，使得第三人的范围很大。那么随之而来的一个问题是如何限制第三人的范围，以平衡第三人及债务人利益。第三人应当有可能与债权人一样陷于给付障碍之中。换句话说，他应当依附于债权人的合同并近于给付。附保护第三人作用的合同涉及基础合同的建立，所以不能放任初始合同。但从给付义务中分离出的保护义务使得以合同为起点变得多余，因为保护义务只是作为合同的结果或合同协商的结果建立的。[4]合同的主给付义务使得第三人与债权人联系起来，因此给付临近的标志是根据合同目的、合同主给付的性质，第三人与债权人面临一样的风险。同时，如果没有显示这种保护义务对于第三人的重要性，那这样的危险、损害可能只是单纯的条件反射。例如，同一债权人与多个债务人之间签订的相同权利义务的合同并不必然产生各个债务人之间的保护义务。次债务人对于债务人与债权人之间签订的合同并无权利义务，因此债权人对于次债务人也没有保护义务。总之，合同虽不能被第三人请求，但是应服务于他的利益。德国通说认为一次偶然的给付接触不构成临近给付。例如，住院病人偶然的拜访者或临时帮工不受医疗合同及建筑材料（砖石、泥沙）买卖合同的保护。

---

〔1〕　参见吴俊贤："附保护第三人作用契约之研究"，辅仁大学 2003 年硕士学位论文，第 82 页。

〔2〕　MünchKomm/Gottwald，§328Rn. 107. 转引自吴俊贤："附保护第三人作用契约之研究"，辅仁大学 2003 年硕士学位论文，第 82 页。

〔3〕　BGH NJW 2002, 1489 unter Ⅱ der Gründe. 转引自吴俊贤："附保护第三人作用契约之研究"，辅仁大学 2003 年硕士学位论文，第 83 页。

〔4〕　Dieter Strauch, Verträge mit Drittschutzwirkung, Jus 1982, Heft 11, S826. 转引自仇晓洁："论合同的第三人效力"，中国政法大学 2011 年博士学位论文，第 101 页。

（三）债权人对第三人具有保护利益

这样的保护利益起初出自照顾义务。它的判断采用幸福——痛苦公式，即第三人的痛苦和幸福（Wohl und Wehe des Dritten）是否会受到债权人的影响。后来，法院在适用上愈发扩大第三人的范围，以至于将那些距离债权人较远的人员也纳入保护义务的范畴中。例如，在第三人信赖债权人的告知时，即使债权人与第三人之间的利益关系相悖，也可以认定第三人为保护义务所覆盖。随着扩大的愈发普遍，第三人的认定边界愈发模糊不清。但是，至少在两种情形之下，附保护第三人作用的合同的认定是无疑的。

第一种是债权人与第三人之间存在身份关系，如亲属关系、劳动关系等。这些关系中，具有照顾及保护义务无疑。有些学说甚至包括了履行辅助人。债权人对第三人的幸福和痛苦负共同责任，第三人的利益也会使得债权人受到牵连。这样，可以限缩第三人的范围，如亲属法中的抚养关系、雇佣关系，而单纯的买卖、互易、租赁则不属此范围。但债权人对于第三人必须要有人身法律关系吗？德国判例法上进一步发展——只要他对第三人有保护义务即为已足，照顾义务显得没有必要。德国联邦最高法院（BGH）在一个租赁案件中，虽然认定第三人不是承租人的近亲属，但是却认可了保护义务，因此也支持了第三人的损害赔偿。因此，债权人的保护义务显得十分关键。乞丐、小偷等只是临近于给付的人员，就不能要求赔偿，因为债权人对他们没有保护义务。在一些情形下，对于第三人的救济，可以建立在对债权人的请求的基础上，这也排除了他对债务人的请求权。

第二种保护义务产生于债权人的商业利益。比如在商业租赁合同中、在转账交易中、在照看他人之物中以及在委托专业人士时。[1]这一商业利益的形成也包括了两种情形。一是，主给付义务将第三人涵盖进去，它对第三人有利。二是，保护义务将第三人纳入其中。有一个例子是：甲乙之间、甲丙之间签订了同样性质的合同。在甲与丙的合同履行中，合同引发的危险危及乙的利益。因此，丙对第三人乙具有保护义务，它被加以延伸。

总之，第一种情形在保护义务的违反中涉及第三人的整体利益，而第二种情形大部分涉及纯粹经济损失的赔偿，这种损失通过主给付义务的不履行

---

〔1〕 仇晓洁："论合同的第三人效力"，中国政法大学 2011 年博士学位论文，第104页。

或瑕疵履行而形成，通常涉及职业或专家责任。[1]

　　一般而言，债权人与第三人利益一致才可以产生附保护第三人作用的合同。但是，若债权人与第三人的利益不一致，则如何？举例来讲，甲与乙签订一份买卖土地所用权的合同，但是甲不知道这块地的价格定为多少合适。因此，作为卖方的乙与会计师丙签订了土地价格的核定合同。这时，甲乙之间出现了利益相对的现象。但是，依据通说，即使债权人与第三人利益相对也不阻止附保护第三人作用的合同的成立。因为鉴定人、律师、税务顾问、决算检查人以及公认会计师系经国家所认可之专门人员，就其专业文书应具有一定公信力与说服力，并可为特定买受人或投资人予以参考，故非仅其与委托人间之内部关系而已。[2]当然，也有学者主张缔约过失，它成立的时点在于第三人拿到鉴定意见之时。[3]但是该学说的缺点在于专家责任的大小不好确定，传统的信赖事实构成也缺乏明晰的标准。利益相对型附保护第三人作用的合同的确立，也有学者主张依据客观形式的合同解释以及合同债务关系的法定扩大。总之，在许多场合，专家也应当进行一定的客观描述，不然他就没有鉴定风险了。

　　经过以上的分析，我们可以明确德国法上保护利益的判断标准。它最开始是按照幸福——痛苦公式，认为债权人对第三人有照顾义务。而此义务最早出现在亲属关系和雇佣关系之中。后来，保护义务逐渐扩展到纯财产上之损害。在债权人与第三人利益相同，甚至利益相对时，都可以将第三人纳入保护义务的范畴。当然，此时合同当事人的意志以及契约的补充解释都要加以考量，才不会使第三人的范围过于庞大。但是，德国联邦最高法院的实践显得有些失控了。

　　（四）债务人认识到第三人临近给付以及债权人对第三人的保护义务

　　以上两个条件必须为债务人所认识，因为只有这样，债务人才能评估这

---

　　〔1〕　仇晓洁："论合同的第三人效力"，中国政法大学 2011 年博士学位论文，第 104 页。

　　〔2〕　参见吴俊贤："附保护第三人作用契约之研究"，辅仁大学 2003 年硕士学位论文，第 89 页。许德风也认为，附保护第三人作用的合同在一定程度上可以解决专家咨询责任的问题。参见许德风："对第三人具有保护效力的合同与信赖责任——以咨询责任为中心"，载《私法》2004 年第 3 期，第 253 页。

　　〔3〕　也有学者认为会计师不实财务报告对第三人构成侵权责任。彭真明："论注册会计师不实财务报告民事责任的定性——以对第三人责任为中心"，载《甘肃政法学院学报》2005 年第 3 期，第 46~53 页。有学者认为，律师因见证行为对第三人承担的责任也是侵权责任，只能类推适用《侵权责任法》第 37 条第 1 款（相当于《民法典》第 1198 条第 1 款）。周友军："论律师因见证行为对第三人承担的责任"，载《月旦民商法杂志》2017 年第 12 期，第 131 页。李昊："德国专家责任的建构——以保护纯经济上损失的交易安全义务为基础"，载《私法》2013 年第 1 期，第 249 页。

种风险，进而先向债权人索要合理价款或采取必要行动规避这种风险。这一点在专家责任中，尤其如此。例如，会计师甲在估算乙公司的市值时，出具了错误的会计账簿，进而高估了乙公司的价值。丙在偶然的机会中看到了这一账簿，进而向乙发出收购要约。最后，乙丙之间完成交易，丙也因此损失惨重。在本案中，由于甲没有意识到会存在这样一个第三人丙来收购公司，因此甲既没有认识到丙临近给付，事实上也不存在乙对丙的保护义务（但审计是为投资者作出或者会计师是买卖双方共同委托的除外）。因此，丙不可能依据甲乙之间的咨询服务合同向甲主张损害赔偿请求权。特别应当注意的是长期债务关系的缔结，债务人所面对的第三人的风险将成倍增加。但是这种风险应该是可投保的，或者可以转嫁给债权人。

第三人必须客观、明显地包括在主给付中。在合同缔结时，可以不存在具体的第三人。例如，在专家或鉴定的案件中，债务人清楚地意识到潜在第三人的存在。根据可预估、可保障、可规避的原则，债务人对这样的第三人才需要负起相应的责任。此时专家责任与缔约过失责任又一次交织在一起。还是上文的公司收购案。若是会计师的鉴定诱使丙收购公司，则他要向丙负缔约过失责任。或者，在丙主张附保护第三人作用的合同时，向其承担赔偿责任。租赁合同同样如此。出租人对于家庭成员、同居之人可以预见到。但是，对于偶然的访客、短期居住的客人以及不速之客不能预见，所以并不保护他们的安全。在转租中，更是不可能将次承租人纳入保护范围。这也因为他们对于承租人拥有独立的请求权。

（五）第三人有被保护的需要

当第三人享有独立的请求权时，便不需要这种保护。当对第三人的保护被约定时，他也不需要这种保护。保护义务应当是法定义务。这种保护义务在一定程度上应该与当事人的合同意志无关，甚至是与这种意志相反。这与上文利益第三人合同是相反的：第三人虽然可以基于瑕疵履行而请求给付，但它是从保护义务中衍生出来的。例如，在专家责任中，投资人因为信任专家出具的意见，而遭受损失时，他可以请求专家进行赔偿。在继承案件中，律师在见证中不符合法定条件，而导致遗嘱无效时，也需要赔偿继承人的损失，尽管他们之间可能没有法律关系。但是，与之相反，在商业转租的案例中，次承租人由于可以追究承租人的责任，因此他不需要向前追索至出租人。因此，综合来看，附保护第三人作用的合同由于是为了规避侵权法的缺点，第三人的保护需要的要件，原则上是基于诚信原则来予以放宽。只要法院认为与债权人利益相关的第三人值得保护，并且他没有独立的路径予以救济，就可以通过这样的合同构造来予以保护。我们可以说，这一点只是弹性适用。

上述五个要件只是在一般层面上的论述。面对具体案件，还会有一些变化。[1]例如，有学者认为，在人身损害型案件中，债权人必须与第三人间具有亲属法上的联系。但是在纯粹经济损失的案件中，这种联系可以被弱化，并且债务人也不必知道谁是第三人以及第三人的人数，只需要该案在客观上具有保护第三人的需要。[2]其实，对于纯粹经济损失的案件，实务界争议不小，而立法者仅规定了《德国民法典》第241条第2款的保护义务。另外，契约损害赔偿的一般要件，如债务人（债务人之代理人、使用人）对于义务违反具有可归责性（《德国民法典》第280条第1款）、第三人受有损害，都需要具备。此处不再赘述。

三、附保护第三人作用合同的法律效应

（一）合同有效的法律后果

第一，第三人对债务人的损害赔偿请求权。由上文分析可知，第三人系以他人的合同为基础，主张自己的损害赔偿。请求权基础应为该合同义务、《德国民法典》第311条第3款前段，还有附保护第三人作用合同的原则。第三人请求赔偿的范围包括了人身损害和财产损害，还有纯粹经济损失（如工人停工、停产的费用）。由于第三人的请求权基于附随义务中的保护义务，附随义务只起到保护债权人固有利益的作用，因此第三人请求赔偿的范围只限于因债务人违反保护义务而给第三人造成的固有利益的损失。那么，这种损害赔偿是否有一定的范围？即无论第三人的任何固有利益的损害都可以要求赔偿？笔者以为，还是要以可预见性规则为准。债务人要能预见第三人的存在，也要能预见到这种损失。譬如，在租赁合同、承揽合同、运输合同中第

---

〔1〕　有学者持三要件说，包括履行相关性、债权人对第三人有保护利益、债务人可预见前两项要件。王文钦："德国法上'附保护第三人作用之契约'制度的新发展"，载《中外法学》1994年第2期，第67页。

〔2〕　邱雪梅："附保护第三人作用合同研究——兼论建设工程施工合同对第三人效力的法理依据"，载《政法学刊》2005年第6期，第26~27页。邱雪梅："论附保护第三人作用合同——兼谈我国民法典编纂中民事责任体系的构建"，载《甘肃社会科学》2006年第1期，第148页。

三人的人身损害；在德国法上常举的律师见证失职案中，律师能预见到继承人能合法继承的财产数额。而对纯粹经济损失是否全赔（如在传统的电缆案中），司法实务中有不同做法。笔者认为全赔也不尽合理。[1]

第二，债务人对第三人的抗辩权。该制度虽然是契约法上内容，但实质上还是具有侵权法属性。因此，第三人在损害的发生及扩大上也有过失的，应当依与有过失的规则进行过错相抵。同时，第三人还要承受债权人的过失。虽然第三人享有独立的损害赔偿请求权，但从本质上讲，他还是依附于债权人或主给付。[2]另外，由于对第三人的保护义务依附于主给付，因此债务人对于债权人的合同抗辩权也可以向第三人主张。例如，时效抗辩权、履行抗辩权等。同时，债权人与债务人之间有对违约责任的约定，如对第三人赔偿义务的限定，则也要依该条款对第三人的损害赔偿进行限定。这是准用《德国民法典》第334条的结果。但嗣后达成的免责条款对第三人无效，因为有逃避责任的嫌疑。[3]

（二）合同效力瑕疵下的法律后果

附保护第三人作用的合同也可能存在效力瑕疵，如无效、可撤销和效力待定。但效力待定和可撤销是中间状态，最终总会走向无效和有效两种。因此，我们仅以无效这种瑕疵类型为分析对象。当合同无效时，我们要分析它的成因。若无效是债务人导致的，毫无疑问，应当由债务人向第三人承担保护义务的损失。若是非债务人的原因导致的，则应当免除债务人的责任。有学者一律认可合同效力瑕疵下债务人的保护义务，失之偏颇。

四、合同的各阶段适用

在诚信原则的指引下，我们见证了合同义务的延伸。在时间跨度上，合同缔结之前的磋商阶段、合同缔结后的履行阶段以及合同履行后的终了阶段，都累积了不同程度的合同义务。在牵涉人员上，德国法附保护第三人作用的合同将合同当事人扩张于不参与合同的特定第三人。在理论上，我们不禁要

---

[1] 有学者认为债务人对第三人的一切损失都应赔偿，这是不合适的。参见刘露："论附保护第三人作用契约"，郑州大学2010年硕士学位论文，第24页。

[2] 参见邵建东："论德国民法中附保护第三人效力的合同"，载《比较法研究》1996年第3期，第270页。

[3] 李格格："附保护第三人作用合同的研究"，重庆大学2011年硕士学位论文，第21页。

问，特定第三人在合同磋商阶段或合同履行终了阶段都可以主张合同损害赔偿请求权吗？易言之，这里需讨论附保护第三人作用的合同的时间跨度。

（一）先合同阶段

实定法上已经承认，先合同阶段存在磋商当事人间的保护义务。当一方违反解释、照顾、忠实等义务时，可产生缔约过失责任。卡纳里斯（Canaris）教授认为，产生于当事人间合理信赖的保护义务可脱离给付义务存在，因此在合同成立之前或合同无效时，该义务不受影响。[1]那么这种保护义务是否扩及第三人？德国判例一向认为，保护义务应及于与契约当事人间有福祸与共关系的第三人。[2]但普里亚迪斯（Pouliadis）认为，第三人之损害必须与主给付有关或第三人是临近给付、临近债权人之人，才可能存在缔约过失责任与附保护第三人作用合同的重叠适用。只是，这也仅是对先合同阶段此种"第三人"范围的限缩，并不是排除其适用。质言之，于先契约阶段，第三人是否得以寻求契约法之保护，应视其是否遭受与给付具有密切关联行为之侵害而定。[3]这一点在《德国民法典》第311条第2项及第3项已有明定。所以在实定法上应承认缔约过失责任对第三人的保护作用。

（二）合同履行阶段

契约履行阶段也存在保护义务，这本毋庸置疑。但学者们就缔约前与缔约后两个阶段的保护义务的理论基础认识有所不同。依拉伦茨（Larenz）之见，先合同之保护义务以信赖所生之法定之债为依据，而缔约后保护义务以合同为依据。卡纳里斯（Canaris）则不同，他意图建立以保护义务为内容的法定债之关系，并贯穿合同始终。学界虽对于保护义务的理论基础有不同看法，但还是一致认可了保护义务之于合同履行阶段的存续。格恩胡贝尔（Gernhuber）就认为，附保护第三人作用的合同基本上能够与任何债之关系相结合。[4]特别是在鉴定案件、遗嘱未成立案件中，买受人或继承人对于鉴

---

〔1〕　Canaris, Ansprüche wegen, positive Vertragsverletzung und Schutzwirkung für Dritte bei nichtigen Verträgen, JZ 1965, S. 476ff. 转引自吴俊贤："附保护第三人作用契约之研究"，辅仁大学2003年硕士学位论文，第120页。

〔2〕　BGHZ 66, 51.

〔3〕　吴俊贤："附保护第三人作用契约之研究"，辅仁大学2003年硕士学位论文，第124页。

〔4〕　Gernhubei, Bürgerliches Recht, 4. Aufl., 1998, S. 92. 转引自吴俊贤："附保护第三人作用契约之研究"，辅仁大学2003年硕士学位论文，第126页。

定合同、委托合同有信赖利益时，他们作为第三人受到合同保护。[1]当鉴定人、受托人履行瑕疵时，第三人的利益受有损害，自然可依据附保护第三人作用的合同请求赔偿。只是在德国实务中，还存在另一种解决方式：缔约过失之第三人信赖责任。但这两种方式殊途同归，在裁判结果上具有一致性。2002年《德国债法》修正后，其第311条第3项后段承认了缔约过失的第三人信赖责任，在一定程度上（该条文将此责任限定在了契约磋商与缔结）实现了合同履行阶段附保护第三人作用合同的法典化。

（三）合同履行后终了阶段

后合同义务可以理解为一个义务群，包括主给付义务、从给付义务、附随义务。主给付义务如企业让渡后的竞业禁止，从给付义务如出租人对承租人张贴迁移告示之容忍义务，附随义务如医师在诊疗后经患者询问而提供诊疗记录、精密仪器的卖方在买卖合同完成后所提供的咨询服务等。这里有两则案例可供参考：一是竞业禁止案。甲与乙签订买卖店铺之契约后，乙便受竞业禁止之保护，意为禁止甲在原店铺附近再次招徕生意。之后，乙再将店铺转卖其子丙。在该案中丙受到后合同义务竞业禁止的保护。纵使丙成为店主，甲也不得在其周围开店。因为丙临近主给付、乙丙之间具有祸福与共关系并且甲能预见到具有保护必要性之丙的存在。二是买卖车辆案。甲车厂出售某品牌汽车于乙。一日乙之妻丙开车携两幼子出游。其间因刹车失灵，三人均身受重伤。在该案中，丙及其幼子均受到甲乙之间车辆买卖合同的保护，并可基于后合同义务（车辆维修、召回）的违反请求甲车厂进行赔偿。

透过以上的分析，可以看出契约法的发展系不断扩大契约义务。这种扩大的关键在于在合同的各个阶段均纳入第三人。笔者以为德国法上问题的关键不在于否定附保护第三人作用的合同，而在于合理限缩第三人的范围。于此，以上五个构成要件均需适用。

五、德国法上的价值及中国法的评价

（一）德国法上的价值

附保护第三人作用的合同弥合了侵权行为法的不足（如短时效、第831

---

〔1〕 第三人的信赖利益还存在于二手车中间商、公司经理人、公司重整管理人中。

条雇佣人免责事由〔1〕），更好地保护了第三人的利益。同时它还为保护义务理论的形成及合同责任的立体化重构起到了积极作用。〔2〕它推动合同责任在主观范围上进行扩张，使合同法实现了现代化发展。〔3〕但是它所带来的弊端显然多于利好。如前文所述，法院在适用该项制度的过程中，逐渐模糊了第三人的判断标准。甚至将一些与债权人利益相反的第三人拉入进来。在很多情形，法院仅仅关心，"当契约当事人未有明示意思表示，亦无当事人行为或其他可资证明时，以有关客观利害关系为依据，是否可以推定契约当事人已默示约定对第三人的注意义务。"〔4〕这样就导致了债务人的风险负担过重，不当增加了交易成本。最终出现了拉伦茨（Larenz）所称的"契约法肥大"的问题。但立法者并没有采取限制第三人范围的立场，而是将保护义务予以法定化。总之，基于德国侵权法的实际情况，判例发展出的这一制度是喜忧参半的。那该制度能够在本书所称的"涉他合同"的语境下，被移植吗？

（二）中国法的评价

针对该制度，学界目前有三种看法：一是，赞成说。认为应当引入该制度，它可以更充分地保护第三人。〔5〕二是，否定说。认为我国侵权法并不存在德国法上的漏洞，引入该制度反而会导致合同责任的复杂化。〔6〕三是，折中说。〔7〕认为我国可以有选择性地吸收该制度。如在建设工程施工合同中对

---

〔1〕　该条与《德国民法典》第 278 条存在一定冲突：本人应与法定代理人或履行辅助人负同一责任。

〔2〕　涂文、安翱："论附保护第三人作用的契约"，载《河北法学》2004 年第 3 期，第 32～33 页。转引自邱雪梅："附保护第三人作用合同研究——兼论建设工程施工合同对第三人效力的法理依据"，载《政法学刊》2005 年第 6 期，第 27 页。

〔3〕　叶榅平："附随义务与合同对第三人的保护效力"，载《中南民族大学学报（人文社会科学版）》2006 年第 2 期，第 102 页。

〔4〕　王文钦："德国法上'附保护第三人作用之契约'制度的新发展"，载《中外法学》1994年第 2 期，第 68 页。

〔5〕　申黎、尹志君："试论引进'附保护第三人作用之契约'理论的必要性"，载《当代法学》2002 年第 4 期，第 59～63 页。转引自邱雪梅："附保护第三人作用合同研究——兼论建设工程施工合同对第三人效力的法理依据"，载《政法学刊》2005 年第 6 期，第 27 页。李永军教授也持赞成说。李永军：《合同法原理》，中国人民公安大学出版社 1999 年版，第 210 页。

〔6〕　王利明：《违约责任论》，中国政法大学出版社 1996 年版，第 231 页。转引自丁亮华："第三人受合同保护之可能及限制——基于诚实信用原则对合同相对性效力的突破"，载《判解研究》2012 年第 59 期，第 152 页。

〔7〕　王泽鉴先生仅在买卖契约及租赁契约上采纳了对第三人的保护效力。王泽鉴：《民法学说与判例研究》（第 2 册），中国政法大学出版社 2005 年版，第 38～39 页。

实际施工人的保护，以及对于缺陷服务引起的第三人损害等，可以适用附保护第三人作用的合同。那到底该如何处理？

依据德国学者普遍的主张，在一国法上附保护第三人作用的合同出现的条件有三个：一是承认合同相对性的例外；二是合同法也可以保护他人的人身、财产等绝对权；三是侵权法存在漏洞。在对我国法律加以检视之后，笔者发现，我国《民法典》中承认了涉他合同及合同相对性的例外，因此第一个条件被满足。我国法律也承认缔约过失责任及合同的附随义务，这是对债权人固有利益的保护。因此，前两个条件满足。关键是第三点，我国侵权法是否存在德国法上的漏洞？笔者持否定见解。首先，《民法典》第1164条对被侵权人的保护是全方位的，涵盖了他的权利以及利益。所以德国法上所谓的纯粹经济损失在我国是可以合理理赔的。其次，我国的雇主责任采替代责任的形式。依《民法典》第1191条，雇主或用人（工）单位需要承担劳动者在工作过程中所导致的损害，并不存在德国法上的免责情形。最后，在请求权的时间限制上，我国法律规定一律是3年（特殊情形下1年），也不存在合同责任对第三人的保护优于侵权责任的情形。侵权责任有较重的举证责任，但也可以主张精神损害赔偿。即使是在建设工程施工合同领域，实际施工人对发包人的直接追索权，也仅是出于连续的合同债权，而直接认可了实际施工人的合同履行请求权，并不存在保护义务被违反的情形。因此，该制度在我国并无产生土壤。

而学者常举的两种案例也可以在我国现行法上找到解决思路。

案例一：甲乙是夫妻。甲与丙公司签订住房租赁合同。乙与甲同住。某天，由于房屋年久失修，甲乙被掉落的天花板吊灯砸伤。在本案中，甲可以向丙主张侵权责任与违约责任的竞合，而乙只可以主张侵权责任。违约责任是严格责任，侵权责任是过错责任。侵权责任的举证较为严格，因此乙可能无法举证而无法要求赔偿。同时，甲主张违约责任的诉讼时效是3年，而乙因身体遭受侵害的侵权责任是1年。因此，有学者认为，我国如不引入附保护第三人作用的合同，而给予乙合同法救济，则可能出现甲乙面临同样的风险、损失而得到不同的救济，进而导致不公。

案例二：甲公司想投资某家目标公司，但担心投资失败，因此找到会计师乙评估投资风险，并由其出具尽职调查书。甲公司在信任该报告的前提下，找到丙丁两公司共同投资了目标公司。不料，乙的报告严重不实，导致甲丙丁三家公司亏损严重。在本案中，由于甲乙之间有委托合同关系，因此甲可以追究乙的违约责任。但是丙丁的损失只是"纯粹经济损失"，在我国现行法上，无法获得赔偿。因此，有学者主张引入附保护第三人作用的合同，而对丙丁进行救济。

笔者以为不然。有效的合同本就只是当事人的一项保障，与旁人无关。在案例一中，尽管甲乙是夫妻，面临着同样的住房风险。但由于合同当事人是甲，所以按理也只有他能获得合同救济，而没有合同保障的乙只有侵权法的保护。同样的，案例二中的甲是当事人，他能享有合同救济，至于能否全赔也要以合同条款为准。丙丁不是合同当事人，他们也只是信任尽职调查报告，但报告失实对于他们而言是商业风险，因此不予救济也在情理之中。

总之，脱胎于诚信原则及契约的补充解释的这一制度，可能偏离当事人的真实意思，违反合同自由原则。[1] 有些保护义务的认定，只是来源于典型合同的法定义务，与当事人的意志无关。有学者也指出，既然这是一个侵权法上的漏洞所引发的问题，为何不通过修订侵权法进行弥补？我国学者王利明教授也提出反对意见：第三人的损害常常包括人身伤害和死亡，而此种损害是很难通过合同法来获得补救的；债务人与第三人之间的关系的性质难以确定；（这一制度）实际上排除了侵权责任的运用，很不利于保护受害人。[2] 至于有学者提到，在产品造成消费者以外的第三人损害的情形，[3] 我国法也可以通过《民法典》第 1203 条，由第三人向生产者、销售者追究不真正连带责任，似乎也不必引入该制度。

---

〔1〕 王璟："论'附保护第三人作用之合同'——兼谈我国侵权责任法的完善"，载《求索》2009 年第 10 期，第 150 页。

〔2〕 王利明：《违约责任论》，中国政法大学出版社 1996 年版，第 266~267 页。

〔3〕 赵清新："论附保护第三人作用的合同"，载《法律适用》2013 年第 3 期，第 106 页。

第四章	义务型涉他（一）：由第三人履行的合同

由第三人履行的合同，又称第三人负担的合同，指双方当事人约定债务由第三人履行的合同。它往往具有减少交易环节，提高交易效率的功能。[1]《民法典》第 523 条的设置，可作突破相对性的理解——该合同确实为第三人设置了债务；也可以理解为该条遵循着相对性原则——该第三人有权不履行合同债务。[2]此合同类型虽在本质上没有突破合同相对性，因为如果出现违约责任，还是由债务人来承担，但是在这个三方结构中，履行方发生了变化。将第三人的履行视为一种义务（实际上是"不真正义务"），那么在由第三人履行的合同中，第三人可以称之为负担了义务。这符合前文所归纳的涉他合同要件。那么，该合同制度也合理地成为本书的研究对象。

在具体论述上，笔者希望探究第三人义务生成的法理基础，并明晰由第三人履行的合同与债务承担、第三人代为履行、保证合同之间的区别。实际上，它与债务承担的区别是司法实践中特别需要注意的问题（前文案例类型的归纳已有所提及）。接着本章会考察该类合同的适用范围，以及最为重要的三方关系。以期使得这一相对简单而又运用广泛的制度，在解释论的叙述中重新焕发生机。

一、第三人与债务人的责任关系

（一）第三人履行义务的出现

笔者在理论基础部分重点阐述了第三人权利的来源。但第三人义务从何而来？事实上，如果允许 A 与 B 签订的合同为不相干的 C 创造义务，这将是

---

〔1〕 黄薇主编：《中华人民共和国民法典释义》，法律出版社 2020 年版，第 1001 页。

〔2〕 崔建远："论合同相对性原则"，载《清华法学》2022 年第 2 期，第 130 页。

一件可怕的事：我们每一个人都可能在不经意间成为这样的 C，背上巨额债务而惶惶不可终日。除了金钱上的负担，第三人义务的肆意生成对私主体的缔约自由伤害更大。因为从后果主义的角度来看，我们便失去了与任何人缔约或不缔约的自由、订立何种契约的自由。与承认第三人权利"强迫他人得利"的隐忧相比，这种对自由以及他人利益的侵害，使得我们应更加重视、警惕甚至设计一定的制度避免第三人义务的产生。依笔者之见，在原则上，第三人不能因他人之间的合同而负担义务。但这一原则也存在些许例外。

（1）债务人与第三人的合意。与第三人不相干之债本不能对其产生效力。但若第三人作为自己利益的最佳判断者接受这一不利时，就可以对其产生影响。这应当是符合常理的。至于第三人主动承担他人债务的理由，笔者以为，主要是第三人对于债务人负有人身法或财产法上的义务。人身法上义务，如限制民事行为能力人为从事与自身年龄相适应的法律行为而对外举债，到期后无力偿还，而由他的监护人代为偿还的。财产法上义务，如甲为归还积欠乙之债务，而向乙的债权人丙偿还等额债务，消灭两级债权的情形。它牺牲了一定的期限利益，但能避免债权人代位权行使所产生的巨额成本，因此更加经济。依据有力学说，即使债务人对相对人的债权或者与该债权有关的从权利被采取保全、执行措施，或者债务人破产的，债权人对代位取得的财产也享有优先受偿的权利。[1] 以上两例存在法定合意（合意拟制）或约定合意的情形。这些债务由第三人履行使得交易更加高效或者有利于债权人利益的满足，同时也顾及第三人的自由意志，应当是合理的制度设计。值得一提的是，第三人替代履行需不需要债权人的同意？笔者以为，应持肯定说。因为由第三人履行的合同一旦成立，会产生免除债务人履行义务的法律后果（终局的违约责任仍由债务人承担）。在法律属性上较类似于债务承担，或者更准确地来讲，是免责的债务承担。免责的债务承担的成立，需要债权人的同意。由第三人履行的合同也应该适用相同的规则，即第三人义务在合同中的证立需要债权人的同意。所以，仅有债务人与第三人的合意，并不必然产

---

［1］ 债权人代位权的行使在客观上使得债务人的责任财产得以增加。这好比破产中的共益债务。它的地位应优先于其他普通债权或有担保的债权。债权人行使代位权且有优先受偿比之于不行使代位权或行使代位权而无优先受偿权的制度设计更有效率、更接近于公平与效益的平衡点。参见黄和新："代位权人优先受偿权制度的合理性分析"，载《南京师大学报（社会科学版）》2002 年第 6 期，第 46~51 页。

生由第三人履行的合同。但该合意是否能产生向第三人履行的合同（前述第三人变为债务人，前述债务人变为债权人、前述债权人变为第三人），则要衡量该合同制度的构成要件。第二章已有提及，此处不再赘述。总体来看，债务人与第三人之间替代履行的合意在建构合同第三人义务的过程中起到了关键作用，因此，此处将他们之间的合意作为主要原因予以凸显。

（2）第三人实际享有给付利益。第三人实际享有给付利益的例子为《最高人民法院关于审理民间借贷案件适用法律若干问题的规定》的第 23 条第 1 款。企业法定代表人或负责人虽以企业名义与债权人订立民间借贷合同，但是所借款项实际用于个人挥霍，则出借人可请求其承担合同责任。该条明定其诉讼地位为第三人或共同被告。如果法院判决法定代表人承担全部责任，那么这也是合同由第三人履行的一种情形。在司法实践中，更为重要的是挂靠。[1] 它是指由挂靠方使用被挂靠企业的经营资格和凭证等进行经营活动，并向被挂靠企业缴纳挂靠费用的一种经营形式。[2] 也有学者称其为商号出借或名义出借。关于挂靠关系的外部责任，学界存在三种学说：一是，依据共同侵权的理论，由挂靠人与被挂靠人对债权人承担连带责任。二是，依据合同相对性的理论，由合同的名义当事人——被挂靠人对外承担民事责任。三是，在被挂靠人受益的范围内由其承担责任。有力说主张，挂靠人的意思决定了一项交易的达成，因此其应当承担合同责任。被挂靠人出借资质或名义，在客观上也促成了交易的达成，因此应与挂靠人一道承担连带责任。笔者无意确定该观点的正确性，但是在挂靠人实际履行合同责任时，他的身份是合同当事人之外的第三人。因此，这也是由第三人履行的一种形式。该情形会产生合同第三人义务，笔者以为其原因是第三人开启了一项交易及实际享有给付利益。当然，法律禁止无资质人员进入特定领域的规范目的也是原因之一。

（3）实现"公正"与"富强"的价值观。在法适用的技术上，法律原则具有十分重大的意义。它可以弥补法律规则的缺漏，甚至可以在案件适用具体规则极不合理时，适用法律原则。虽然法律原则显示出了"兜底一切"的

---

〔1〕 最高人民法院民事判决书，（2017）最高法民再 220 号。

〔2〕 丁广宇："挂靠或出借名义的效力及内外部法律责任"，载《人民司法》2019 年第 26 期，第 55 页。

作用，但它本身的适用其实是有范围的。虽然《民法典》第 4 条至第 9 条确立了平等、自愿、公平等原则，但我们永远无法估量有怎样的新类型案件会出现。总体而言，这是成文法不可能满足无限生活事实的固有缺陷。《民法典》第 10 条将民法的法源扩张到了习惯，但这也可能无法涵盖全部案件，因为习惯也可以被穷尽。由此，有些学者主张适用"社会主义核心价值观"来判案。笔者也赞成这样的观点。但由第三人履行的合同与社会主义核心价值观相勾连的部分仅是"公正"以及"富强"。

首先，为了实现债权人利益，维护社会的公平正义，在某些情形下，债权人可以绕过债务人而直指第三人。最为典型的案例当属《最高人民法院关于审理建设工程施工合同纠纷案件适用法律问题的解释（二）》[1] 第 24 条。近年来，农民工讨薪的案件频发。该类案件难以解决的原因主要是建设工程经层层转包后，实际施工人很难找到他的前手——转包人或违法分包人。实践中，分包人积欠一定工资后，往往无力偿还或者直接潜逃，导致施工人追讨无门。于是，为了维护庞大农民工群体的利益，实际施工人可以穿透分包（转包）合同与发包合同而直接向发包人主张权利。发包人相对于分包合同而言即处于第三人地位，由其向作为债权人的实际施工人履行债务实际上是为了实现社会的公平正义。

其次，"富强"的社会主义核心价值观也可以解释第三人义务。这种情形主要出现在第三人履行十分高效的场合。例如，甲欠乙 100 万元，乙欠丙 100 万元。前项的债务先到期或同时到期，则此时甲乙约定由甲偿还连锁债务，会显得更加高效。这至少节省了数次履行所产生的费用。又如加工承揽场合，甲雇请乙装修房间，不料乙突然骨折不能前往，甲乙约定由乙的徒弟丙来装修。此时，甲免去了更换承揽人所产生的花销，乙也没有损失此单生意，可谓一举两得。当然，这种临时更换履行者的情形仅限于信赖关系和人身专属性较弱的场合。若是特定人身关系所产生的义务或是委托合同等合同类型所产生的义务，则不可由第三人履行。这样的例子还有《民法典》第 535 条规定的债权人代位权。因债务人怠于行使其债权或与该债权有关的从权利，债权人可以代位行使债务人对相对人的权利。从相对人的角度而言，他是在履行债务人的债务，因此也是由第三人履行的形态。相对人履行后，可以消灭

---

[1] 值得注意的是，根据法释〔2020〕16 号，该司法解释已失效。但农民工讨薪的问题依然严峻。

两级债权，也十分符合效率原则。还有在生鲜、冷藏等货物的转卖交易中，适用由第三人履行的合同，由运输人直接转交货物，避免了多次转手而导致耗时过久的问题，也较为高效。市场经济广泛适用第三人履行，可以节约交易成本，提升交易效率，有利于"富强"价值观的实现。

总之，此时的第三人义务产生于"社会主义核心价值观"所解释出的法理。这也符合传统民法典法源的理路。[1]

（二）债务人违约责任的承担

第三人履行债务，若出现债务不履行，本应当由始作俑者第三人承担违约责任，缘何《民法典》第 523 条规定债务人要为第三人的给付行为承担责任？笔者以为，这绝不是通说所称"合同相对性"的原因这般简单。该派学者认为，债务人是合同当事人，所以需要承担合同责任。而第三人不是合同当事人，所以不应当承担合同责任。"当事人"其实是程序法上的概念，意指"承受责任的人"。很显然，上述理由出现了循环论证的问题：当事人——责任——当事人。那么，在第三人履行合同的场合，债务人承担责任的真实原因是什么？合同关系其实是一种信赖关系。债权人所信赖者，是债务人，而不是第三人。当债务人利用第三人履行债务时，债务人便提升了合同违约的危险性。债权人的履行利益因此会落空（危险责任）。同时，债务人假他人之手扩大自身活动范围，受有利益（报偿责任）。结合这两方面的原因，由债务人承担第三人不履行债务或履行债务不符合约定的责任，实属必要。[2]从反面来看，如果债务人不承担违约责任，第三人与债权人无合同关系，势必也不承担违约责任，则债权人无法向任何一方主张合同责任。债权人只能在特别场合要求第三人承担侵权责任（如在往取债务的场合，债权人与债务人约定由第三人代为运送而第三人不慎致标的物损毁的）。而与债务人相比，第三

---

[1] 瑞士法亦承认法理的法源地位。

[2] 谢亘提出了反对意见。他认为，"履行辅助人的能力未必就比债务人差，特别是履行辅助人是专家的情形。"这种情形下，债权人不但没有增加风险，反而降低了风险。就报偿理论而言，他也强调，债务人利用履行辅助人履行债务，由此获得利益的不仅仅是债务人本人，也会给债权人带来利益。因此，他质疑了这两种理论。笔者以为，抽象的理论没有实验数据支撑很难得到有效证立。所以，谢亘的说法与通说之间的观点谁更有理，不能轻易下结论。但是，可以肯定的是，履行辅助人的出现为债务的履行增加了不确定因素，损及债权人对合同的可预见性，而这种因素在很大程度上是债务人造就的——通常实践中辅助人由债务人首肯。因此，通说似乎更加合理。解亘："再论《合同法》第121 条的存废——以履行辅助人责任论为视角"，载《现代法学》2014 年第 6 期，第 31~33 页。

人的经济实力一般而言较弱。因此，由债务人承担第三人履行的严格责任或担保责任是符合情理的。[1]

在比较法上，有立法例称债务人只有对第三人选任、指示、监督有过失时，始负责任。同时，该责任的成立也需要履行辅助人在主观上具有过错。[2]但在中国法上，合同责任是严格责任。即在一般情形，只要债务人不履行合同义务或履行合同义务不符合约定，就由其承担违约责任。笔者把它称为严格的后果责任。所以，但凡第三人履行不当，债务人均应负责。

二、由第三人履行的合同与相关概念的区分

前文已经提及，由第三人履行的合同，是指当事人双方约定，由第三人向债权人履行债务，当其不履行债务或履行债务不符合约定时，由债务人向债权人承担违约责任的合同。它属于广义担保行为之一种，其目的在于增强债务人的履约意识，因为在第三人未履行时，仍由债务人负赔偿责任。[3]

由第三人履行的制度早在古罗马法就已出现，如债务承诺与债务承担的区分。但由于合同全面履行原则，合同履行应体现为当事人自身的行为，尤其是特别要求信任的债务及人身性债务。但是，为了充分实现合同订立的目的以满足债权人的债权，增强效率、契合精细化的社会分工，债务由第三人辅助履行变得十分必要。履行的非专属性转而变为一项原则。[4]比较法上类似的规定，如《德国民法典》第 267 条、《法国民法典》第 1236 条、美国《统一商法典》第 2-210 条。

---

〔1〕 王泽鉴：《民法学说与判例研究》（第 6 册），中国政法大学出版社 2005 年版，第 53~54 页。这种债务人承担的"担保责任"是过失责任还是无过失责任，学界存在不同看法。林诚二认为是过失责任，因为第三人的过失仍要扩张及于债务人。林诚二："债务不履行归责事由之检讨"，载《中兴法学》第 6 期，第 392 页。而王泽鉴持无过失责任说，本书即是引用该学者见解。韩世远却认为要区分内外：对债权人而言，他总要证明债务人一方具有过失，因此是过失责任；对债务人而言，即使他本身无过失，仍需负责，因此是无过失责任或严格责任。参见韩世远："他人过错与合同责任"，载《法商研究》1999 年第 1 期，第 36 页。

〔2〕 这主要是因为以德国法为代表的大陆法系采取了契约的过错责任。《德国民法典》第 276 条第 1 款第 1 句规定，"较为严格或者较为轻缓的责任，即未被规定亦不能由债务关系的其他内容特别是由承担担保或者承担置备危险中得出的，债务人应当对故意和过失负责。"杜景林、卢谌：《德国民法典全条文注释》，中国政法大学出版社 2015 年版，第 182 页。

〔3〕 宋忠胜：《契约第三人研究》，人民出版社 2013 年版，第 271 页。

〔4〕 See British Waggon Co. and Parkgate Waggon Co. v. Lea（1880）.

在构成上，由第三人履行的合同与向第三人履行的合同一样都由基础合同与一个第三人约款组成。这两者属于主从法律行为关系，主行为无效或被撤销，则第三人约款自动失效。我们在讨论它的具体制度之前，应当明确其与相关概念的区别。在此基础上，才能有的放矢。

（一）由第三人履行的合同与代理

代理是指代理人以被代理人的名义，与第三人从事法律行为，其后果由被代理人承担的法律事实。它与由第三人履行的合同一样，都存在三方法律关系，因此两者之间不易区分。笔者以为，他们之间的差异有四点。

第一，代理人以本人名义从事行为，而由第三人履行的合同中，第三人是以自己的名义从事行为。于前者，代理人必须以本人名义行事，否则就是间接代理。而后者中，第三人是以自己的名义偿债，但债权人知道这是债务人的债务。从这点我们得知代理人处于从属地位，而由第三人履行的合同中，第三人是独立的。

第二，代理人可以从事所有的法律行为（给付或接受给付），而第三人所从事的行为有限，只能是偿还债务（给付）。由第三人履行的合同由其本质决定，只能是偿还债务。第三人处于类似于债务人的角色。而代理不同，代理人可以代为偿还债务，也可以代为接受债权。

第三，一个适法的代理必须由本人向代理人授予代理权，否则构成无权代理而由代理人承担最终的法律责任。但是由第三人履行的合同不存在授予代理权的情形。一般只存在一个以债务人和第三人为合同相对方的前序债权债务关系。

第四，代理一般不解决代理人的追偿问题，而由第三人履行的合同解决这一问题。这与第三人替债务人偿还债务的原因有关。

当然，在理论上也存在第三人既是债务履行辅助人又是意定代理人或法定代理人的情形，这说明这两个概念存在一定程度上的交叉关系。一个案件是代理关系还是由第三人履行，需结合当事人的客观意图加以判断。[1]

（二）由第三人履行的合同与债务承担

（免责的）债务承担，是指原债务人与新的债务人约定，由后者承继前者的位置，从而履行原给付，并经债权人同意的合同。我们在这两个概念的定

---

〔1〕 See *Chitty on Contracts*, Vol 1（32nd. ed., Sweet & Maxwell, 2018）at para. 19-085 in p. 1962.

义中，可以清晰地看出，它们之间最大的区别在于，第三人或新债务人的地位不同。由第三人履行的合同中第三人只是实际履行者的地位，当他不履行时，有债务人兜底。但在债务承担中，原债务人已经退出了"债之法锁"。新债务人取代了他的位置。这其实已经不是三方关系了。进行此种理论区分，相信他们的区别是十分明显的，但是实践中，案情却错综复杂。在一个可疑的三方关系中，被告若是债务人则经常以第三人的债务承担来答辩。而他若是第三人则经常以由第三人履行的合同来推脱。所以，笔者接下来会明晰这两组概念在实务中的区别。

司法实践中最为关键的是，第三人承诺履行债务，其目的意思到底是履行自己的债务还是履行别人的债务。在泰阳证券公司案中，三方协议中同时有"代日升公司向华洋公司偿还前述债务"和"该债务的偿还义务转移至泰阳证券公司"的表述，[1]在该意思表示中不能清晰地看出泰阳公司有承担债务的意思。即使第三人有这样的意思，也需要债权人华洋公司有明确同意的意思表示，不然也还是由第三人履行的合同形式。当然，也有人认为，只要有第三人履行债务的承诺，并且依据当事人的意思以及交易习惯，可以推知三方当事人同意债务承担的，则可以径直认定由第三人承担违约责任。中国民族国际信托投资公司诉海南瑞南实业发展总公司等债务案就是这样的情形。有实务界人士建议，可从当事人的相互关系及地位、当事人（明示或默示的）意思表示、第三人实施履行行为性质、履行范围、合同履行后从权利及从义务是否移转等方面区分两者。[2]该观点总结了实践规律，具有启发意义。

归纳学界的观点，可以认为，这两个概念之间的区别包括：在形成方式上，债务承担需要债权人的同意，而由第三人履行的合同只需要债务人与第三人的约款；在合同主体是否变更上，无论是免责的债务承担还是并存的债务承担，都涉及第三人成为合同当事人的情形，而在由第三人履行的合同中，第三人只是履行主体，合同当事人并没有变化；从义务是否移转不同，于前者而言，从义务、从权利（在双务合同中）都由第三人承继，但专属于债务人以及担保人的除外。而在后者，从权利、从义务并不发生转移；在承担责任的主体上，前者第三人部分或完全取代了债务人的地位而须承担责任，而

---

〔1〕 王建磊："由第三人履行与债务承担比较研究"，西南政法大学2009年硕士学位论文。

〔2〕 谭萍："债务承担与第三人履行之比较"，载《山西财经大学学报》2001年S1期，第147页。

在后者，第三人并未成为合同当事人，当其不履行或不适当履行时，应该由债务人承担违约责任。若第三人与债务人的约款中，约定了债务人的追偿权，则第三人须承担责任，不过那已与原合同关系无关。最后，由于前者承担责任，他也就享有了相应的抗辩权；后者则否。

（三）由第三人履行的合同与第三人代为履行的合同

这两个概念初看上去十分相似。第三人代为履行的合同是指，在债务人不履行债务的前提下，有利害关系的第三人代为清偿债务人的债务，而由其取得债权人地位的情形。它包括物上保证人为防止自身所有的担保物被拍卖、变卖而清偿债务人债务的情形，也包括母公司对关联子公司债务的清偿以防止其破产，还包括次债务人为清偿连环债务而代替债务人履行合同的情形。总之，它与由第三人履行的合同十分相似。其相似点有二：一是第三人地位相同。无论是由第三人履行的合同还是第三人代为履行的合同，第三人均不是合同当事人，第三人对合同义务的履行均出于自愿，任何一方不得强制第三人履行。二是第三人履行债务的后果均由债务人承担。[1]但是，它们之间也有三点区别。

其一，由第三人履行的合同中，第三人履行合同的原因是债务人与第三人之间的约定。它并不以债务人不履行或不适当履行合同为要件。或者说，第三人的履行活动就是债务人的履行活动。而在第三人代为履行的合同中，第三人履行合同必须以债务人不履行债务，债权人的履行利益得不到满足为前提。换言之，债务人履行在先，若其不履行，才由第三人备位履行。

其二，按照《民法典》第 524 条第 1 款的规定，第三人代为履行的，必须对履行债务具有合法利益。如债务人的物上保证人、次债务人以及关联公司等。虽然这种合法利益可以从宽解释，但按照法条表述，应当具有某种合法利益，而不能是毫无关联的任何人。但在由第三人履行的合同中，基于第三人义务的约款，任何第三人都可以履行合同，成为适格履行主体。第三人代为履行是出于自己的意愿和利益，而履行辅助人的履行是出于债务人的指派或委任。[2]

其三，原则上，在第三人代为履行的场合，第三人取代原债权人成为新

---

〔1〕 参见最高人民法院民法典贯彻实施工作领导小组主编：《中华人民共和国民法典合同编理解与适用》，人民法院出版社 2020 年版，第 424 页。

〔2〕 王利明："论第三人代为履行——以《民法典》第 524 条为中心"，载《法学杂志》2021 年第 8 期，第 2 页。

的债权人。但在由第三人履行合同中，第三人履行完毕之后，其是否享有对债务人的权利应基于他与债务人之间的协议。即使第三人享有对债务人的求偿权，这也不是被消灭掉的合同的债权。因此由第三人履行的合同中的第三人的地位显著弱于第三人代为履行的合同的第三人的地位。

三、由第三人履行合同的适用范围

在对这一合同类型与相似概念进行区分之后，可以进一步在理论及实务中探讨该合同的适用范围。如《法国民法典》第1782条的运送人责任、1797条的工程承包人责任及1953条的旅馆主人责任，《日本商法典》第562条、577条、590条等，都有由第三人履行的内容。[1]在我国法律上，因为整个涉他合同制度是合同编通则的内容，所以它可以适用于所有的有名合同以及相关的无名合同，除非其带有人身专属性。但此处笔者希望选取学界讨论比较频繁的案型，来提取出充分必要的构成要件。

（一）保证合同中保证人担保债务人的履行

由第三人履行的合同，又称担保第三人履行的合同，是指以担保第三人的履行为合同标的的合同。[2]由这个定义可知，该合同与担保合同之间具有密切联系。举例来讲，甲欠乙10万元，由丙担当保证人，保证期限是6个月。在本案中，乙丙之间的保证合同使得乙是丙的担保权人（另一种意义上的债权人）。乙可以在甲不履行主债务的前提下，追究丙的担保责任。反过来，我们也可以认为，丙在向乙担保，甲会如期清偿债务。当甲清偿期满，无法清偿时，要由丙承担（违约）责任。即由丙承担保证责任，再由丙向甲追偿。因此，保证合同是广义上的由第三人履行的合同，可以适用它的规则。[3]

---

〔1〕 参见彭赛红："论债务人之履行辅助人责任"，载《北京理工大学学报（社会科学版）》2006年第2期，第38页。

〔2〕 韩世远：《合同法总论》，法律出版社2018年版，第375页。

〔3〕 但有学者主张，"……二者存在本质的不同。保证合同是主债权债务的从合同，一般保证的保证人享有先诉抗辩权，在就债务人的财产依法强制执行仍不能履行债务前，有权拒绝承担保证责任；连带债务的保证人和债务人对债务承担连带责任。而由第三人履行的合同，是一种独立的合同，债务人对于第三人不向债权人履行债务的行为，独立向债权人承担违约责任；第三人不是债务人，其只实施履行行为，不对债权人承担违约责任"。这种观点值得注意。黄薇主编：《中华人民共和国民法典释义》，法律出版社2020年版，第1002页。

（二）加工承揽合同由第三人履行

这应该是相当常见了。甲乙约定，由乙来安排丙为甲拍摄艺术照若干张。此时，甲、乙分别是债权人与债务人，丙是履行第三人。相应的法律效果应包括：由于债务关系仅在甲乙之间产生，所以丙不负有给付义务。当丙由于生病，无法正常拍摄时，应由乙承担违约责任。乙在赔偿完毕之后，是否有权向丙追偿，应取决于乙丙之间的约定。这样一个看似简单的例子，也是典型的由第三人履行的合同。

（三）融资租赁合同中出租人保证承租人支付价款

一般的融资租赁合同的典型案情为，乙需要一批设备，但资金欠缺无法购买。所以选择了融资租赁商甲，由其去市场上向丙购买该设备。然后，由甲出租给乙。当然，租金总额应该能够涵盖设备的价款以及甲的预期收益。但是，也可以将该案例稍加变动。此时，甲也没有资金购买，便和乙丙商议，由甲的信用作保证，丙先将设备租给乙，然后乙支付租金价款，甲来作中间人。当承租人乙没有按期支付租金时，丙可以追究甲的违约责任。本案当事人为甲丙，乙是第三人，这是融资租赁合同的变形。

（四）连环买卖合同中的指示交付

乙向甲购买一批货物，意图转卖于丙，套取差价。乙在支付价款之后，指示甲直接交货于丙。当甲不履行或不适当履行时，乙应当向丙承担违约责任。但丙无法跨越乙，直接向甲索要这批货物。此时，甲乙丙三人，形成一个以乙丙的买卖合同为原合同、甲为履行第三人的由第三人履行的合同。这一连环买卖的情形在实践中比较常见。经销商与买受人订立销售合同，约定由自己经销产品的生产商直接向买受人交付货物。[1]也是这样的例子。

（五）建设工程施工合同中的转包与分包

实践中，有些工程，如高速公路的修建，由于工期长、工序复杂，因此层层转包、分包。我们考量一般的情形。发包人甲向乙发包一段工程，乙将其中一小段分包给丙。在本案中，乙向甲担保丙就这一小段工程能保质保量交付。当丙无法如期履行时，乙要向甲承担违约责任。但是《最高人民法院关于审理建设工程施工合同纠纷案件适用法律问题的解释（一）》（法释

---

〔1〕 梁慧星：《读法条 学民法》，法律出版社2014年版，第145页。转引自韩世远：《合同法总论》，法律出版社2018年版，第375页。

[2020] 25 号）第 15 条规定："因建设工程质量发生争议的，发包人可以以总承包人、分包人和实际施工人为共同被告提起诉讼。"这样的规定构成了由第三人履行合同的规则的例外。实践中的挂靠关系，也属于由第三人履行的合同。如某施工队挂靠于一建筑企业，当建筑企业承接建筑工程时，由施工队实际施工。

（六）包价旅游合同由第三人履行

依《旅游法》第 111 条第 3 项规定，该合同"是指旅行社预先安排行程，提供或者通过履行辅助人提供交通、住宿、餐饮、游览、导游或者领队等两项以上旅游服务，旅游者以总价支付旅游费用的合同"。包价旅游合同的当事人是旅游者以及旅游经营者。但旅游经营者，如组团社，无法提供目的地的所有服务。这是就出现了地接社、履行辅助人等第三人。在具体承担责任的方式上，依《旅游法》第 71 条第 1 款的规定："由于地接社、履行辅助人的原因导致违约的，由组团社承担责任；组团社承担责任后可以向地接社、履行辅助人追偿。"毫无疑问，这是《民法典》第 523 条的典型适用形态。在诉讼地位上，依据《最高人民法院关于审理旅游纠纷案件适用法律若干问题的规定》（法释〔2020〕17 号）第 4 条规定，因旅游辅助服务者的原因导致的违约，旅游者为原告、旅游经营者为被告、旅游辅助服务者为无独立请求权的第三人。

其他案例类型还包括，劳务派遣中用工单位、用人单位、劳动者之间形成的三方关系，制片单位与电影学院、表演系学生之间签订的演艺合同，《海商法》第 69 条规定的托运人与承运人约定运费由收货人支付等。

四、由第三人履行合同的解释适用

由第三人履行的合同建立在债权人与债务人合同成立并有效的基础之上。债务人以自己的名义、依自己的计算并以自己的风险缔结该合同。[1] 所以合同的成立、生效要件，如权利能力、行为能力、意思表示等，都应当以债权人、债务人为准。第三人的情况无关紧要。接着，债务人与第三人达成协议，由第三人向债权人代为履行债务人之债务。这一协议也称之为第三人代为履行的附款。一般情形下，债务都可以代为履行，但是当事人约定或依据合同

---

〔1〕 韩世远：《合同法总论》，法律出版社 2018 年版，第 376 页。

性质专属于债务人的除外。以上是这一合同大致的制度构成，学界均较为清晰。笔者拟就其中一些细微的问题，再作论述。

（一）合同目的是确保第三人的履行

在这里，我们需明确第三人的范围。依大陆法系传统观点，债务履行辅助人主要包括两类：代理人与使用人。我国法律上由第三人履行的合同中的第三人即包括法定代理人。如7岁的甲继承其父的房产。其母乙代替甲与丙订立房屋买卖合同。合同当事人是甲和丙，但由乙履行。如果后来乙给付迟延的，则应由甲承担违约责任。法定代理人应从宽认定。法定代理人的使用人、夫妻间日常事务代理、遗嘱执行人、破产管理人也属于此类。另一类是使用人。使用人依债务人的意思产生。第三人未经同意而履行债务的，债务人对其行为不负责任。另外，在债务人与第三人之间的关系上，有力说兼采干涉可能性不要说，即使用人不以受债务人指示、监督甚至从属为必要。[1]所以医生、律师、会计师、承揽人、铁路局及邮局都可成为履行辅助人。[2]值得注意的是，使用人可否再使用他人（即次使用人）履行债务？这应当依据债权人与债务人之间的约定、契约性质或交易习惯。如果可以，则次使用人成为新的履行辅助人。当他不履行合同义务时，债务人才承担责任。如果不可以，则属于使用人不履行债务的范畴，债务人需当即承担责任。一般而言，物品制造人及供应人不应成为履行辅助人。其理由在于出卖人的主合同义务为交付标的物及移转标的物的所有权。出卖人向他人订购货物，系属给付之预备行为，并非给付过程之一部分。但如果出卖人与制造人约定由其直接交付该物于买受人时，供应人为履行辅助人。[3]

我们可以看出，第三人从事的行为应该是主合同义务所要求的履行行为，包括了给付义务及附随义务的履行。第三人履行给付义务判断起来十分容易，

---

〔1〕 ［日］落合诚一："因补助人行为的运输人责任"，载《法学协会杂志》第94卷12号-95卷3号；《运送责任的基础理论》，1979年版，第216页以下。转引自韩世远："他人过错与合同责任"，载《法商研究》1999年第1期，第37页。

〔2〕 参见王泽鉴：《民法学说与判例研究》（第6册），中国政法大学出版社2009年版，第59页。但我国学者朱晓喆提出反对意见，认为寄送买卖中独立的承运人并非出卖人的履行辅助人。朱晓喆："寄送买卖的风险转移与损害赔偿——基于比较法的研究视角"，载《比较法研究》2015年第2期，第29页。

〔3〕 参见王泽鉴：《民法学说与判例研究》（第6册），中国政法大学出版社2009年版，第61页。

值得注意的是其履行附随义务的情形。例如，出卖人的履行辅助人在交付标的物之后，没有告知买受人该物的危险特性或使用方法；债务人委托银行汇款，银行在汇款后没有遵守为储户保密的义务擅自披露、出卖转账信息。这些都是合同由第三人履行并且债务人需负责的情形。总之，第三人的行为应与合同履行具有直接内在的关联。当第三人假借交易机会而从事与合同履行无关的行为时，比如侵权行为，则债权人只能要求第三人赔偿损失而无权要求债务人承担违约责任。例如，出卖人与买受人约定由第三人交付标的物，但第三人假借接触买受人的便利条件而偷盗其财物的。

债务人向债权人允诺的是给付结果，而不是自身的给付行为。但该结果的达成取决于第三人的给付。如 A 与 B 达成一项买卖钢材的协议，并约定由与 B 有业务往来的 C 将价款打到 A 的账上。此时，A 与 B 之间协议的目的即是保证 C 能履行该项金钱给付。由第三人履行的约款也可以看成是债务可以由第三人履行的授权。至于第三人给付的内容是货币还是实物、是特定物还是种类物，债权人是否需要受领都不影响第三人的给付性质。第三人一旦履行完毕，债务人的债务也随之消灭。虽然合同目的是确保第三人的履行，但第三人实际履行不能的，也无法强求，例如第三人丧失偿债能力或者他的履行耗费过大而显得不够经济时。债权人可以依据《民法典》第 580 条的规定，请求人民法院或仲裁机构终止合同权利义务关系。此时原则上产生债务人对债权人的损害赔偿责任。但如果两者达成新的履行协议，可以由债务人重新履行的，则要恢复初始给付形态。例如在前文所举的买卖钢材的协议中，A 与 B 可以重新协商由债务人 B 偿还金钱债务。这将不会涉及计算 B 的违约责任。诉讼时效也应该从 B 在履行期限届满仍不履行初始给付时起算，而不是从 C 不履行债务时起算。

（二）第三人无需具备行为能力

民事主体从事民事活动需要具备相应的行为能力。合同的订立及履行也是如此。但是第三人的辅助履行则否。尽管存在对第三人履行行为性质的争论，但是目前学界的有力说仍然是事实行为说。对于一个无民事行为能力或限制民事行为能力人，如果其的确代债务人履行了债务，则债务人就不可以辅助人不具有行为能力为由而否认债的清偿效力。[1]事实行为的法律效果的

---

〔1〕　宋忠胜：《契约第三人研究》，人民出版社 2013 年版，第 273 页。

产生并不依据当事人的内心意思，但这并不意味着第三人的主观因素不重要。他必须具有为他人履行债务的意思，否则将发生非债清偿，由债权人承担不当得利的法律后果。另外，在第三人履行的过程中，因其主观过错对债权人造成损害的，债务人应当在该过错的范围内对债权人承担损害赔偿责任。该情形属不完全给付，与假借交易机会实施与合同履行完全不相干的行为不同，应予注意。

（三）第三人不负有强制履行的义务

虽然前文已经提到，该合同又可以称之为担保第三人履行的合同，这似乎意味着第三人的履行是一种强制、一种义务，但其实不然。债务人允诺的，其实是一种给付结果。这种结果由第三人行为体现出来。该合同的规范目的不在于令第三人负有履行的义务或作出履行的授权。[1]当第三人不履行或不适当履行时，给付结果不能实现。因此，债务人须向债权人承担责任。第三人并不负有强制履行的义务。债权人无法请求第三人履行，债务人也无法强制第三人向债权人履行，否则会动摇私法自治的根基。因为任何人没有代理（或其他一些特殊的情况），不得基于他人的约定而负担债务。

（四）债权人不享有对第三人的履行请求权但有受领权

由于第三人不负有强制履行合同的义务，所以其履行与否是其自由。而且第三人也不是合同当事人，债权人不能直接请求第三人履行债务。而只能由债务人使第三人履行。即使在"运费到付"的货物运输合同情形下，承运人虽有留置权，可以在收货人未支付运费时留置货物，却并不因货物运输合同而对收货人享有运费支付请求权。[2]因为在货物运输合同中，托运人为运费债务人，承运人为运费债权人，收货人仅为第三人。第三人是没有强制履行的义务的。债权人也不享有对他的履行请求权。如果第三人诚信地履行债务，则债权人可以受领该项履行。进一步讲，受领第三人的给付是债权人的义务。当第三人提出给付，但债权人基于各种理由推脱，而不予受领时，债权人陷于受领迟延，需要向债务人承担违约责任。当第三人提存标的物时，债务得以清偿。如果想使债权人对于第三人有直接的履行请求权，则要通过债务人与第三人之间签订赋权型向第三人履行的合同。这体现了两种涉他合

---

〔1〕 韩世远：《合同法总论》，法律出版社 2018 年版，第 376 页。
〔2〕 宋忠胜：《契约第三人研究》，人民出版社 2013 年版，第 278~279 页。

同的勾连。

（五）债务人的担保义务、违约责任及追偿权

前文已经提及，该合同又可以称之为担保第三人履行的合同。债务人对第三人的履行承担担保义务，[1]当第三人不履行债务或履行债务不符合约定时，债务人应当向债权人承担违约责任。需明确《民法典》第523条为任意规定，当事人有特别约定的，比如债务人对第三人不履行债务具有监管过失时始负其责，则从其约定。同时，如果合同编典型合同已经对债务人的注意义务进行克减，例如《民法典》第660条第2款、第662条第2款对赠与人责任的限制，第929条第1款对无偿的委托合同中受托人责任的限制等，则应当依照其规定。所以，如果甲意图赠与乙某物，而使丙代为交付标的物，但因丙的轻过失导致标的物毁损、灭失的，甲不负违约责任，而应由丙承担侵权责任。另外，还可能存在第三人承担侵权责任、债务人承担违约责任的情形。例如，甲借给乙某物。在使用期限届满后，乙委托丙将该物送还。在运送途中，丙不慎将该物毁损。在本案中，第三人丙侵害了甲的所有权，应向甲承担侵权责任。同时，乙作为债务人应承担债务不履行的违约责任。当然，于此情形，有学者主张乙、丙两人对甲成立不真正连带责任。[2]笔者表示赞同。

债务人的违约责任，原则上为损害赔偿责任，所赔偿者为债权人的履行利益。[3]它已经是给付的变形。但所约定的履行，非专属于第三人一身时，而实际上由债务人代为履行，或较赔偿损害更能适合当事人双方的利益，则债务人如欲代为履行，债权人亦不得无故拒绝。[4]债务人承担违约责任之后，对第三人是否有追偿权，端视第三人履行附款的约定，一般情形下没有追偿权。[5]但由于第三人没有帮助债务人履行债务，因此第三人对债务人的原有

---

〔1〕 韩世远："由第三人履行的合同刍议"，载《浙江工商大学学报》2008年第4期，第14页。

〔2〕 郑玉波、史尚宽即采此说。参见王泽鉴：《民法学说与判例研究》（第6册），中国政法大学出版社2005年版，第66页。

〔3〕 韩世远：《合同法总论》，法律出版社2018年版，第377页。

〔4〕 郑玉波：《民法债编总论》，三民书局1996年版，第390~391页。转引自韩世远：《合同法总论》，法律出版社2018年版，第377~378页。

〔5〕《旅游法》第71条第1款规定："由于地接社、履行辅助人的原因导致违约的，由组团社承担责任；组团社承担责任后可以向地接社、履行辅助人追偿。"该条便明定债务人可以向履行辅助人追偿。

负担（第三人偿债的原因）继续有效。有学者主张，当第三人不履行债务，同时构成对债务人的侵权行为时，债务人能向第三人主张侵权责任。[1]笔者以为，由第三人履行的合同，在一般情形下，不解决侵权责任问题，若是第三人能成立对债权人抑或债务人的侵权责任，自需按照侵权责任编的规定处理。同时，若责任竞合能够成立，则债务人可以对第三人择一主张，自不待言。在诉讼地位方面，第三人不履行或不适当履行的，债务人构成违约，因此债权人是原告、债务人是被告、第三人为无独立请求权的第三人。

（六）债务人的免责事由

类似的立法还有《德国民法典》第 278 条第 2 句。[2]依其规范目的，《民法典》第 523 条应为任意性规范。所以也应该允许债务人与债权人之间约定，债务人对第三人的行为不负担保责任。当然，这对债权人非常不利，因为往往债务人更有资力弥补其损失。但成文法还是应该为社会生活提供充足的制度供给。大陆法系的立法例值得借鉴。医院与病人之间就医生从事危险性诊疗活动免责的条款就是这样的例子。若医生在行医中，有故意或过失的，则医院可以免除违约责任。但医院及医生的侵权责任不可以被免除。这样的免责条款需要当事人之间的个别磋商，因此以格式条款的方式订立的可能因违反《民法典》第 496 条第 2 款而不成为合同的内容，或依第 497 条第 2 项而无效。

五、由第三人履行合同的类推适用

由于《民法典》合同编通则要发挥债法总则的功能，其第 523 条的适用范围应不限于合同之债。诸如无因管理、侵权行为所产生的债权债务关系都有适用由第三人履行规则的余地。

（一）一般债之关系

现存之债，无论其发生原因是意定抑或法定，一般均可以由第三人履行。例如，甲误充话费 200 元于乙的手机上，乙在得知此事后，指示其子丙向甲转账 200 元。后丙不慎只转账 20 元。则在甲乙之间成立不当得利债之关系。

---

〔1〕 参见王泽鉴：《民法学说与判例研究》（第 6 册），中国政法大学出版社 2005 年版，第 67 页。

〔2〕 "债务人对自己法定代理人的过错，以及对为履行自己债务而使用之人的过错，应当负与自己过错同一范围的责任。第 276 条第 3 款的规定，不予以适用。"杜景林、卢谌：《德国民法典全条文注释》，中国政法大学出版社 2015 年版，第 183 页。

作为债务人的乙应承担履行辅助人丙不适当履行债务的责任。还有一例，甲驾车超速行驶追尾乙车。甲遂指派丙修理该车。不料，丙因修理不善，致乙重新驾驶后发生车祸。则在甲乙之间成立侵权行为债之关系。甲应承担第三人丙没有恢复原状的赔偿责任。综上，我们应该在一般意义上承认债务的第三人履行规则。但值得注意的是，《民法典》第523条使用的字眼是"违约责任"，这显然是针对合同责任而言。它与不当得利、侵权行为等法定债之关系并不相同。因此，上述两则案例只能算作类推适用由第三人履行合同的规则。[1]

（二）缔约过失

由第三人履行合同的规则完全可以适用于缔约过失责任。例如，甲委托乙向丙出卖某画。乙因过失不知该画业已灭失，仍与丙订立买卖合同。由于买卖合同的标的物是不存在之物，因此甲、丙之间的买卖合同无效。履行辅助人乙的过失应该视为甲的过失，由甲向丙承担信赖利益的损害赔偿。此时，由于合同无效，"违约责任"并不成立。因此我们说，缔约过失责任只能类推适用由第三人履行合同的规则。

（三）债权人使用第三人作为履行辅助人

《民法典》在第523条仅规定债务人使用第三人的情形。事实上，双务合同中也普遍存在债权人使用第三人的情形。例如，甲出售某名贵瓷器给乙，乙派遣其好友丙前去鉴定真伪。不料因丙之过错导致该瓷器灭失。此时，瓷器的所有权还未移转，甲当然可以向丙主张侵权责任。值得研究的是，甲可否依第523条向乙主张违约责任？笔者以为，该条虽然为债务人使用第三人而设计，但仍不妨容许债权人使用第三人。原因在于，合同法以双务合同为典型，债权人也可能负担对待给付而成为"债务人"。其次，即使在单务合同中，如赠与合同，受赠人也需要受领标的物。该项受领义务也可能经由第三人履行。因此，我们不能排除债权人使用第三人作为履行辅助人的情况。结合前述所举案例，赋予债务人甲以侵权损害赔偿请求权及违约责任请求权，可以更好地救济甲的利益，因此是合适的。

---

[1]　但《民法典》第468条规定，"没有规定的，适用本编通则的有关规定，但是根据其性质不能适用的除外"。立法者似乎认为非合同之债可以直接适用合同之债的规定，但笔者以为"类推适用"较为合适。

（四）侵权行为中的第三人与有过失

在债权人与债务人之间不是合同关系，而是侵权行为债之关系时，是否可以类推适用第 523 条？例如，甲驾驶机车后载其妻乙，不慎超速撞上丙车，导致乙遭受人身损失。问乙应否承担甲之与有过失？笔者以为，第 523 条虽以存在合同关系为必要，但也不妨在侵权行为之中成立。其原因在于，赔偿权利人在日常生活中，使用他人而享有便利，则应该承担此项便利条件所带来的风险。在本案中，乙乘坐甲之机车，扩大了其活动范围，在发生车祸之后，自应承受甲之过失。因此，第三人与有过失也可以类推适用第 523 条。但是，有学者指出，如果甲乙之间不是夫妻，而是法定代理关系时，如乙是甲之 7 岁幼子，则无法依第 523 条承受第三人的与有过失。[1]笔者表示赞同。因为法定代理人为法律规定产生，与意定区别明显。且法定代理制度是为了保护未成年人（或精神病人）的利益，如果允许赔偿义务人援引法定代理人的与有过失而减轻其赔偿责任，则对被代理人（赔偿权利人）十分不利。其在法定代理人资力不足时非常明显。实际上，赔偿义务人丙援引因果关系的抗辩事由——车祸为甲丙二人共同作用产生，可以很好地减轻自己的责任。因而，此时没有类推适用第 523 条的必要。

六、小结

《民法典》第 523 条沿袭了《合同法》第 65 条的规定，在基本的三方关系的搭建上，是合理的。但是，有一些细节，还需要补充。笔者归纳如下：

第一，第三人不负有强制履行的义务（或者债务）。[2]虽然《民法典》已经有了这样的意思，因为债权人不能请求第三人承担违约责任。但是，这一点应予明确，以免混淆。

第二，债权人不享有对第三人的履行请求权，但有受领权。当受领迟延时，要向债务人负违约责任。同时，债权人的履行请求权可以通过向第三人履行的合同构造出来。

第三，当第三人不履行合同或履行合同不符合约定时，债权人可以请求

---

〔1〕 参王泽鉴：《民法学说与判例研究》（第 6 册），中国政法大学出版社 2005 年版，第 73 页。

〔2〕 法条使用了当事人约定由第三人向债权人履行"债务"的字眼，但不得不说这是罕见的立法选择。给人一种第三人也负有债务的错觉。事实上，《法国民法典》第 1120 条、《瑞士债务法》第 111 条都没有使用"债务"一词。

债务人承担违约责任。并且，在法律有特别规定时，债权人可以请求债务人、第三人承担不真正连带责任。当然，由于这一担保责任是任意性规定，当事人可以约定对债务人责任进行限制。典型合同对债务人的注意义务另有规定的，从其规定。债务人在承担责任之后，可以依据由第三人履行的附款，向第三人追偿。

第四，当法律规定、当事人约定以及基于交易习惯，债务具有人身专属性时，当事人不得约定由第三人履行的合同。尽管学理上已经成为普遍见解，[1]但是这一点在解释上还须予以明确，以免债务人逃避责任。

第五，《民法典》第523条、第593条无限扩张了债务人需要为第三人负责的范围。这与《民法典》第577条所确立的严格责任的归责原则一道，共同构筑起对债权人利益保护的坚韧藩篱。这样的立法模式虽是学习了西方先进国家或地区的立法例，但却似乎给债务人加上了过重的负担。笔者检索了《民法典》合同编全文，发现法条中带有"不承担责任"字样的只有第662条、第747条、第749条。虽然这不能穷尽所有债务人的免责或减责事由，但是立法者追求合同目的达成的决心以及对债权人利益的强力保护如此可见一斑。因此，有学者建议限缩《合同法》第65条、第121条（相当于《民法典》第523条、第593条）中第三人的范围，应该是有一定道理的。这样的立法，再搭配合同法分则中部分有名合同（《民法典》典型合同）关于过错责任的规定，[2]可以使得债务人所承担的责任在责任主体以及过错程度上得到限制，从而合理配置多方利益。总之，第三人应该仅限于比较法上履行债务的代理人与使用人。部分情况下他的过错程度也应该被考虑。这样可以缓和严格责任所带来的弊端。[3]

---

〔1〕　崔建远：《债法总论》，法律出版社2013年版，第61~62页。宋忠胜：《契约第三人研究》，人民出版社2013年版，第274页。

〔2〕　据学者的总结，合同法中这样的条文包括：供电人责任（第179~181条），承租人的保管责任（第222条），承揽人责任（第262条、第265条），建设工程合同中的承包人责任（第280~281条），寄存人未履行告知义务的责任（第370条）及保管人责任（第371条）。解亘："再论《合同法》第121条的存废——以履行辅助人责任论为视角"，载《现代法学》2014年第6期，第29页。

〔3〕　韩世远："他人过错与合同责任"，载《法商研究》1999年第1期，第40页。

第五章	义务型涉他（二）：第三人代为履行的合同

第三人代为履行（的合同），又称第三人的清偿、代位清偿、清偿代位，[1]是指第三人单方自愿向债权人清偿债务人之债务，而成为新的债权人或取得对债务人的求偿权的制度。法律赋予第三人以"代履行权"往往是因为债务人不履行债务危及第三人利益，而该利益的重要程度远高于债权人与债务人之间的意志自由（如债权人行使解除权的自由）。同时，尽可能地实现债权也是合同编的应有之义。因此，《民法典》新创设了第524条。它与第523条最大的区别在于第三人是单方自愿偿债，而没有与债务人形成合意（或合同）。这样第523条明显不能解决第三人代为履行所引起的纠纷。而司法实践往往裁判尺度不一：有的按照债务承担处理，有的按照赠与处理，有的按照无因管理或不当得利处理，还有的参照《合同法》第65条（相当于《民法典》第523条）处理。[2]为了回应司法实务的需要，立法者创设了这一制度。但它仍需要一定的解释论作业。

一、第三人可以代为履行的范围

《民法典》规定，具有合法利益的第三人才有权代为履行。同时，法律在此范围内进一步限缩了第三人的范围——排除了具有人身专属性的债务。这

---

〔1〕 王轶："代为清偿制度论纲"，载《法学评论》1995年第1期，第19页。但是，仅以代位清偿或清偿代位来指代第三人代为履行制度是不够准确的。因为，第三人代为履行有两种法效果。当第三人不是利害关系人或者说对债务的履行具有合法利益时，立法例一般仅赋予第三人以求偿权（或称追偿权），该权利的产生并不意味着"代替"债权人的地位。而只有在第三人是利害关系人时，它的法效果才是代位债权人。所以，以"代位清偿"或"清偿代位"代称第三人代为履行是失之片面的。

〔2〕 参见最高人民法院民法典贯彻实施工作领导小组主编：《中华人民共和国民法典合同编理解与适用》，人民法院出版社2020年版，第421页。

实际上背离了罗马法以及现代大多数国家的立法例。罗马法规定："任何一个第三人均可以代替债务人清偿，只要他有履行能力和使债务人摆脱债务的清偿意图。"[1]《法国民法典》继受了这样的制度。其第 1236 条第 2 款规定："债亦可由没有任何利害关系的第三人清偿。"[2]《德国民法典》第 267 条第 1 款也规定："债务人不应当亲自给付的，给付也可以由第三人实行。于此情形，无须得到债务人的允许。"[3]《日本民法典》第 474 条亦规定："债务的清偿，可由第三人进行。""无利害关系的第三人，不得违反债务人的意思进行清偿。"日本法中无利害关系的第三人的履行虽然要遵照债务人的意思，但是该法律也并未完全排除其履行。美国和英国也将第三人的范围规定得较广。这与我国形成鲜明对比。因此，本章的第一个问题聚焦第三人代为履行的适用范围。

（一）有无利害关系不影响第三人代为履行

（1）原则上准许第三人代为履行。《民法典》限制了能够清偿他人债务的第三人范围，即第三人要对履行债务具有合法利益。什么是合法利益姑且不论，仅就这种限制清偿的立场，笔者就持否定见解。有学者也指出，"合法利益本身是一个不确定概念，需要根据实践情况和发展归纳总结出典型形态"，利益的享有应当是合法的、正当的、合理的。对这一概念应当进行类型化的判断。[4]但实际上，自由裁量的空间变得更大，进而法的安定性被削弱。

而笔者的有无合法利益不影响第三人代履行的立场，可以从法制史中找到依据。早在古罗马法时期，债权人地位就显著高于债务人。为了债权人利益的满足，法律规定他可以无所不用其极。当债务人欠债不还时，债权人可以拍卖债务人，以清偿债务。若没有人愿意出价，债权人可以将债务人杀死或收为奴隶。其后，索债的方式愈加文明。如果债务人欠债不还，他可能被判入狱，甚至会被流放。美洲以及澳洲的新大陆最早就是由流放的债务人发

---

〔1〕 [意]彼德罗·彭梵得：《罗马法教科书》，黄风译，中国政法大学出版社 1992 年版，第 319 页。转引自王轶："代为清偿制度论纲"，载《法学评论》1995 年第 1 期，第 19 页。

〔2〕 罗结珍译：《法国民法典》，北京大学出版社 2010 年版，第 320 页。

〔3〕 杜景林、卢谌：《德国民法典全条文注释》，中国政法大学出版社 2015 年版，第 176 页。

〔4〕 王利明："论第三人代为履行——以《民法典》第 524 条为中心"，载《法学杂志》2021 年第 8 期，第 6 页。

现。随着民事立法逐渐加强对债务人的保护，当债务人欠钱不还时，仅可由债权人申请法院强制执行。若债务人主观上想归还，但客观上无力偿还，可以获得一定宽限期。等到他有资金时，再来偿还。这一偿债方式的转变，足以说明债权人与债务人地位愈加平等化。但我们还是需要注意，债务履行或清偿的目的永远是为了满足债权人利益。[1] 因此，清偿应着眼于债权人利益的满足，而不是限制债务履行者的范围。特别是在人民法院全面解决执行难的大背景下，只要是愿意偿还债务的民事主体，我们都应该欢迎，而不是用"合法利益"将其拒之门外。[2]这符合社会学的解释方法，能在一定程度上解决借贷纠纷。至于有学者顾虑的，债权人为追讨债权虚构暴力索债公司代偿的事实，转而由该公司非法索债而有损债务人权益的情况，笔者以为可以赋予债务人以拒绝权，使第三人的偿债行为溯及既往地归于消灭。这样将很好地阻止第三人插手债务履行。在《民法典》放宽债权让与的背景之下，立法者却不允许第三人代为履行以完成法定的债权让与，这是略显不足的。

第三人代为履行时，应当向债权人表明，他是为谁的债务在清偿。换句话说，他应该有为别人履行债务的意思。他如果误将他人的债务，当成自己的债务履行，则第三人可以向债权人主张不当得利返还。当然，第三人履行时，债权人也应该知道他在履行哪个债务人的债务。同时，第三人清偿也不同于使用人及代理人的清偿。虽然使用人与代理人都可以就债务人的债务代为履行，但须注意的是他们都是以债务人的名义，履行债务人的债务。同时，即使代理人或者使用人不知道自身的法律行为或事实行为是清偿债务的行为，也要认定清偿对于债务人的效力。[3]

（2）有利害关系可以履行。《民法典》第 524 条第 1 款规定，"第三人对履行该债务具有合法利益的，第三人有权向债权人代为履行"。也就是说，合法利益第三人代为履行是其一项权利，债务人不能拒绝。那比较关键的问题是，什么是合法利益？比较法上，多使用"利害关系"的字眼。合法利益与

---

〔1〕 孙森焱：《民法债编总论》（下），法律出版社 2006 年版，第 832 页。

〔2〕 有学者考证，早在 1880 年"英国机车公司和帕克盖特机车公司诉李案"中，英国法院就确立了第三人代替履行制度。《美国统一商法典》第 2-210 条也有相似规定。参见冉克平："民法典编纂视野中的第三人清偿制度"，载《法商研究》2015 年第 2 期，第 35 页。

〔3〕 孙森焱：《民法债编总论》（下），法律出版社 2006 年版，第 836 页。

利害关系十分相近，可以借比较法来阐释其范围。如出卖人与买受人刚订立房屋买卖合同，房屋就被出卖人的债权人向法院申请查封。此时买受人就是合法利益第三人。那么，在我国民法上这样的利害关系人主要指什么？依笔者归纳学界的主要观点，他们包括三类：一是，若不清偿，第三人会丧失权利，如物上保证人。二是，若不清偿，第三人会丧失占有、登记顺位。例如，次承租人为了继续保有居住利益而代承租人支付其欠缴的租金和违约金。又如租赁物先抵押后出租的，承租人不受"买卖（抵押）不破租赁"规则的保护。于是承租人也可以代出租人清偿债权以消除租赁物上的负担。三是，若不清偿，第三人会遭受其他不利。[1]如为了涤除抵押物上的负担的买受人。以下详细介绍几类第三人：

首先，担保人是这样的第三人。因为无论是普通保证还是连带责任保证，担保人都对债权人负有保证债务。当债务人不履行债务时，债权人可以向担保人追偿。对物上保证人来讲，他可能基于涨价或其他原因而不愿将自己所有的不动产折价、拍卖或者变卖。所以，物上保证人是希望借由向债权人清偿基础债务而消灭担保债务的。对于保证人来说，同样如此。他在担保物权的诉讼中作为被告，可能承担败诉的风险。同时，这也增加了他的法律状态的不确定性。因此，保证人倒不如在履行期限届满之际替债务人偿还债务以消灭保证责任。

其次，后位抵押权人也是利害关系第三人。例如债务人 A 自己提供抵押物（现价 100 万元的房屋），并且先为 B 设立抵押权，担保他的 50 万债权，再向 C 设立抵押权，担保他的 50 万债权，并且都完成了登记，则 C 也是偿债的利害关系第三人。因为，B 为顺序在先的抵押权人，他有可能先行折价、拍卖、变卖抵押物，此时所得的价款可能是 90 万元。那么在 B 完全受偿之后，C 的 50 万债权就只能清偿 40 万，剩下的 10 万元债权变为了无担保的债权。若 A 不继续提供担保，则 C 的债权有可能无法收回。因此，C 倒不如先替 A 清偿 B 的 50 万元债权，然后由 C 自己获得对 A 有完全担保的 100 万元债权。这时的 C 就得到了较好的保护——虽然他的 100 万元可能不会完全受偿，但省去了 B 实现担保物权所折损的价值。因此，后位抵押权人也是抵押人对

---

[1]　该观点主要来源于 2020 年 7 月 13 日金可可教授"《民法典》若干重要新设请求权基础及其体系效应"的讲座。

前位抵押权人债务的利害关系第三人。

再次，A 以价值 100 万元的房屋为 B 对自己的 50 万元债权设定抵押。C 对 A 另外享有 50 万元的无担保债权。当 A 仅有这一套房屋，且在房屋有可能涨价的情形下，C 可以先清偿 B 的 50 万债权。此时 C 对 A 享有了 100 万元债权。而 A 的房屋由于免受折价、拍卖和变卖而有可能涨价。这相当于使得 A 对 C 的责任财产增加了。此时，C 的 100 万元债权可能得到完全受偿。因此，无担保的债权人对于债务人自己提供物保的其他债务的清偿具有利益。

最后，连带债务人相互之间也是这样的利害关系人。例如，E 对 A、B、C、D 享有 40 万元的连带债权。则 E 的权利主张会相当自由，或者说"任性"。这样会给 4 位债务人的法律状态带来巨大的不确定性。例如，E 以为 B 有资历，向其追讨 40 万元。但 B 有可能虚张声势，E 的债权无法受偿。E 转而向 C 主张 10 万元。而 C 极有可能将这笔资金拿去作其他用途。因此，在对 E 的清偿上，C 将面临极大的法律风险。所以，先前在 E 向 B 追讨时，C 倒不如先发制人，先替 B 偿还 40 万元，以消灭这一不确定性。况且，连带债务人之间具有某种法律联系，构成了福祸与共的利益共同体，相互之间具有信赖关系。在情理上，他们之间对于彼此的对外清偿具有利益。在法理上，连带债务人在内部对债务的承担是有份额的。当任一债务人对债权人清偿的部分超过自身的份额时，则他对其他相应免责的债务人享有追偿权。因此，连带债务人例如合伙人之间是利害关系的第三人。相关域外立法也支持了这种观点，如《法国民法典》第 1317 条第 2 款、《日本民法典》第 442 条、《德国民法典》第 426 条、《瑞士债法典》第 148 条和第 149 条等。[1]学者甚至主张，在债权人受清偿之后合同被解除的，清偿超过自己份额的债务人可以向其他债务人追偿。姑且不论该观点是否合理，但这也足以体现连带债务人相互之间是对方债务的利益第三人。

总之，担保人、后位抵押权人清偿前位抵押权担保之债权、无担保的债权人清偿债务人有担保的债务、担保不动产的受让人、合伙人清偿合伙债务

---

[1] 此处参考了谢鸿飞对国外立法例的梳理。更为精细地分类和考察，参见谢鸿飞："连带债务人追偿权与法定代位权的适用关系——以民法典第 519 条为分析对象"，载《东方法学》2020 年第 4 期，第 130 页。

等，都是如此。[1]尤其需要注意的是，第三人与债务人具有亲属关系，可否认为是利害关系而有权代为履行？比较法上认为，只是近亲属还不能认定利害关系。依据利益衡量论，赋予第三人以"代履行权"还需要衡平第三人合法利益受侵害的程度和当事人意志自由的重要性。[2]《征求意见稿》第31条第1款又扩充了担保财产的用益物权人范围，包括对债务人的财产享有合法权益且该权益将因财产被强制执行而丧失的第三人，股东作为公司债务第三人等情形。

（3）无利害关系也可以履行，但债务人享有拒绝权。由前文的分析可知，法律上应准许无利害关系人的代为履行。至于为何第三人没有利害关系，他仍然愿意代为履行？笔者认为，民事生活中的每一个成年且智力正常的人都是自己利益的最佳判断者。第三人为债务人履行债务，可能为了获得情感上的慰藉，如无偿的赠与。或者是因为第三人与债务人之间具有亲属法上关系，如子偿父债或父偿子债。还有可能是第三人受到了债务人的委托而帮助其清偿债务。实际上，若是第三人与债务人有替代履行的约定，则第三人可以基于约定而对债务人享有求偿权。若是他们之间没有约定，则第三人在清偿债务之后，也可依据不当得利或无因管理的规则，向债务人主张权利。因此，经济理性的任意第三人皆可代债务人清偿债务，只要这是出于他自身的意愿，并且确系为他人履行债务。但是，债务经清偿后，债务人的债务即被消灭，他也因此而被授予利益。依前文利他法律行为涉他效力原则上采修正的单方行为模式的论断，债务人在被第三人授予利益时，应享有拒绝权。但在比较法上，有不同的立法例。《日本民法》第474条第2项规定："无利害关系之第三人不得违反债务人之意思而为清偿。"[3]拒绝权属于债务人。比较而言，

---

〔1〕"最高法院"1976年台上字第796号判例，甚至认为担保财产第三取得人为利害关系人。孙森焱：《民法债编总论》（下），法律出版社2006年版，第878页。当然，不同国家有不同的立法模式规定利害第三人的范围，如日本的概括主义、法国的列举主义，还有例示主义等。参见冉克平："民法典编纂视野中的第三人清偿制度"，载《法商研究》2015年第2期，第37页。陆家豪："民法典第三人清偿代位制度的解释论"，载《华东政法大学学报》2021年第3期，第37页。

〔2〕例如，A与B约定以100万元的价格转卖某房屋。B后与C达成协议，以105万元转卖之。后来B无力偿还房款，A遂行使解除权解除了买卖合同，并意欲将该房屋卖予案外人D。C在本案中主张自己的债权受到影响，应当属于《民法典》第524条第1款所称有合法利益第三人而享有代履行权。C遂诉请以105万元的价格继续此项交易。笔者以为C只是债权受损，而A是物权人。A行使解除权的意志自由较C的利益更为重要，因此C无法主张代履行权。

〔3〕《法国民法典》第1236、1237条有类似规定。

日本法十足当取。它既允许任意第三人的履行，又认可债务人的拒绝权，兼顾了债权人、债务人的利益。这在第三人的清偿动机是卑劣的、对债务人有害的情形之下尤其有效。结合我国实际，债权人为了使得自身的债权得到受偿而向暴力讨债公司、套路贷公司转移债权的情形仍然是客观存在的。因此，除了排除强迫他人得利的理由外，在第三人清偿出于卑劣的动机，特别是有害债务人的情形下，应允许债务人享有终局的拒绝权。所以，我国的法解释应当仿照日本法。实务界人士主张，第三人代为履行是一个民事行为，而对于民事行为，"法无禁止即可为"。只要第三人履行该债务目的合法或不违反法律法规和规章的禁止性规定，即可认定为第三人对履行该债务具有合法利益。[1]该理由应当是殊途同归。

债权人对第三人的单方自愿代履行是否有拒绝受领的权利？有观点认为，债务人对第三人代履行行为未提出异议或在第三人自愿代为履行不损害债权人利益的情况下，债权人无权拒绝受领，否则将与该制度存在的意义——尽力实现债的消灭的目的不相符。如果债权人拒绝第三人的代履行，债权仍然存在，但债权人不得就债务人逾期履行债务主张违约责任。[2]笔者表示赞同。

（二）当事人可以约定禁止第三人代为履行

基于当事人的意思自治，债权人可以与债务人约定债务不得由第三人履行。这项限制第三人清偿的禁令，可以存在于债务关系发生时，也可以在其成立后另行约定。但是，它必须出现在第三人清偿之前。[3]这项约定也可以排除有利害关系第三人履行的权利。[4]但是，当事人的合同自由应受到诚信原则的限制，而不得以侵害他人为主要目的。否则属于权利滥用，应认定合

---

〔1〕 参见最高人民法院民法典贯彻实施工作领导小组主编：《中华人民共和国民法典合同编理解与适用》，人民法院出版社 2020 年版，第 422 页。

〔2〕 参见最高人民法院民法典贯彻实施工作领导小组主编：《中华人民共和国民法典合同编理解与适用》，人民法院出版社 2020 年版，第 426 页。

〔3〕 日本有判例确定，在债权人与债务人约定前就债的履行有利害关系的第三人，对于债权人提出清偿而且已为提存时，其提存为有效。见日本昭和七年（1932年）八月十日大判，转引自王轶："代为清偿制度论纲"，载《法学评论》1995 年第 1 期，第 21 页。

〔4〕 但郑冠宇、林诚二提出了反对意见，认为当事人的约定不得排除有利害关系第三人的清偿。参见郑冠宇：《民法债编总论》，新学林出版社 2019 年版，第 406 页。林诚二：《债法总论新解：体系化解说》（下），瑞兴图书 2013 年版，第 455 页。

同无效。当然，合同部分无效，不影响其他部分的，其他部分依然有效。例如，出卖人将房屋抵押给债权人之后，再将其卖予买受人。如果出卖人与债权人约定，禁止买受人代为偿还债务以涤除房屋上的负担，则应认定该项约定无效。再如，在招投标活动之后，原则上由招标方与投标方磋商并拟定合同，不得由第三人代为履行。因为在整个过程中，当事人已经默示了双方当事人身份的固定性。如果再由第三人履行债务，或者由无资质的第三人挂靠投标人履行债务，则与意定债务的人身专属性不符。

（三）部分债务依其性质禁止第三人代为履行

这样的债务具有人身专属性。例如，债务履行注重债务人之性质、人品、技能以及其熟练程度等条件。[1]大部分的身份法义务都带有专属性，如夫妻之间的同居义务、父母子女之间的抚养赡养义务等。有学者将这一专属性分为绝对专属性与相对专属性。前者依据债之性质，债权人无法允许第三人代为履行。如聘请某知名教授演讲、雇佣某明星开演唱会、引入某足球外援、要求赔礼道歉等。不作为债务，原则上不得成为代为清偿的标的。[2]服务合同也大都需要亲自履行。[3]后者依据债权人的同意，也可由第三人履行，这主要限定在一些具有信赖关系的债权债务上。如代理中的复代理、委托中的转委托、寄托中的转寄托等。这些信赖关系一经建立，可以由债权人同意加以变更。一来因为它们的人身专属性较弱，二来由第三人履行也是出于紧急情况，为了保全债权人的利益而不得不这样处理。因此，有学者主张放弃对专属债务的划分，而只要债权人同意第三人履行就皆可由第三人履行。但笔者以为，至少是带有强烈人身专属性的债务不能经债权人同意而由第三人履行。至于依照法律规定不得由第三人清偿的，则依其规定，如《民法典》第791条。

代为履行的第三人虽有如此宽广的范围，但他的履行至少应该有清偿债务人之债务的意思。若是因认识错误，第三人误认他人债务为自己债务而为清偿，则构成非债清偿，可依据《民法典》第147条的规定请求人民法院或

---

[1] 孙森焱：《民法债编总论》（下），法律出版社2006年版，第837页。英美法也认为，若债权人因信赖债务人的技能而订立合同，则不允许债务代为清偿。重要的判例如1831年的 *Robson and Sharp v. Drummond*，1891年的 *Sloan v. Williams*。

[2] 王轶："代为清偿制度论纲"，载《法学评论》1995年第1期，第20页。

[3] 周江洪：《服务合同研究》，法律出版社2010年版，第21页。

仲裁机构撤销自己所实施的法律行为。另外，在多数人之债中，按份债务人、连带债务人只有在清偿范围超过了自身所应该承担的范围，始构成代为履行，否则只是在清偿自身债务。总之，合同法创造财富，侵权法保护财富。鼓励交易是合同法一项重要的原则。允许第三人代为履行，有利于债务的清偿，促成交易的达成，实现财富的流通。这一制度丰富了合同履行方式，而亟须解释论的作业。

二、第三人代为履行的制度构造

（一）债权人与债务人的基础关系

这里的基础关系应该和由第三人履行的合同的基础关系相似。由于涉他合同可以适用于一般合同类型，因此第三人代为履行对基础法律关系也没有类别上的要求。但基础关系的相关条款，决定了第三人能否代为履行以及何时才能代为履行。按照法律的规定，只有债务人不履行债务时，第三人才能代为履行。因此，基础合同履行期限的约定至关重要。履行期限届满债务人仍不履行，第三人才可履行。[1]基础关系的成立也是第三人代为清偿的原因。当基础关系不成立、无效或不生效时，债权人依然接受第三人的履行的，则第三人对于债权人享有不当得利返还请求权。[2]同时，如果第三人的意思表示受到了债务人的欺诈或者胁迫，欺诈在债权人知情的情况下，胁迫无论债权人是否知情，第三人都可以行使撤销权。经撤销，法律行为自始无效，债

---

〔1〕 实务界有观点认为，债务人不履行债务有四种情形：一是，债务人明确拒绝偿债；二是，债务人虽未明确拒绝偿债，但是超期未能履行；三是债务人丧失偿债能力；四是债务人亲自履行或委托他人履行已不具有可能性。因此，履行期限仅具有相对效力。参见最高人民法院民法典贯彻实施工作领导小组主编：《中华人民共和国民法典合同编理解与适用》，人民法院出版社2020年版，第422页。

〔2〕 实践中有一则案例可供参照：农村信用合作社信贷员严某违规冒名（以案外人刘某、吴某等人名义）向邹万青共计发放贷款35万元，并由邹万青胞弟邹某提供连带责任保证。后因此事被发觉，严某为了减轻刑责，向合作社归还其中20余万元。为追讨此款项，严某将保证人邹某诉至法院，要求其承担担保责任。一审法院认为，原告还款虽未取得相应的授权或追认，但一旦代为还款，债权人（合作社）对相应金额的债权就已消灭，原告就自然取得相应金额的债权及担保债权。遂判决原告胜诉。二审法院撤销了一审法院的判决，只是以被告对担保合同的无效具有一定过错为由，判决其承担不超过1/3的责任。谢兼明、朱炳辉："信贷员归还违规发放的贷款后可向担保人追偿吗"，载《中国审判》2009年第11期，第80页。杨立新反对二审见解，认为基础合同无效时债务人（邹万青）仍享有实际利益，第三人（严某）代为履行，可以承认第三人对债务人的求偿权和代位权。参见杨立新："第三人履行的后果是消灭债务人的债务"，载《中国审判》2009年第11期，第82页。

权人应该返还财产或赔偿损失于第三人。以上两种请求权由于构成要件不同，会产生请求权竞合的状态，可由第三人自由选择主张。第三人清偿完毕之后，基础债务归于消灭，债务人对于债权人免除给付义务。"此时，除非第三人得代位债权人，否则债务人有债权证书的返还请求权。"〔1〕依据我国实际情况，债权人在受清偿前，一般会保有债务人签名的借条或欠条。因此，第三人清偿完毕之后，除非是代位清偿的第三人希望向债务人主张权利，否则债权人应当向债务人返还借条（欠条）或签发收据。另外，"若债权人并无正当理由而拒绝受领代为清偿时，应负受领迟延责任，对此债务人也可主张之"。〔2〕

（二）第三人与债权人的执行关系

当第三人的清偿没有被排除时，他可以代债务人履行债务。须注意的是，第三人的履行是自愿行为，债权人对其没有请求权，更没有强制履行的权利。依据代为清偿满足债权人债权的立法目的，原则上债权人不能拒绝给付，除非受领第三人的给付使其耗费过巨。当第三人提出合适的给付时，债权人应当受领。如迟延受领，将会产生一系列的后果。如第三人可以请求债权人赔偿增加的费用。若合同涉及移转标的物的，则标的物毁损、灭失的风险应自债权人受领迟延时转移至债权人。第三人也可以将标的物提存，以消灭债务。履行的其他规则，也适用于第三人代为履行。如部分履行规则、提前履行规则等。当然地，第三人也可以援引基础关系中债务人的抗辩权。如履行期限的抗辩、时效的抗辩、履行抗辩权等。第三人（完全或部分）履行后，将（完全或部分）消灭债权人的债权。原债权及其从权利将转移至（利害关系）第三人身上，他因此而对债务人及相关人员（如担保人）享有相应权利。若第三人部分清偿，则其主张权利不得损害债权人利益。例如，第三人所享有的担保物权的次序应后于债权人剩余部分债权的担保物权。

对于债权人是否向第三人负担瑕疵担保责任的问题，学界有不同看法。但笔者以为，债权人对于第三人应该负担瑕疵担保责任。当然，此处的讨论仅限于第三人代位权的行使。针对求偿权，这本身是不同于基础债权的一个全新的债权，所以本就没有瑕疵担保责任的问题。第三人代位清偿后，原始

---

〔1〕　王轶："代为清偿制度论纲"，载《法学评论》1995年第1期，第21页。
〔2〕　王轶："代为清偿制度论纲"，载《法学评论》1995年第1期，第21页。

债权债务关系原则上依然存在，故有债权人的瑕疵担保责任一说。依学界通说，债务人在清偿代位之后，可以向第三人主张基础关系的抗辩权，因此代位权本身就是具有瑕疵的，且这一瑕疵极有可能来源于初始债权。这与债权让与非常类似。但代位清偿与债权让与之间的最大不同在于，前者中第三人的权利弱于后者中受让人的权利。受让人可以独立向债务人主张权利，而不顾让与人（债权人）的利益。但这并不能否认两者之间的相似性：均是债权的转让、均取代或部分取代债权人的地位而对债务人享有权利。因此，代位清偿可以类推适用债权让与的规定，债权人应对第三人负担初始债权的瑕疵担保责任。

第三人对于债权人有债权证书的返还请求权，这一点在基础关系中已经有所提及。需要注意的是，第三人部分清偿代位的，第三人可以请求债权人在欠条上附记代位或签发权利确认书。另外，对于选择债务的履行，在符合公平原则的情形下，第三人有选择权。[1]相关的法律依据为《民法典》第515条第2款。

（三）第三人对债务人的求偿和代位关系

第三人清偿债务后，将对债务人享有追偿权。该项权利如何主张，必须依据第三人与债务人之间的内部关系而定。[2]首先，如果二者之间有委托关系，则应当依据《民法典》上委托合同的规定处理。其次，当第三人与债务人之间既无委托关系又没有履行上的利害关系时，第三人可以援引不当得利或无因管理上的请求权向债务人追偿。再次，当第三人以赠与的意思为债务人清偿债务时，他不享有追偿权。追偿权的本质，也是一项债权，但此债权已不是基础关系意义上的债权。例如，甲教授本来答应某法学院开设讲座，后来甲教授不能前去，委托乙教授前往。如果乙完成讲座的，乙将对甲享有追偿权。但是这种追偿权的形式绝不是甲向乙开设同一主题的讲座。它可能是课酬，即原有给付的变形。但如果原有给付可能且经济，则债务人向第三人履行同一给付，也未尝不可。

以上是一般情况，这里要探讨有合法利益（利害关系）的第三人代为履

---

〔1〕 王轶：《代为清偿制度论纲》，载《法学评论》1995年第1期，第22页。

〔2〕 参见邱聪智：《新订民法债编通则》（下），中国人民大学出版社2004年版，第447页。转引自冉克平："民法典编纂视野中的第三人清偿制度"，载《法商研究》2015年第2期，第37页。

行的特殊形态——代位清偿。代位清偿是指，有利害关系的第三人清偿债务人的债务，在其清偿的限度内承受债权人的债权及其从权利的制度。[1]如前文所述，第三人清偿债务人的债务，无论其有无利害关系，都有求偿权。但法律为了更好地保护有利害关系的第三人的利益，又赋予他一项代位权，以承受债权人的地位，这在债权有担保时会较为有利。

代位清偿要件有二。一是，第三人要有给付行为。此种给付行为，可以是基础关系的给付，也可以是代物清偿、提存。但凡是能起到清偿相当效果的，都可以采用。例如，第三人提供抵押物的场合，当抵押权人实现担保物权时，抵押人会丧失抵押物的所有权。此时，法律规定第三人对债务人有追偿权。抵押权的实现虽然不是给付行为，但是它能达到满足债权的效果。这其实也是第三人代为履行的一种。第三人可以取得债权人的地位。二是，第三人对债务人要有求偿权。有利害关系人并不一定都有求偿权。连带债务人的清偿，其实也是清偿自己的债务，并不是基于第三人的身份，因此不属于此处的代位清偿。他只有在清偿的债务超过自身应该承担的份额时，才享有追偿权。保证人在清偿债权人的债权后，可以承受该债权而向债务人追偿，《民法典》第 700 条已有规定，法律对这一点予以确认。如果第三人的清偿是受债务人的委托，则应当适用由第三人履行的合同，或者是委托合同来偿还第三人的债权。如果是未受委托的情况，则第三人享有无因管理请求权，可与第三人代为清偿的求偿权相竞合。

代位清偿会产生与一般第三人清偿相比不同的法律后果，其特点如下：

第一，第三人与债务人之间。总计有四种学说，债权买卖说、拟制让与说、赔偿请求权说、债权移转说。[2]但通说依旧是债权移转说。当代位清偿

---

〔1〕 王轶主张，与债的履行无利害关系的第三人也可以享有代位权。其甚至可以对有利害关系的第三人享有代位权。同时，在多数的无利害关系的第三人相互之间，以及有利害关系第三人对于无利害关系第三人之间，并无代位权。这一观点孰值重视。以主债务上有保证债务为例，无利害关系的第三人全部清偿或部分清偿基础债务之后，由于准用债权让与的规定，第三人享有原债权人的权利（并包括担保物权等从权利）。因此，无利害关系的第三人在清偿后，基于约定，也可享有代位权。但他要向债务人及其他第三人作出通知，否则不生效力。参见王轶："代为清偿制度论纲"，载《法学评论》1995 年第 1 期，第 22、24 页。

〔2〕 孙森焱：《民法债编总论》（下），法律出版社 2006 年版，第 840 页。史尚宽：《债法总论》，中国政法大学出版社 2000 年版，第 804～805 页。

发生时，关于债权及其从属权利均一并转移，权利瑕疵亦同。[1]权利移转生效应准用债权让与的规定。依《民法典》第 547 条第 2 款，第三人取得的从权利不因该从权利未办理转移登记手续或未转移占有而受到影响。这里的从权利，尤其指抵押权、质权等担保物权。第三人可以部分清偿，但不应该影响到债权人剩余权利的行使。它包括了，债权人对债务人偿还第三人的能力不负担保责任；第三人不得主张在参与分配时，与债权人处于同一顺位；另外，专属于债权人的解除权、撤销权不当然移转。

第二，债权人与第三人之间。当第三人全部清偿债务人之债务时，债权人应将债权凭证及占有的担保物交给第三人。当第三人只是部分清偿时，债权人应将代位的情况写入债权凭证，以证明第三人存在之于债务人的权利。同时，债权人应该妥善保管担保物，并接受第三人的监督。债权人为第三人保管担保物，正是为了第三人在清偿债务之后，能获得圆满偿付。这对于保证人、后顺位担保权人以及担保不动产的受让人而言是十分必要的。[2]在第三人清偿全部债务后，若发现担保物价值贬损的，势必要求担保人继续承担担保责任。这无异于将债权人的责任转嫁给担保人，因此是不合适的。

第三，多个第三人相互之间。当利害关系人为多数时，其中一人代为履行之后，他不仅可以向债务人行使追偿权，也可以行使代位权，向其他利害关系人请求清偿其应履行的份额。这主要存在于共同担保的情形。例如，A 对 B 享有 100 万元债权。共计有甲、乙提供人保，丙丁提供物保。则甲在承担保证责任之后，可代位 A 向其他担保人追偿其多承担的部分。

就诉讼地位来讲，第三人全部履行债务之后，第三人成为新的债权人，他可以诉请债务人承担原有债务，也可以诉请其他合法利益第三人承担责任。因此，代位之后的第三人是原告，债务人与其他第三人是共同被告。

---

〔1〕 孙森焱：《民法债编总论》（下），法律出版社 2006 年版，第 840 页。

〔2〕 我妻荣：《新订债法总论》，王焱译，中国法制出版社 2008 年版，第 235 页。转引自冉克平："民法典编纂视野中的第三人清偿制度"，载《法商研究》2015 年第 2 期，第 43 页。

三、代位清偿的衔接适用：共同担保与连带债务

（一）共同担保中的代位清偿

对于共同担保人相互之间有无追偿权的问题，学界有不同看法。[1]而这也将决定代位清偿在该案例类型有无实现可能。若认为担保人在承担担保责任之后，只可以向债务人追偿，则代位权无从谈起，代位清偿也随之消散。此处出现了三种解释分歧：一是肯定说。《民法典》第392条只明确承担担保债务后的担保人有权向债务人追偿，但未言明担保人可否向其他担保人追偿。而"民事活动法无禁止即自由"，所以担保人相互之间可以追偿。二是，折中说。根据立法精神，立法者并不承认此种内部追偿权。但司法实践中又存在公平的价值需求。那么可以认为《民法典》第392条只明确了混合共同担保人不享有内部追偿权，而认为共同保证人、共同抵押人可以相互追偿。结合《全国法院民商事审判工作会议纪要》（九民纪要）第56条，最高人民法院并不支持混合共同担保人之间的内部追偿权，但还是不排除同类型担保人之间的追偿权。三是，否定说。在各担保人之间没有约定时，任一担保人不知道

---

[1]　承认混合共同担保人之间有内部追偿权的观点，参见温世扬、梅维佳《混合共同担保之内部追偿权研究》，载《学习与实践》2019年第6期，第56页。张尧："混合共同担保中担保人内部求偿的解释论"，载《法学家》2017年第3期，第146页。王利明："民法典物权编应规定混合共同担保追偿权"，载《东方法学》2019年第5期，第40页。高圣平："混合共同担保的法律规则：裁判分歧与制度完善"，载《清华法学》2017年第5期，第139页。程啸："混合共同担保中担保人的追偿权与代位权——对《物权法》第176条的理解"，载《政治与法律》2014年第6期，第87页。彭熙海、秦善奎："当意思自治遭遇格式合同——《物权法》第176条之取舍与重构"，载《湘潭大学学报（哲学社会科学版）》2020年第1期，第46页。谢鸿飞："共同担保一般规则的建构及其限度"，载《四川大学学报（哲学社会科学版）》2019年第4期，第113页。杨代雄："共同担保人的相互追偿权——兼论我国民法典分则相关规范的设计"，载《四川大学学报（哲学社会科学版）》2019年第3期，第53页。汪洋："共同担保中的推定规则与意思自治空间"，载《环球法律评论》2018年第5期，第67页。耿林："比较法视野下的混合共同担保"，载《江汉论坛》2017年第6期，第118页。贺剑："走出共同担保人内部追偿的'公平'误区《物权法》第176条的解释论"，载《法学》2017年第3期，第77页。凌捷："混合共同担保若干争议问题研究"，载《政治与法律》2016年第6期，第153页。黄忠："混合共同担保之内部追偿权的证立及其展开——《物权法》第176条的解释论"，载《中外法学》2015年第4期，第1011页。杨代雄："《民法典》共同担保人相互追偿权解释论"，载《法学》2021年第5期，第115页。否定混合共同担保人之间有内部追偿权的观点，参见崔建远："混合共同担保人相互间无追偿权论"，载《法学研究》2020年第1期，第83页。崔建远："补偿混合共同担保人相互间不享有追偿权"，载《清华法学》2021年第1期，第5页。叶金强："《民法典》共同担保制度的法教义学构造"，载《吉林大学社会科学学报》2021年第3期，第62页。不过崔教授认为在共同保证、共同抵押的场合可存在追偿权，这使得代位清偿可以实现。

还有其他担保人的存在，因此并不能期待所有担保人之间的相互追偿权。承认追偿权与当事人的意思及预期不符。而且笼统的说公平，其实混合共同担保追偿权的承认只是注意到了债务人一侧的利益，这与司法实践相违背。依据《最高人民法院关于适用〈中华人民共和国民法典〉有关担保制度的解释》（法释［2020］28号）第13条的规定，担保人之间约定可以相互追偿，或者属于连带共同担保的情形，则担保人之间享有追偿权。这主要是承认了担保人相互之间意思联络的重要性。同时，在体系解释上，该规定又与《民法典》第700条相暗合。因此，笔者赞同此折中说，并认为共同担保中可能存在三种代位求偿的情形。

第一，第三人分别为保证人与物上保证人。例如，A对B享有100万元债权。甲、乙提供连带责任保证，丙、丁以自有不动产分别担保其中30万元、20万元。履行期限届满之后，B不归还欠款的，甲全部偿还100万元。此时，甲可代位行使权利。他可以向B要求归还100万元。但此时B无力偿还的可能性较大。为了保全甲的利益，他可向其他利害关系人追偿。追偿时，应按照各自应承担的份额，实际承担债务。甲、乙为连带责任保证，都担保100万元。丙丁有额度限制。因此，四人之间承担债务的比例依次为100∶100∶30∶20＝10∶10∶3∶2。四人应承担的债务依次是40万、40万、12万、8万。甲在清偿完自己的40万之后，可分别向乙丙丁追偿40万、12万、8万。各担保人履行完毕后，可继续向B请求给付，此时也是第三人代为履行行使追偿权的一种。

第二，第三人是多个保证人，即共同保证的情形。例如，A对B享有100万元债权，甲乙两人以个人全部财产提供保证。若甲乙为按份保证，则甲只需偿还50万元，并不会存在该给付超过他应承担的份额的情形。此时不存在代位的情况，他直接向B行使追偿权即可，于乙亦同。但若甲乙二人是连带责任保证，则甲需给付A共计100万元。尔后，因为甲的给付超过了他应承担的份额（50万元），所以他可以代A之位，向乙追偿50万元。各保证人履行完毕后，可继续向B行使第三人求偿权。

第三，第三人是多个物上保证人的情形。例如，A对B享有100万元债权，甲乙分别以自有不动产提供担保，但没有明定承担的份额。现查明甲之房屋价值250万元，乙之房屋价值250万元。此时，在拍卖甲之房屋全部清偿100万元之后，甲实际上多承担50万元（按照两件不动产之价值比例，甲乙实际上是平均分担的状态）。因此，甲可继续向乙要求给付 50 万元。此时即是行使代位权，之后二人可继续行使第三人求偿权。

前述的担保债务只是一个层级的情形，实际上还存在第二个层级，即主债务上存在共同担保时，物上保证人向他人转让了抵押物。由于抵押物上已然存在一项有效的担保物权，所以担保物的第三取得人仍应该负担保证责任，第三取得人的地位还是物上保证人。他与其他物保人或保证人之间可能因代位权的行使而有代位求偿关系。但如果在第一级担保债务中，是由债务人自身提供的物保，则在他转让抵押物之后，第三取得人无法向其他保证人追偿，原因在于债务人本来就没有对于保证人的追偿权，因此也不会因为抵押物的转让而使第三取得人享有代位权。如果第一层级的担保全部是物保，则第二层级的第三取得人相互之间也依共同物保人之间的规则享有代位权。"但从债务人作为转让人处取得物的第三取得人对于其他第三取得人不得行使代位权。以债务人作为转让人而取得物的第三取得人相互间，也不得行使代位权。"[1]这一规则的存在理由同上，故不赘述。在代位权的行使过程中，若债务人有向债权人主张的抗辩权，则他可以向第三人主张。求偿权与代位权为请求权的并存，当择一行使能够圆满实现第三人的利益时，另一权利将归于消灭。[2]

（二）连带债务中的代位清偿

如前文所述，任一连带债务人清偿的债务超过其应承担的份额时，同样会产生追偿权与法定代位权。[3]在这样一种典型的利害关系第三人中，笔者试图讨论这两项权利之间的关系。追偿权是当然产生的权利。它使得债权人与债务人之间、债务人相互之间的利益状态趋于平衡，改变了过往单纯注重债权人利益保护所带来的弊端。[4]追偿权是代位权成立的基础和前提，当债

---

〔1〕 王轶："代为清偿制度论纲"，载《法学评论》1995 年第 1 期，第 23 页。

〔2〕 王轶："代为清偿制度论纲"，载《法学评论》1995 年第 1 期，第 22 页。

〔3〕 一般情形下，追偿权之行使需要债务人履行债务超过其应承担的份额。但是，也有例外。一是，连带债务人中有一人或数人受破产宣告，其他债务人可在追偿权生效之前先行申报债权；二是，若债务人超额清偿连带债务存在过失，如在诉讼时效已经经过的前提下继续清偿债务，则债务人即使超额履行债务也不得向其他债务人追偿。参见张平华："论连带责任的追偿权——以侵权连带责任为中心的考察"，载《法学论坛》2015 年第 5 期，第 63 页。

〔4〕 参见张平华："论连带责任的追偿权——以侵权连带责任为中心的考察"，载《法学论坛》2015 年第 5 期，第 62 页。

务人的追偿权消灭时，法律没有必要拟制债权人的债权继续存在。代位权存在的目的是补强追偿权的不足。当债权人的债权上存在从权利或担保物权时，债务人行使代位权可以实现自己对其他连带债务人的追偿权。所以有学者称追偿权与法定代位权之间是同源同构的关系。[1]在考察这两项权利各自的范围之后，我们可以更加明了追偿权对于代位权的决定意义。一方面，代位权的范围不能窄于追偿权的范围，因为这会使得追偿权的部分效力减弱。另一方面，代位权的范围也不能宽于追偿权的范围。例如，作为连带债务人之一的甲，在未清偿全部债权人之债务的情形下，若取得了全部债权的代位权，则他极有可能向另一债务人乙追偿，乙在偿还超过自己的份额之后，基于连带债务人之间的按份责任，乙又可以追偿甲，这会形成循环索债的现象。因此，追偿权的范围与代位权的范围具有同一性，且从两种权利的设置目的来看，追偿权的范围应当是决定了代位权的范围。这也在一定意义上阐明了两项权利之间的关系。

连带债务人之间的追偿权的成立条件与保证人的情形相当，无非三个：一是，权利人有主动或被动履行债务的行为；二是，权利人的履行行为导致债权人的债权相应消灭；三是，权利人偿债的范围超过了自身应该承担的份额。那么，是否以履行额超过应承担的份额为追偿权的前提？学界通说为肯定说，认为权利人只有在清偿超过自身应该承担的份额时，才可以追偿。但新兴的观点亦认为，权利人在清偿额小于分担额时，也可以请求追偿。[2]例如，甲乙丙向丁承担300万元的连带债务。甲本来应该分担其中的100万元。但在其承担90万元之后，可以先向乙、丙追偿其中各30万元。理由在于：一是，这更符合连带债务人共同分担债务的立法精神；二是，这也避免了权利人清偿一定范围后，债权人免除（部分或全部）债务给权利人带来的风险。但是这种观点在我国理论和实践中遇到了相当大的阻力：任一连带债务人在没有偿还完其应承担的份额时，本就应该继续清偿。此时允许其向其他债务人追偿，已经失去了根基，并且导致法律关系复杂化。其他债务人在债权人向其请求履行债务时，可以主张一定份额的抗辩。为了缓和这两种学说，应

---

〔1〕 谢鸿飞："连带债务人追偿权与法定代位权的适用关系——以民法典第519条为分析对象"，载《东方法学》2020年第4期，第131页。

〔2〕 史尚宽、郑玉波、邱聪智、孙森焱均采此说。参见谢鸿飞："连带债务人追偿权与法定代位权的适用关系——以民法典第519条为分析对象"，载《东方法学》2020年第4期，第132页。

该存在两项例外：一是，债务人若对于追偿权如何行使另有约定的，应从其约定。但是不得损及债权人利益；二是，在任一债务人履行部分债务之后，债权人的债权罹于消灭时效而所有连带债务人均主张时效抗辩的。这时对债务人偿债的行为应该作出一定的限制，以免其不合理得利。能够产生追偿权效力的清偿使得权利人的财产变少，例如抵销[1]、混同、提存。但是债务免除和时效经过不属于能产生追偿权的债权消灭事由。

还应当注意到追偿权和代位权扩张的现象。这与一般情形下的追偿存在一定逻辑关联。例如甲乙丙丁向戊负担 400 万元的连带债务。甲在清偿完所有债务之后，向乙追偿其应该承担的 100 万元时，可能存在的情形是乙可以向甲偿还，也可能是乙无力向甲偿还。当实际情况是后者时，甲能否要求甲丙丁三者分摊这 100 万元？如果肯定这一点，则甲的追偿权对丙丁来说实际上是扩大了的。该做法存在合理性。因为连带债务人之间是共同承担债权的关系，当其中一个债务人无力分担时，必然意味着超额履行债务的追偿权人受有损失，这必然损及交易公平。若长此以往，各个债务人势必寻找各种理由推脱超额债务，这也将产生不必要的交易费用。扩大追偿权，有利于实现合同法的公平和效率价值。连带债务人不履行债务的情形应从宽认定，除了其缺乏责任财产以外，诸如失踪、恶意逃债等都可以包括在内。这样更加公平高效，因为嗣后该债务人可以偿债时，其他债务人均可以向其追索。他们事实上也没有不必要的损害。若追偿权人可以基于追偿权扩张向其他连带债务人追偿其应承担的份额，但是追偿权人却怠于行使，导致连带债务人变得没有资力或者其担保物权无法实现时，则权利人不得主张这种扩张。

学者断言，这时的追偿权肯认了内部分担额为 0 的连带债务人可以被追偿。[2]如甲乙丙对丁负担连带债务，之后丁免除了甲的债务的，则乙在清偿超出自身应承担的份额时，可以向甲追偿。再如，甲乙向丙购买某商品，丁本非买方，但甲乙丁三方约定，共同向丙承担连带债务，则丁自始的债务分

---

〔1〕　任一连带债务人可以就自己对债权人的债权与债权人的连带债权主张抵销。但是，连带债务人不可以就其他债务人对债权人的债权主张抵销。这主要是为了简化交易关系、避免重复追偿。参见张平华："论连带责任的追偿权——以侵权连带责任为中心的考察"，载《法学论坛》2015 年第 5 期，第 63 页。

〔2〕　参见谢鸿飞："连带债务人追偿权与法定代位权的适用关系——以民法典第 519 条为分析对象"，载《东方法学》2020 年第 4 期，第 134 页。

担额为 0，甲乙均不得向丁追偿。追偿权虽然如此有力，但也存在行使障碍。这主要包括预先免除、嗣后免除连带债务等情形。例如，甲无偿搭乘乙的汽车，在汽车行驶过程中，另一车辆丙与乙之过失相结合，共同导致了甲的人身损害。若甲乙事先即约定，乙对甲乘车过程中发生的损害不负赔偿责任，则乙就在事先被免除了连带责任。此时，通行的做法是，丙对甲的赔偿额自始即限缩在连带债务人之间丙应承担的份额内。这既尊重了甲乙之间的约定，又无害于丙之利益，应该是比较公平的处理方式。嗣后免除的情形，主要是指连带债务成立之后，债权人才免除某一债务人的债务的。此时，该被免除者脱离连带债务关系，并且其他债务人在相应范围内免除连带债务。他们的追偿权也被相应限缩。还有一种追偿权的障碍是，任一连带债务人在清偿全部债务后，产生连带债务的原因不成立、无效或被解除时，并且债权人无力偿还的，他是否可以向其他债务人追偿？笔者以为，应持肯定说。因为债务至少有效存在过一段时间，或者是追偿权人存在追讨债权的合理信赖，所以此时的权利人也可以向其他债务人追偿。这也符合他们彼此之间利益共同体的定位。

在权利人行使追偿权时，应该按照按份之债的原则，最多都不得超过任一债务人应该承担的份额（追偿权扩张的情形除外）。连带债务人之间的应承担的份额是相同的。但存在例外情形：一是约定不按同等比例分担。这种约定可以是明示、也可以是默示，甚至可以依据事务的性质决定。如甲乙丙三人共同购买丁的某商品，但他们之间约定对该物按不同比例行使所有权时，则应认为他们三人之间对于内部份额有不同约定。二是法定不按同等比例分担。如原因力竞合引起的共同侵权就应该按照各侵权人的原因力大小或过错程度在内部分担责任。又如各合伙人对于合伙债务可能依据出资比例承担责任。这时任一债务人在承担超过自身应承担份额的债务之后，可以向其他人追偿其应承担的份额。但此时可以肯定各债务人之间不是平均承担了。举例来讲，甲乙丙三人是丁的连带债务人，共负担 50 万元债务。他们之间内部约定按照 1：2：2 的份额分担债务。甲在偿还 20 万元之后，对于超出其应承担的部分的 10 万元（甲按内部比例只需清偿 10 万元），可以向乙追偿 5 万元（2/4），向丙追偿 5 万元（2/4）。

以连带债务为例，我们也可以很清晰地看出追偿权与代位权之间的差异。追偿权是任一债务人在清偿超过自身应承担的份额后对其他债务人取得的一项新权利，并不依附于债权人的债权；而代位权是为了补强追偿权而对债权人之债权的法定继受，它不是一项新权利。这一根本差别又导致了其他一些细微差异。首先，权利的取得方式不同。追偿权适用普通债权的产生规则，在清偿超过自身应承担的份额后，可以原始取得对义务人的权利；而代位权由于其性质接近债权让与，因此债权人或连带债务人应将债权移转的事实通知义务人，否则不产生权利。其次，针对两项权利，义务人可以主张的抗辩事由不同。由于追偿权属原始取得，它并不依附于债权人的债权，所以被追偿的义务人不可以主张自身对债权人的抗辩权以对抗追偿权人。如时效经过的抗辩权、同时履行抗辩权以及抵销的抗辩都不可以向追偿权人主张。代位权属继受取得，权利人的地位类似于债权人。因此，代位义务人对于债权人的抗辩以及代位义务人对于代位权利人的抗辩都可以向权利人主张。例如，合同无效的抗辩、时效经过的抗辩权以及双务合同的履行抗辩权等。代位义务人对债权人享有到期债权的，可以向代位权利人主张。再次，代位权与追偿权的范围也会存在（些微）不同。这主要是指权利人为清偿债务所遭受的损失或是支出的必要费用。如为偿债而支出的差旅费、被实现担保物权而支出的合理费用等。此时，权利人的付出使得全体连带债务人均受益，因此这应当被纳入追偿权的范围——追偿权会大于代位权。若这些费用或损失是权利人因过失而导致的，则相应地，追偿权的范围会小于代位权。最后，这两者是否可以获得从权利也不同。追偿权是在连带债务人之间发生的权利，与他人无关，因此不能享有从权利。但其可以主张超过自己份额部分的利息（为其他债务人垫付金钱的利息）、其他合理费用（如诉讼费用、执行费用等）。而代位权就是债权人债权的法定继受，因此原债权上的保证债权和担保物权以及利息、违约金等，都属于追偿权人可以主张的范围。这也符合代位权补强追偿权的定位。

代位权与追偿权之间的关系也值得研究。通说认为，它们是权利竞合的关系，当主张任一权利能够使得权利人追偿超额债务时，则另一权利归于消灭。[1]但有学者提出了质疑。一是，依据前文的分析，这两项权利构成要件

---

〔1〕参见张平华："论连带责任的追偿权——以侵权连带责任为中心的考察"，载《法学论坛》2015年第5期，第62~63页。张平华区分了意定连带责任及法定连带责任，并认为前者可能存在担保物权，所以两项权利结合行使较为便利。而后者一般存在于侵权等场合，由于没有担保物权等从权利，所以一同主张意义不大，遂采竞合说。

完全相同，不符合请求权竞合的学说——同一法律事实，符合不同的构成要件，因而适用不同的法律。二是，从权利行使所追求的目的来看。二者只有相互结合才能实现追偿超额债务的目的。单独主张作为基础性权利的追偿权，它就无法得到补强；而单独主张作为强化性权利的代位权，它就失去了依归。因此，两项权利应一体适用。[1] 这也源于连带债务人之间一荣俱荣、一损俱损的关系。同时，一体适用也没有损害其他连带债务人及债权人的利益，从而实现了三者间的利益平衡。

在一体适用的原则之下，连带债务人如何实现权利行使呢？可以肯定的是，追偿权利人应该以追偿权为基础，以法定代位权为补充，并不得损及其他连带债务人、债权人的利益。在一体适用时，追偿义务人可以以权利人未主张全体债务人对债权人的抗辩而行使对追偿权的抗辩。也有观点认为，追偿权利人的过错可以阻断追偿权及代位权的成立。法定代位权的行使建立在债权让与拟制的基础之上。因此，若债权人因过失而使得债权上的担保或从权利消灭的，应向权利人负赔偿责任。在追偿权利人部分清偿，使得债权人的债权并未完全消灭时，追偿权利人的追偿权和代位权与债权人的债权及其担保物权会存在行使时的矛盾关系，此时与前述担保的情形类似，都不得损及债权人的利益。例如，甲乙共同欠丙100万元。丁为该债务提供10万元的货物担保。若甲此时偿还60万元，则甲就超过自身应承担份额的10万元，可以继受债权人的权利（包括担保物权）。但此时丙的40万元债权还未收回。甲不能在丙之前就担保物优先受偿。因此，可能的结果是，丙获得丁提供的全部担保价金，而甲之担保物权全部不能实现。在连带债务人可以代位时，他对于自身债务份额的担保没有实现价值。但对于其他债务人债务份额的担保以及对于整个连带债务上的担保，他都可以实现。只有完全遵照这些规则，才能实现连带债务人之间的代位求偿。

四、体系的开放性：第三人代为履行的多学科运用

第三人代为履行具有广阔的适用空间，而前文的分析只是从私法合同之债的角度。在跨域教义的假借中，"私法将许多已经建构好的、精准的语言、

---

[1] 参见谢鸿飞："连带债务人追偿权与法定代位权的适用关系——以民法典第519条为分析对象"，载《东方法学》2020年第4期，第139页。

概念或者规则输出给公法。"〔1〕事实上，但凡涉及广义义务的履行，并且这种义务不具有强烈的人身专属性，都可以在履行方式上尝试由他人代为履行。这样既可以便利债权人债权的满足，也可以实现交易效率的提高。例如《民法典》第581条。那么在其他领域中，有哪些地方可以尝试第三人代为履行？限于收集到的资料有限，笔者仅打算从税法、诉讼法、行政法等角度进行阐释。

（一）税法第三人履行制度的构想

税收法定原则要求税收要素法定。粗看上去，税收债务关系是不允许第三人代为履行的。但是，有学者建议，为了落实并深化税务机关"放管服"，可以以立法的方式明定第三人可以单方面自愿或签订履行承担协议代替纳税人向国家税务机关上缴税款。〔2〕在此需注意税法上一些法定的第三人代扣代缴税款的情况，比如企业为员工代缴个人所得税，这是法定第三人履行，不应该与本书所称的意定履行产生冲突。后者使得纳税方式更加灵活。举例来讲，在商品房买卖合同中，法律规定税费由买卖双方按比例分担。但是，在实践操作中，双方可以约定全部税款由买方承担，这便构成并存的税收债务承担。此协议一旦经由有权税务机关的同意，便转化为免责的税收债务承担。如果这些条件都不具备，则仅构成税收债务履行承担，产生如同第三人代为履行的后果：第三人不负有履行义务，税务机关在第三人不履行时应当向债务人（纳税人）追缴税款。税法据此承认第三人以自己名义代为履行债务人的税务，一旦履行完毕该税务即告免除。总之，税收债务关系虽然受到税收法定原则的束缚，但是它在市场经济条件下、在公法私法化的冲击中，变得越发松动。第三人代为履行税务，可以使得纳税方式更加多元化，保障纳税人权益，实现税收的高效便捷。

（二）诉讼执行程序的第三人代为履行

不仅税法，而且民事程序法中也存在第三人代为履行的现象。举例来讲，甲起诉乙，要求其偿还欠款。并且在诉讼进行中，保全了乙对第三人丙的到期债务（只是主张，并未查实）。甲胜诉之后拿到生效的判决书要求第三人丙偿还乙之债务。在本案中，学者依据《最高人民法院关于适用〈中华人民共和国民事诉讼法〉的解释》第159条、《最高人民法院关于人民法院执行工作

---

〔1〕　苏永钦："法学怎样跟上时代的脚步"，载《北大法律评论》2020年第2辑，第14页。

〔2〕　参见林岚："税法引入债务承担和第三人履行初探"，吉林大学2010年硕士学位论文，第35页。

若干问题的规定（试行）》第61条、第63条，认为法院在保全第三人债权过程中未询问第三人对该债权是否存有异议，并告知其异议权，因而导致本案中诉讼阶段已保全的债权在执行阶段无法得到受偿。[1]诉讼保全裁定实际上并未对乙丙之间的债权债务关系进行实体审查。它只是向丙发出了一项协助执行的通知，冻结了乙对丙的债权。如果可以在执行程序中径直扣划丙之财产，那么就是用程序取代了实体审查，剥夺了丙提出异议的权利。当且仅当甲重新提起代位权诉讼查明乙丙之间的债务是真实的，数额也确定之后，可以由甲向丙主张权利。当然，在代位权诉讼未开始之前，第三人丙也可以自愿代乙向甲履行债务，以消灭两级债权。此时，由于丙之债务并未经判决而实定化，他也没有与乙达成向第三人履行的约款，因此这种情形依然是第三人代为履行的合同。

（三）作为间接强制措施的第三人代为履行[2]

行政法领域的第三人代为履行打破了行政主体与行政相对人之间行政法律关系的二元壁垒。在对相对人作出行政处罚的决定后，行政机关在一定程度上还承担着督促处罚实施的职责。诸如恢复生态环境、拆除违章建筑等措施，相对人可能没有能力实施或者直接逃避实施。这些义务属于可替代性义务，第三人履行能够达到相对人履行同样的状态。[3]此时，行政机关可以与第三人之间签订代履行协议，由其具体实施，再由行政机关向相对人扣划等值金钱。诚然，此时的代履行协议是在债权人（行政机关）与第三人之间缔结，该协议因此具有强烈的公法色彩。它没有债务人参与其间，但是这不掩盖其由第三人代为履行债务的属性。第三人履行原始给付之后，债务人（行政相对人）的给付形态发生了改变——由行为义务变成了金钱义务。这使得义务的履行或债权人债权的追缴变得容易，从而在客观上对三方主体都有利。[4]原

〔1〕 张华景、施静："诉讼阶段已保全债务人对第三人债权 执行中能否直接裁定第三人履行债务"，载《江苏经济报》2018年9月5日。

〔2〕 法律依据为《行政强制法》第50条。也并非所有行政强制都可以代履行，它需符合严格的适用条件。代履行也并不一定是无利害关系第三人实施，行政机关自身也可以。

〔3〕 金钱给付义务、不作为义务、具有高度人身依附性义务等不可以代履行。杜国强："第三人代履行：制度适用与主体确定"，载《河北法学》2018年第4期，第43页。

〔4〕 代履行制度通过良性的公私竞争机制，对提高行政效率、改善执行质量及最终的保护相对人权利都有积极的促进作用。杜国强："第三人代履行：制度适用与主体确定"，载《河北法学》2018年第4期，第46页。

始给付的简化对于债务人来讲是一种义务的减轻，因为一般而言等值的金钱债务更加容易偿还。有学者注意到行政机关与第三人之间不当履行代履行协议所导致的机会主义倾向（第三人不当履行原始给付从而抬高债务人的赔偿责任），具有一定程度的启发意义。[1]总之，这虽然带有公法色彩，但终究属于第三人代为履行合同的另类运用。

（四）保险合同中第三人代缴保费

保险合同，无论是人身保险还是财产保险，本身已经涉及一个三方关系：投保人——保险人——被保险人。因此，这里的第三人是相对于这三个主体以外的他人。于保险合同而言，无疑投保人具有缴付保费的义务。但是，如若投保人不缴时，他人可否缴纳？《最高人民法院关于适用〈中华人民共和国保险法〉若干问题的解释（三）》（法释〔2020〕18号）第7条规定："当事人以被保险人、受益人或者他人已经代为支付保险费为由，主张投保人对应的交费义务已经履行的，人民法院应予支持。"因此，这里的他人可以代缴保费，也属于有利害关系的第三人代为履行合同的情形。尽管这里的"他人"是否有一定的限制，学界还存在一定的争议，如有学者认为："利害关系人范围的界定需以对保险金的实际请求权为判断标准，并承认被保险人等特殊利害关系人对第三人清偿行为的知情权，以防范道德风险的滋生。"甚至，在保险合同中，被保险人应当对第三人的代缴行为具有决定权。但这均不影响第三人代为履行在该类合同中的实现。第三人代缴保费之后，笔者以为并不会存在债权让与的法效果。因为，有合法利益的第三人代为履行主要是为了维持保险合同的效力，以便于在将来保险赔付时能获取一定的收益。所以，第三人应不能替代保险人的地位向投保人要求给付保费。但无论该项制度如何设计，第三人可以代为履行当有适用之余地。在实践中，还存在总括性的人身保险合同的情形，即投保人对被保险人没有保险利益的，也可以在一定情形下投保。这更进一步加大了投保的灵活性，而第三人代为履行也有了新的阐释。

五、小结

有学者建议，债的消灭应当单独作为一章加以规定，同时要在债的消灭

---

〔1〕　杜国强："私人代履行的激励问题：从契约经济学的角度出发"，载《西北大学学报（哲学社会科学版）》2012年第6期，第68~72页。

原因之一——清偿中对代为清偿详加规定。但法律将第三人清偿制度规定在了合同的履行一章中，而在第七章合同的权利义务终止中，仅用第560条、第561条两个条文规定了债务的抵充规则。笔者以为，《民法典》的立法模式值得肯定。原因在于第524条确与第523条有诸多相似之处：都是第三人履行债务。只不过前者是单方自愿履行，而后者是经当事人双方的约定。所以立法体例上，《民法典》合同编在第四章合同的履行中规定第三人代为履行的合同，应当是妥当的。

债务人不履行债务，具有合法利益的第三人有权向债权人代为履行。但无利害关系第三人代为履行的，债务人享有拒绝权。经拒绝之后，第三人即不能代为履行。已经代为履行的，其效力溯及既往地归于消灭。

但是，根据债务性质、当事人约定或者依照法律规定只能由债务人履行的除外。当事人可以约定禁止第三人代为履行，此约定可依明示或默示（如商业惯例）的方式作出。但该约定应当遵循诚实信用原则，不得以损害合同自由和第三人利益为主要目的。担保人、担保财产的合法占有人等有利害关系的第三人纵使在债务人行使拒绝权的情形下，亦可以代为履行。[1]第三人履行之后，债务人亦不得主张履行行为无效。总之，第三人享有代履行权。

第三人代为履行与债务承担有着重要区别。这在实务中非常重要，因为涉及终局债务由谁承担。若是前者，应由债务人承担最终债务；若是后者，则由第三人承担。区分这两种情形，应考量债权人、债务人、第三人的意思：第三人意图承担债务，并获得债权人的同意（《民法典》551条）。

第三人履行不当造成债权人损失的，应当综合考虑第三人代为履行是否善意、有无明显或重大过错、债务人是否反对、违约责任与损失大小等因素，在债务人和第三人之间酌情分配赔偿责任。[2]

债权人接受第三人履行后，无利害关系第三人可以向债务人求偿，有利害关系第三人可以获得债权人的地位而享有原债权及相关权益（如担保）。[3]同

---

〔1〕《征求意见稿》第31条第1款规定了6种对履行他人债务具有合法利益的情形。该规定反映了实务界类型化的看法。

〔2〕最高人民法院民法典贯彻实施工作领导小组主编：《中华人民共和国民法典合同编理解与适用》，人民法院出版社2020年版，第427页。

〔3〕但依据法释〔2020〕28号第13条、第14条，拥有合法利益的第三人代为履行后，并不享有对他担保人的追偿权，除非有意思联络。

时，债务人可以援引自身对原债权人的抗辩权（如时效、部分履行）及对第三人的抗辩权以对抗第三人。此处可以适用债权让与和抵销的一般规定（《民法典》第 545 条~第 550 条）。

若存在多个利害关系第三人且相互之间有意思联络，则其中一人或数人在其清偿的债务超过自身应承担的份额时，可向其他人追偿。其后，所有第三人仍可向债务人求偿。

第三人可以部分代为履行，但不得因此而损害债权人利益。

最后，债务人和第三人可以约定排除求偿权及代位权。

结 语

　　古典契约法理论的产生、发展过程确实十分短暂。英美作为先进的契约法国家，其发展也不过 200 年。斯托里撰写商业契约，兰代尔编著契约案例以及霍姆斯提出"不履行允诺有赔偿"，才过去不久，就有人提出约因的"获益——受损规则""互惠约因理论"。这近乎埋葬了契约的客观约因原则。美国法似乎走得更远。为了规制"准契约"以及"不当得利"，有学者提出了"允诺不得反悔"原则，使得主观的个人意志可以产生契约的强制执行力。威灵斯顿及科宾等合同法重述的功臣顺势承认了合同当事人的自由意志及第三人对授益意图的信赖对于利益第三人合同制度产生的决定作用。这也在一定程度上瓦解了古典契约法规则——限制约因（限制以约因为条件的合同成立）、限制绝对责任、限制大额的损害赔偿。这在自由经济时期，鼓励甚至放任了商事活动的自由。但在垄断经济时期，国家对经济活动的干预明显增加。约因的获益——受损规则逐渐被放开，对契约成立的认定因此变得愈发宽松。

　　与此同时，当事人对合同的信任成为了一项为侵权法所保护的权益。归功于富勒对合同信赖利益的阐发，使得信赖成为合同法所保障的唯一重要的客体，[1]这一点与侵权法对信赖利益的保护不谋而合。契约的违约赔偿及实际履行等制度逐渐被侵权责任所取代——侵权法逐渐蚕食契约法的范畴。民事责任的构成要件及承担方式逐渐走向统一。无过错责任或严格责任的扩张，使得侵权法的威力越发强大。尽管契约法还可能将在一定范围内存在，但其也逐渐向"债务不履行"的承担责任事由转变，摒弃了传统的主观过失或动机卑劣。这些新的动向使得学者发出契约已死的慨叹。但它也存有一丝希

---

　　〔1〕 ［美］L.L. 富勒，小威廉.R. 帕杜：《合同损害赔偿中的信赖利益》，韩世远译，中国法制出版社 2004 年版，第 1 页。

望——"谁又能够保证在这复活节的季节，它不会复活呢?"〔1〕

与吉尔莫这一悲观情绪不同，内田贵持乐观态度。他认为契约之死的诸般理由，如合意原则的消退、对价原则的瓦解等，无非是美国法三大思潮的影响所导致的。代表晚近功利主义新发展的"法与经济学派"、德沃金作为集大成者的权利理论以及麦克尼尔、马考利发明的关系契约理论导致了古典契约法模型的突变。日本法上转包契约之平等性日益被忽略，取而代之以父爱主义的国家干预原则。这主要是为了契约的实质公正。相似的例子还有身份保证以及委任契约，契约的无偿性以及强烈的人身专属性动摇了对价理论。〔2〕诸如意思合致、对价、平等互惠的契约现实性以及形式性无一不被取代。这可能应了那句老话"唯一不变的即是变化本身"。

但我们仍需注意，尽管存在赠与契约、继续性人身保证等严重脱离古典契约法理论的特例，当事人的主观意思以及是否具有对价，依旧是判断契约成立以及是否产生契约责任的合理依据。因为，契约责任降生于当事人身上，再没有比当事人对之加以同意更加合理的理由了。法与经济学派所提倡的"效益最大化原则"或"效益增加的原则"似乎都没有驳倒当事人的同意作为责任成立条件的基础性地位。因为，"每个理性人都是自己利益的最佳判断者"。于是乎，我们讨论涉他合同的产生事由，或称理论基础，就会发现，制度的设计无时无刻不在尊重当事人的意志。如原因关系对于第三人权利成立的影响、第三人拒绝权的强化、由第三人履行的合同中第三人同意履行的态度的坚守以及代位清偿中第三人代位权的赋予等。这些制度都旨在衡平三方当事人的自由意志。并且，它还符合了麦克尼尔所称的契约内在规范，如身份、信赖、对未来的预期、劳动分工等。确实，古典契约法以单发契约为典型，这实际上仅剥离出了双方当事人、自由意志、对价等基础性、重要性的事物。这也与法学家如威林斯顿、兰代尔等人的抽象思维有很大的关系，但不可否认的是，针对契约法的这些努力只是为了分析的方便。它丝毫不能掩饰第三人加入合同的事实。为此，《民法典》这三个条文的设计，可以说是实定法对活法以及继受法的认可。经由现代契约法发展史的铺垫作用，我们几

---

〔1〕　[美] 格兰特·吉尔莫:《契约的死亡》，曹士兵、姚建宗、吴巍译，中国法制出版社 2005 年版，第 136 页。

〔2〕　[日] 内田贵:《契约的再生》，胡宝海译，中国法制出版社 2005 年版，第 182 页。

乎可以下一个结论了：涉他合同的出现是合理的，它不是怪胎或是原则之外的"例外"，它是法学理论的重新发现。

到此为止，我想我可以回答导论部分提出的问题了。涉他合同是合同双方当事人之外的第三人享有合同债权或承担合同债务的法律现象。完满的债权包括了请求力、受领力及保有力。涉他合同中的第三人享有之债权，可能是这三项，也可能只是其中一项。第三人承担的义务只可能是履行义务或保护义务，主合同义务不可能由第三人全部承担，否则就是债务承担。其法律依据为《民法典》第522条、第523条及第524条。明确了涉他合同的概念之后，很重要的一点是确定第三人的范围。这在一定程度上由涉他合同的类型决定。典型的，如果是向第三人履行的合同，第三人主要是约定产生。如甲和乙花店约定在丙生日当天，由乙直接将花寄往丙处。并且，丙可以在不满意时退换货。这时的丙由甲指定。如果是代位清偿的情形，合法利益第三人的产生主要依法定。如《民法典》第519条、第700条、第719条等。法律中到底有哪些情形第三人是享有权利或承担义务的？这确实是无法穷尽的问题。笔者在第一章讨论了八种第三人参与合同的情形。经过讨论，只有向第三人履行的合同、由第三人履行的合同、附保护第三人作用的合同、第三人代为履行的合同（代位清偿）这四种情况属于涉他合同。在比较法上还存在第三人侵害合同债权等的涉他合同类型。但在我国还没有得到立法者的确认，因此被笔者排除出了涉他合同的行列。这样我们就合理确定了涉他合同的外延。经由内涵、外延的归纳总结，涉他合同的概念较清晰地展现在我们面前。

在比较法上，英美法和大陆法虽同为罗马法的继承者，但大陆法较严格地继受了罗马法传统。这一点在涉他合同部分也不例外。以德国法为例，《德国民法典》在第328条、第334条、第335条详细规定了向第三人履行合同的规则，在第267条、第268条及第278条第2款规定了由第三人履行合同的规则，在第241条第2款、第311条第3款第2句规定了附保护第三人作用的合同。诸如此类的规定，十分值得我国借鉴。英美法虽较为分散，对涉他合同部分的内容的规定却毫不逊色。如美国的两次合同法重述以及英国的《合同法（第三人保护原则）》等，都是较先进的立法例。在此，我们大致可以得出以下几点启示：一是，两大法系都承认了涉他合同。这也在世界范围内，体现了一定的发展潮流。二是，涉他合同制度发展都经历了一个从习惯到习惯法再到成文法（判例法）的发展过程。在此过程中，第三人权利及义务逐渐被认可。三是，在具体制度设计上，就第三人所享有的合同权利、负担的合同义务，双方当事人的抗辩权等规则，两大法系表现出惊人的相似。这也蕴藏着些许共性，可以为我国借鉴。

不得不承认，合同相对性的存在有其合理因素。如它合于消极的意志自由，合于宪法上的防御权，合于当事人的合理预期。但正如笔者所指出的，它的破绽也十分明显——既然承认当事人的消极意志自由，缘何不承认他们的积极意志自由？合同当事人作为自己利益的最佳判断者，也可以使得第三人享有权利，只要他们是自愿的。而且，在相对封闭的三方主体之间，借助一定的制度设计可以达到三方当事人的利益衡平。例如，第三人享有拒绝权可以溯及既往地消灭契约对自身的效力。立约人与受约人可以在第三人权利成否未定时，变更或撤销第三人权利。第三人代位清偿可以获得求偿权及代位权。因此，意志论是第三人权利诞生的有力证据。在笔者所介绍的四种第三人取得权利的行为模式中，修正的单方行为模式，或曰"独立而直接取得说"，实现了效率与公正的双重价值，是值得推崇的立法模式。当然，这一点也为《民法典》第 522 条第 2 款所采纳。

意志论虽是主流的法学理论，但这一观点主要是从立约人与受约人两者之间的意思出发，较少考虑了第三人的意志。它认为第三人一定是乐于接受他人的授益。但是，这只是立法者或法学家的推定。未曾明确表示的第三人也许内心是拒绝这份恩惠的！于是，笔者借鉴了科宾的理论，并参考了美国合同法第二次重述的成果。只要当事人对于意图授益的事情产生了合理信赖，并为获利采取了一定的准备工作，则可以认为第三人权利出现了。当然，如前文所述，这里也有富勒的贡献。后来出现了既没有受益意图，也没有第三人合理信赖，而产生的偶然受益第三人，如政府与客车司机工会签订集体协议禁止罢工，但是客车司机仍然罢工，导致交通停运，旅游景区的收入受到影响的，旅游景区的经营者并没有司机们不会罢工的信赖（因为他不知情或者协议的目的只是为了满足公众出行的便利）。这时，要承认偶然利益第三人的权利，需要一定的政策或公共利益的存在。典型的，如政府与开发者之间签订的自然资源开发利用合同对于当地居民的授益。居民甲可以在开发者破坏生态环境时以利益第三人的身份提起诉讼。保险合同、海上货物运输合同承认第三人的请求权也是符合一定的政策需求。第三人义务的产生是十分罕见的事。于是笔者在第一章略过，仅在由第三人履行的合同处进行了一定程度的说明。它的出现主要是由于第三人自身的同意、人格混同等情况。

就规则的解释适用上，就向第三人履行的合同而言，其成立与生效还是依据修正的单方行为模式。自立约人与受约人达成（授益于第三人的）意思表示合致时，合同即告成立。一般而言，合同生效时点与成立相同，但是需要注意第三人享有拒绝权。拒绝权一经行使，合同即溯及既往地归于消灭。关于合同是否为要式的问题，诺成合同以非要式为原则，要式为例外。因此，向第三人履行的合同一般而言是非要式合同。但是对于不动产买卖合同、特殊的动产买卖合同以及涉外合同等，还是要采取书面形式或经批准、登记或备案才能生效。在类型划分上，我国继受了大陆法系的立法例，将向第三人履行的合同分为简单型与赋权型两种。而赋权型合同的安排，主要是合同效力问题，因为它的核心在于承认第三人的请求权。其次才是合同的履行问题。但是前文也已提及，承认合同有效的落脚点还是在履行上，所以《民法典》的条文布局没有十分明显的问题。立约人、受约人、第三人之间的基础关系、执行关系以及对价关系正文介绍很多了，此处不再赘述。除了第三人直接请求以外，受约人可以请求立约人向第三人履行。立约人可以主张与第三人之间执行关系的抗辩。第三人可以在合同成立时不存在或不确定，但是要有一定的方式确定他的身份，如出生。第三人取得利益可以附条件。简单型利益第三人合同可以准用前述规则，仅需注意，此时的第三人没有独立的履行请求权，只有受领权。

沿着第三人权利的脉络，我们发现了比较法上奇特的制度——附保护第三人作用的合同。它源于德国法侵权行为适用上的缺陷，如雇主责任中雇主可以十分轻易免责、租赁合同中与承租人同居之人遭受侵害时救济不足、侵权损害赔偿短时效等问题。其法律依据为《德国民法典》第 241 条第 2 款、第 311 条第 3 款第 2 句。美国商法上也有"利益第三人担保责任"的类似制度，之后更是发展出公司在实现社会责任时对合同第三人的保护义务。但是该制度的固有弊端是第三人的范围不易确定。关系契约理论认为，合同是一个整体的生态系统（Ecosystem）。该理论进一步增加了第三人范围的不确定性。虽然笔者在第三章着重分析了第三人身份的确定要件，但是实际上德国联邦法院的实践是愈发扩大第三人的范围，直至动摇了债务人的预期。再加之，在我国法治土壤上，没有前述的法律体系漏洞，所以《民法典》没有必要引进这一制度。但是，附保护第三人作用的合同所体现出的契约法与侵权法之间的交织，例如相对权绝对化、债权物权化，是弥合或统一民事责任体系非常重要的路径。

由第三人履行的合同中，非常重要的问题在于第三人承担合同义务的理论基础。它以意定居多，但是也不排除法定。在实务上，该概念与债务承担之间的区别十分重要。在区分它们时，当事人之间的合意起到了决定性的作用。如果第三人只是履行部分债务，并不承担终局的违约责任，则该情形只是由第三人履行的合同。这可以从合同条款的违约责任部分看出。若当事人约定了原债务人退出合同关系或事实上退出合同关系，则应该认可债务承担的出现。由第三人履行的合同与第三人代为履行的合同之间的区别点在于前者第三人之履行是由于第三人约款。当存在此约款之后，第三人才被动履行。他一般也不能基于履行的事实而向债务人求偿。即使有求偿权，也是基于第三人约款。与此相反，第三人代为履行根本不存在第三人履行的约款。他的履行纯粹基于自愿或者是在先的利害关系。同时，笔者还提到了由第三人履行的情形的准用或类推适用，如一般债之关系（特别是侵权之债、无因管理之债）、缔约过失中可能存在债务辅助履行人。同时，我们也应该承认一定场合下，因第三人的原因而导致的违约，债务人可以依合同编典型合同的规定，如赠与合同、无偿保管合同等，而免责。这是弥合合同法规范裂缝的关键。

第三人代为履行的合同制度是清偿债务以满足债权人利益的有力手段。笔者介绍了合同法中债权人权利的浮沉演化，但其中心仍没有脱离对债权人债权的满足。因此，本书得出结论，无利害关系的第三人也可以代为履行。无利害关系第三人代为履行的，债务人享有拒绝权。这与"禁止强迫他人得利"的法理念相符。当事人也可以约定禁止第三人的履行。若合同的履行具有人身专属性，如有关身份法上的抚养、赡养义务，特别仰赖债务人的专业技能的义务，则不许第三人代为履行。一旦代为清偿，将形成基础关系、执行关系、求偿与代位关系。并且应当允许第三人的部分代位清偿，但是其代位权的行使不得有害于债权人的剩余债权。笔者在代位权的实现部分，特别介绍了共同担保人之间的代位关系以及连带债务人之间的代位关系。这属于法定的有利害关系的第三人代位清偿的情形。当然，赋予第三人以强力的求偿权与代位权，应当允许债务人援引自己对债权人、自己对第三人的双重抗辩权以对抗第三人的权利。

参考文献

一、中文著作类

1. ［德］迪尔克·罗歇尔德斯：《德国债法总论》，沈小军、张金海译，中国人民大学出版社 2014 年版。
2. ［德］迪特尔·梅迪库斯：《德国债法总论》，杜景林、卢谌译，法律出版社 2004 年版。
3. ［美］A. L. 科宾：《科宾论合同》（下册），王卫国等译，中国大百科全书出版社 1998 年版。
4. ［美］E. 博登海默：《法理学：法律哲学与法律方法》，邓正来译，中国政法大学出版社 2017 年版。
5. ［德］海因·克茨：《欧洲合同法》（上卷），周忠海、李居迁、宫立云译，法律出版社 2010 年版。
6. ［意］彼德罗·彭梵得：《罗马法教科书》，黄风译，中国政法大学出版社 1992 年版。
7. ［德］康德：《法的形而上学原理——权利的科学》，沈叔平译，商务印书馆 2015 年版。
8. ［美］A. L. 科宾：《科宾论合同》（上册），王卫国、徐国栋、夏登峻译，中国大百科全书出版社 1997 年版。
9. ［美］麦克尼尔：《新社会契约论》，雷喜宁、潘勤译，中国政法大学出版社 2002 年版。
10. ［日］内田贵：《契约的再生》，胡宝海译，中国法制出版社 2005 年版。
11. ［美］格兰特·吉尔莫：《契约的死亡》，曹士兵、姚建宗、吴巍译，中国法制出版社 2005 年版。
12. ［美］戴维·斯劳森：《有约束力的允诺：20 世纪末合同法改革》，杨秋霞译，知识产权出版社 2018 年版。
13. ［美］L. L. 富勒、小威廉·R. 帕杜：《合同损害赔偿中的信赖利益》，韩世远译，中国法制出版社 2004 年版。
14. ［日］我妻荣：《新订债法总论》，王焱译，中国法制出版社 2008 年版。
15. 陈卫佐译注：《德国民法典》，法律出版社 2020 年版。
16. 罗结珍译：《法国民法典》，北京大学出版社 2010 年版。

17. 刘士国、牟宪魁、杨瑞贺译:《日本民法典》,中国法制出版社 2018 年版。

18. 韩世远:《合同法总论》,法律出版社 2018 年版。

19. 王泽鉴:《民法学说与判例研究》(第 2 册),中国政法大学出版社 2005 年版。

20. 张家勇:《为第三人利益的合同的制度构造》,法律出版社 2007 年版。

21. 陈任:《第三人合同权利比较研究》,陕西人民出版社 2008 年版。

22. 吴文嫔:《第三人利益合同原理与制度论》,法律出版社 2009 年版。

23. 宋忠胜:《契约第三人研究》,人民出版社 2013 年版。

24. 王利明:《合同法研究》(第 1 卷),中国人民大学出版社 2015 年版。

25. 周友军:《专家对第三人责任论》,经济管理出版社 2014 年版。

26. 仲伟珩:《专家对第三人责任制度研究——一种基于民法体系化的制度设计与解释》,
    法律出版社 2017 年版。

27. 王泽鉴:《民法学说与判例研究》(第 6 册),中国政法大学出版社 2005 年版。

28. 崔建远:《债法总论》,法律出版社 2013 年版。

29. 林诚二:《民法债编总论——体系化解说》,中国人民大学出版社 2003 年版。

30. 孙森焱:《民法债编总论》(上、下),法律出版社 2006 年版。

31. 郑玉波:《民法债编总论》,中国政法大学出版社 2006 年版。

32. 李永军:《合同法》,中国人民大学出版社 2016 年版。

33. 崔建远主编:《合同法》,法律出版社 2016 年版。

34. 周枏:《罗马法原论》(下),商务印书馆 2005 年版。

35. 薛波主编:《元照英美法词典》,潘汉典总审订,北京大学出版社 2017 年版。

36. 全国人大常委会法制工作委员会编:《中华人民共和国合同法释义》,法律出版社 2013
    年版。

37. 张玉卿主编:《国际商事合同通则 2010》,中国商务出版社 2012 年版。

38. 江平主编:《中华人民共和国合同法精解》,中国政法大学出版社 1999 年版。

39. 董安生:《民事法律行为》,中国人民大学出版社 2002 年版。

40. 杜景林、卢谌:《德国民法典全条文注释》,中国政法大学出版社 2015 年版。

41. 郑冠宇:《民法债编总论》,新学林出版社 2019 年版。

42. 林诚二:《债法总论新解:体系化解说》(下),瑞兴图书 2013 年版。

43. 邱聪智:《新订民法债编通则》(下),中国人民大学出版社 2004 年版。

44. 史尚宽:《债法总论》,中国政法大学出版社 2000 年版。

45. 邱雪梅:《社会转型视野下民事责任之变迁》,暨南大学出版社 2015 年版。

46. 黄薇主编:《中华人民共和国民法典释义》,法律出版社 2020 年版。

47. 最高人民法院民法典贯彻实施工作领导小组主编:《中华人民共和国民法典合同编理解
    与适用》,人民法院出版社 2020 年版。

48. 梁慧星:《民法解释学》，法律出版社 2015 年版。

49. 杨立新主编:《〈中华人民共和国民法典〉条文精释与实案全析》，中国人民大学出版社 2020 年版。

50. 王竹主编:《民法典关联法规与权威案例提要·合同编》，中国法制出版社 2020 年版。

二、中文论文类

(一) 期刊论文

1. 习近平:"充分认识颁布实施民法典重大意义 依法更好保障人民合法权益"，载《求是》2020 年第 12 期。

2. 薛军:"论利他法律行为涉他效力的制度建构"，载《北大法律评论》2011 年第 2 期。

3. 薛军:"合同涉他效力的逻辑基础和模式选择——兼评《民法典合同编（草案）》（二审稿）相关规定"，载《法商研究》2019 年第 3 期。

4. 吴旭莉:"合同第三人存在情形的实证分析——兼评第三人利益合同在我国存在与否之争"，载《厦门大学学报（哲学社会科学版）》2012 年第 5 期。

5. 叶金强:"第三人利益合同研究"，载《比较法研究》2001 年第 4 期。

6. 张圆圆:"对利他合同的探讨"，载《法治研究》2007 年第 12 期。

7. 何平:"《合同法》应当确立为第三人利益合同制度"，载《湖北社会科学》2011 年第 12 期。

8. 崔建远:"为第三人利益合同的规格论——以我国《合同法》第 64 条的规定为中心"，载《政治与法律》2008 年第 1 期。

9. 韩世远:"试论向第三人履行的合同——对我国《合同法》第 64 条的解释"，载《法律科学（西北政法学院学报）》2004 年第 6 期。

10. 闫耀军、张幸福、薛文成:"略论涉他合同"，载《当代法学》2002 年第 9 期。

11. 薛军:"论《中华人民共和国合同法》第 64 条的定性与解释——兼与'利他合同论'商榷"，载《法商研究》2010 年第 2 期。

12. 薛军:"利他合同的基本理论问题"，载《法学研究》2006 年第 4 期。

13. 薛军:"'不真正利他合同'研究——以《合同法》第 64 条为中心而展开"，载《政治与法律》2008 年第 5 期。

14. 冉昊:"论涉他合同"，载《山东法学》1999 年第 4 期。

15. 张婧:"真正第三人利益合同的比较法考察及立法完善——对民法典编纂中合同编的建议"，载《云南社会科学》2019 年第 1 期。

16. 吴文嫔:"论第三人合同权利的产生——以第三人利益合同为范式"，载《比较法研究》2011 年第 5 期。

17. 张默："合同第三人的利益和保护"，载《人大法律评论》2014 年第 2 期。

18. 邱雪梅："附保护第三人作用合同研究——兼论建设工程施工合同对第三人效力的法理依据"，载《政法学刊》2005 年第 6 期。

19. 张家勇："论合同保护第三人的路径选择"，载《法律科学（西北政法大学学报）》2016 年第 1 期。

20. 王文钦："德国法上'附保护第三人作用之契约'制度的新发展"，载《中外法学》1994 年第 2 期。

21. 邵建东："论德国民法中附保护第三人效力的合同"，载《比较法研究》1996 年第 3 期。

22. 申黎、尹志君："试论引进'附保护第三人作用之契约'理论的必要性"，载《当代法学》2002 年第 4 期。

23. 邱雪梅："论附保护第三人作用合同——兼谈我国民法典编纂中民事责任体系的构建"，载《甘肃社会科学》2006 年第 1 期。

24. 王璟："论'附保护第三人作用之合同'——兼谈我国侵权责任法的完善"，载《求索》2009 年第 10 期。

25. 马强："附保护第三人作用之合同研究"，载《政治与法律》2005 年第 1 期。

26. 赵清新："论附保护第三人作用的合同"，载《法律适用》2013 年第 3 期。

27. 黄和新："代位权人优先受偿权制度的合理性分析"，载《南京师大学报（社会科学版）》2002 年第 6 期。

28. 丁广宇："挂靠或出借名义的效力及内外部法律责任"，载《人民司法》2019 年第 26 期。

29. 解亘："再论《合同法》第 121 条的存废——以履行辅助人责任论为视角"，载《现代法学》2014 年第 6 期。

30. 韩世远："他人过错与合同责任"，载《法商研究》1999 年第 1 期。

31. 尹田："论涉他契约——兼评合同法第 64 条、第 65 条之规定"，载《法学研究》2001 年第 1 期。

32. 李岩："是债务转移还是由第三人履行"，载《政治与法律》2002 年第 3 期。

33. 韩世远："由第三人履行的合同刍议"，载《浙江工商大学学报》2008 年第 4 期。

34. 张晓梅："第三人主动履行债务探析"，载《上海交通大学学报（哲学社会科学版）》2004 年第 4 期。

35. 施建辉："第三人代为清偿研究——兼论预备债务抵销抗辩"，载《法学评论》2007 年第 6 期。

36. 陈洸岳："抵充与代位清偿"，载《月旦法学教室》2011 年第 105 期。

37. 熊贤忠："试论合同无效之返还财产制度——以第三人代为清偿后合同无效为研究视

角",载《武汉大学学报（哲学社会科学版）》2012年第2期。

38. 冉克平："民法典编纂视野中的第三人清偿制度",载《法商研究》2015年第2期。

39. 程宏："第三人单方自愿履行的法律后果——从个案角度分析第三人代为清偿与相关制度的区别",载《广西大学学报（哲学社会科学版）》2007年第4期。

40. 宋建立："第三人代为履行与债务承担的甄别",载《人民司法·案例》2010年第14期。

41. 崔建远："合同解释规则及其中国化",载《中国法律评论》2019年第1期。

42. 丁亮华："第三人受合同保护之可能及限制——基于诚实信用原则对合同相对性效力的突破",载《判解研究》2012年第59期。

43. 谢亘："论《合同法》第121条的存废",载《清华法学》2012年第5期。

44. 王立兵："关系论视阈下第三人违约问题研究——以《合同法》第121条为中心",载《学术交流》2010年第2期。

45. 周江洪："〈合同法〉第121条的理解与适用",载《清华法学》2012年第5期。

46. 李永军、李伟平："因第三人原因造成的违约与责任承担——兼论《合同法》第121条的理论解构",载《山东大学学报（哲学社会科学版）》2017年第5期。

47. 李永军："民法典编纂中的行政法因素",载《行政法学研究》2019年第5期。

48. 韩大元："民法典编纂要体现宪法精神",载《国家检察官学院学报》2016年第6期。

49. 谢鸿飞："中国民法典的宪法功能——超越宪法施行法与民法帝国主义",载《国家检察官学院学报》2016年第6期。

50. 李惠宗：《宪法工作权保障系谱之再探》,载《宪政时代》第29卷第1期。

51. 卡拉里斯："债务合同法的变化——即债务合同法的'具体化'趋势",张双根译,载《中外法学》2001年第1期。

52. 王利明："论合同的相对性",载《中国法学》1996年第4期。

53. 陈璟："试论合同相对性原则例外的涵义",载《当代法学》2002年第5期。

54. 刘承韪："合同相对性理论的起源与流变——现代意义合同相对性在两大法系确立过程之比较",载《南京大学法律评论》2007年第1期。

55. 傅廷中："论国际海运立法对合同相对性原则的突破",载《清华法学》2012年第1期。

56. 李剑："论垄断合同理论对合同相对性原则的超越",载《社会科学战线》2012年第12期。

57. 张家勇："为第三人利益合同的意志论基础",载《清华法学》2008年第3期。

58. 唐晓晴："从合意契约到私法自治——意志论征服民法理论的道路",载《私法研究》2016年第2期。

59. 张谷："论债务免除的性质",载《法律科学（西北政法学院学报）》2003年第2期。

60. 薛军："意思自治与法律行为涉他效力的模式选择"，载《上海财经大学学报（哲学社会科学版）》2008 年第 5 期。

61. 葛云松："意思自治原则的理论限度——评《论利他法律行为涉他效力的制度建构》"，载《北大法律评论》2011 年第 2 期。

62. 李旭东、段小兵："试论我国合同信赖利益损害赔偿制度的完善"，载《西南大学学报（社会科学版）》2007 年第 3 期。

63. 李和平："论民法对单方法律行为的控制"，载《法学杂志》2012 年第 8 期。

64. 刘春堂："契约对第三人之保护效力"，载《辅仁法学》1985 年第 4 期。

65. 许德风："对第三人具有保护效力的合同与信赖责任——以咨询责任为中心"，载《私法》第 4 辑第 2 卷。

66. 彭真明："论注册会计师不实财务报告民事责任的定性——以对第三人责任为中心"，载《甘肃政法学院学报》2005 年第 3 期。

67. 周友军："论律师因见证行为对第三人承担的责任"，载《月旦民商法杂志》2017 年第 12 期。

68. 李昊："德国专家责任的建构——以保护纯经济上损失的交易安全义务为基础"，载《私法》2013 年第 1 期。

69. 涂文、安翱："论附保护第三人作用的契约"，载《河北法学》2004 年第 3 期。

70. 叶榅平："附随义务与合同对第三人的保护效力"，载《中南民族大学学报（人文社会科学版）》2006 年第 2 期。

71. 林诚二："债务不履行归责事由之检讨"，载《中兴法学》第 6 期。

72. 彭赛红："论债务人之履行辅助人责任"，载《北京理工大学学报（社会科学版）》2006 年第 2 期。

73. 朱晓喆："寄送买卖的风险转移与损害赔偿——基于比较法的研究视角"，载《比较法研究》2015 年第 2 期。

74. 王轶："代为清偿制度论纲"，载《法学评论》1995 年第 1 期。

75. 谢鸿飞："连带债务人追偿权与法定代位权的适用关系——以民法典第 519 条为分析对象"，载《东方法学》2020 年第 4 期。

76. 谢兼明、朱炳辉："信贷员归还违规发放的贷款后可向担保人追偿吗"，载《中国审判》2009 年第 11 期。

77. 杨立新："第三人履行的后果是消灭债务人的债务"，载《中国审判》2009 年第 11 期。

78. 温世扬、梅维佳："混合共同担保之内部追偿权研究"，载《学习与实践》2019 年第 6 期。

79. 张尧："混合共同担保中担保人内部求偿的解释论"，载《法学家》2017 年第 3 期。

80. 王利明："民法典物权编应规定混合共同担保追偿权"，载《东方法学》2019 年第

5 期。

81. 高圣平："混合共同担保的法律规则：裁判分歧与制度完善"，载《清华法学》2017 年第 5 期。

82. 程啸："混合共同担保中担保人的追偿权与代位权——对《物权法》第 176 条的理解"，载《政治与法律》2014 年第 6 期。

83. 彭熙海、秦善奎："当意思自治遭遇格式合同——《物权法》第 176 条之取舍与重构"，载《湘潭大学学报（哲学社会科学版）》2020 年第 1 期。

84. 谢鸿飞："共同担保一般规则的建构及其限度"，载《四川大学学报（哲学社会科学版）》2019 年第 4 期。

85. 杨代雄："共同担保人的相互追偿权——兼论我国民法典分则相关规范的设计"，载《四川大学学报（哲学社会科学版）》2019 年第 3 期。

86. 汪洋："共同担保中的推定规则与意思自治空间"，载《环球法律评论》2018 年第 5 期。

87. 耿林："比较法视野下的混合共同担保"，载《江汉论坛》2017 年第 6 期。

88. 贺剑："走出共同担保人内部追偿的'公平'误区——《物权法》第 176 条的解释论"，载《法学》2017 年第 3 期。

89. 凌捷："混合共同担保若干争议问题研究"，载《政治与法律》2016 年第 6 期。

90. 黄忠："混合共同担保之内部追偿权的证立及其展开——《物权法》第 176 条的解释论"，载《中外法学》2015 年第 4 期。

91. 崔建远："混合共同担保人相互间无追偿权论"，载《法学研究》2020 年第 1 期。

92. 张平华："论连带责任的追偿权——以侵权连带责任为中心的考察"，载《法学论坛》2015 年第 5 期。

93. 杜国强："第三人代履行：制度适用与主体确定"，载《河北法学》2018 年第 4 期。

94. 杜国强："私人代履行的激励问题：从契约经济学的角度出发"，载《西北大学学报（哲学社会科学版）》2012 年第 6 期。

95. 潘重阳："论真正利益第三人合同中第三人的违约救济"，载《东方法学》2020 年第 5 期。

96. 刘凯湘："民法典合同解除制度评析与完善建议"，载《清华法学》2020 年第 3 期。

97. 纪闻："政府购买公共服务合同中的受益公众救济——以第三人利益合同为视角"，载《新疆大学学报（哲学社会科学版）》2020 年第 6 期。

98. ［德］安德烈亚斯·泽纳："附保护第三人作用之契约——以法律基础为视角"，陈慧君译，载《中德私法研究》2018 年第 16 卷。

99. 陈景善、邰俊辉："利他合同之法定解除权行使规则研究"，载《社会科学研究》2020 年第 6 期。

100. 冯果："法解释学等传统法学方法——未来中国经济法学的主流研究方法"，载《重庆大学学报（社会科学版）》2008 年第 5 期。

101. 李永军："《民法典》涉他合同中第三人利益的实现途径"，载《苏州大学学报（法学版）》2021 年第 1 期。

102. 温世扬："《民法典》合同履行规则检视"，载《浙江工商大学学报》2020 年第 6 期。

103. 崔建远："论为第三人利益的合同"，载《吉林大学社会科学学报》2022 年第 1 期。

104. 崔建远："论合同相对性原则"，载《清华法学》2022 年第 2 期。

105. 张瀚："第三人侵害合同的侵权责任"，载《政法论坛》2022 年第 5 期。

106. 杨代雄："《民法典》共同担保人相互追偿权解释论"，载《法学》2021 年第 5 期。

107. 崔建远："第三人的原因造成违约时的责任分配论"，载《政法论坛》2023 年第 1 期。

108. 石佳友、李晶晶："论真正利益第三人合同中的第三人权利"，载《湖南科技大学学报（社会科学版）》2022 年第 5 期。

109. 王利明："论第三人代为履行——以《民法典》第 524 条为中心"，载《法学杂志》2021 年第 8 期。

（二）学位论文

1. 仇晓洁："论合同的第三人效力"，中国政法大学 2011 年博士学位论文。

2. 袁正英："第三人利益合同制度研究"，武汉大学 2014 年博士学位论文。

3. 张艳："关系契约理论基本问题研究"，南京大学 2014 年博士学位论文。

（三）会议论文

1. 董万程："民法典合同编中涉第三人合同立法问题研究"，载《中国法学会民法学研究会 2018 年年会论文集》。

2. 袁东筱："第三人单方自愿代为履行制度的体系化解读"，载《江苏省法学会民法学研究会 2021 年年会论文集》。

三、外文论著类

1. James Thuo Gathii, "Incorporating the Third Party Beneficiary Principle in Natural Resource Contracts", 43 *Georgia Journal of International and Comparative Law*, 93 (2014).

2. Ian Ayres, Gregory Klass, *Studies in Contract Law* (9th ed., Foundation Press 2017).

3. Charles L. Knapp, Nathan M. Crystal, Harry G. Prince, *Problems in Contract Law: Cases and Materials* (9th ed., Wolters Kluwer 2019).

4. Stephen A. Smith, *Contracts for the Benefit of Third Parties: In Defence of the Third-Party Rule*, 17 *Oxford Journal of Legal Studies*, 643 (1997).

5. S. K. Date-Bah, *The Enforcement of Third Party Contractual Rights in Ghana, 8 University of*

Ghana Law Journal 76, (1971).

6. Alan Schwartz; Robert E. Scott, *Third-Party Beneficiaries and Contractual Network*, 7 *Journal of Legal Analysis*, 325 (2015).

7. Patience A. Crowder, *More than Merely Incidental: Third-Party Beneficiary Rights in Urban Redevelopment Contracts*, 17 Georgetown Journal on Poverty Law & Policy, 287 (2010).

8. J . Kenneth de Werff, *Third Party Beneficiary Contracts in Minnesota*, 29 *Minnesota Law Review*, 436 (1945).

9. David G. Epstein; Alexandra W. Cook; J. Kyle Lowder; Michelle Sonntag, *An App for Third Party Beneficiaries*, 91 *Washington Law Review*, 1663 (2016).

10. Melvin Aron Eisenberg, *Third-Party Beneficiaries*, 92 *Columbia Law Review*, 1358 (1992).

11. Melvin Aron Eisenberg, *The Responsive Model of Contract Law*, 36 Stanford Law Review 1107 (1984).

12. Lee Mason, *Enforcing Contracts for the Benefit of Third Parties: Recent Reform of the Doctrine of Privity*, 45 Hong Kong Law Journal 13, 28 (2015).

13. *The Third Party Beneficiary Concept: A Proposal*, 57 Columbia Law Review 406 (1957).

14. Anthony Jon Waters, *The Property in the Promise: A Study of the Third Party Beneficiary Rule*, 98 Harvard Law Review 1109 (1985).

15. David M. Summers, *Third Party Beneficiaries and the Restatement (Second) of Contracts*, 67 Cornell Law Review 880 (1981-82).

16. Hermann Kantorowicz, *Savigny and the Historical School of Law*, 53 Law Quarterly Review 340 (1937).

17. Basil Markesinis, Hannes Unberath, Angus Johnston, *The German Law of Contract-A Comparative Treatise* (2d ed. , Hart Publishing Oxford and Portland, Oregon, 2006).

18. Robert Merkin, *Privity of contract: the impact of The Contracts (Rights of Third Parties) Act* 1999 (Robert Merkin, London/Hongkong, 2000).

19. Robert Flannigan, *Privity-The end of an era (error)*, *Privity of contract: the impact of The Contracts (Rights of Third Parties) Act* 1999 (Robert Merkin, London/Hongkong, 2000).

20. Robert Merkin, *Historical Introduction to the Law of Privity*, *Privity of contract: the impact of The Contracts (Rights of Third Parties) Act* 1999 (Robert Merkin, London/Hongkong, 2000).

21. Restatement (second) of Contracts § 311 (1981).

22. S. Wheeler & J. Shaw, *Contract Law* (Clarendon Press Oxford, 1994).

23. Jeremy Bentham, *An Introduction to the Principles of Morals and Legislation* (Batoche Books, 2000).

24. Note, *Third Party Beneficiaries and the Intention Standard: A Search for Rational Contract Deci-*

sion-Making, 54 Virginia Law Review 1166, 1172 (1968).

25. Contracts (Rights of Third Parties) Act 1999.

26. Charles E. Hanks, *Environmental Law-Third Party Beneficiary Contract as a New Weapon in the Continuing Pollution Fight*, 26 Arkansas Law Review 408 (1972).

27. *Chitty on Contracts*, Vol 1 (32nd. ed. , Sweet & Maxwell, 2018).

28. Charles Fried, *Contract as Promise: A Theory of Contractual Obligation* (Oxford University Press, 2015).

29. P. S. Atiyah, *The Rise and Fall of Freedom of Contract* (Oxford University Press, 2003).

30. Kishanthi Parella, *Protecting Third Parties in Contracts*, 58 American Business Law Journal 327, 386 (2021).

31. Mindy Chen-Wishart, *In Defence of Consideration*, 13 (1) Oxford University Commonwealth Law Journal 209, 238 (2013).

32. Jonathan C. Lipson, *Promising Justice: Contract (as) Social Responsibility*, 2019 Wisconsin Law Review 1109, 1160 (2019).

33. Cory H. Howard, *Towards a Broader Understanding of Privity Exceptions in Contract Law: Bestowing Limited Rights on Incidental Third-Party Beneficiaries in Construction Litigation to Fulfill Public Policy Objectives*, 51 Gonzaga Law Review 187 (2015).

34. *The New Social Contract: An Inquiry into Modern Contractual Relations*, 79 Michigan Law Review 827 (1981).

35. William P. Sullivan, *The Restricted Charitable Gift as Third-Party-Beneficiary Contract*, 52 Trust and Estate Law Journal 79 (2017).

后　记

　　涉他合同这一主题实际上具有很强的开放性。笔者并不否认会有各种涉第三人的新类型合同出现。翻看各类教材、专著，读者就会发现这一点。这就好比合同编现存的典型合同。《民法典》与《合同法》相比就增加了不少内容。至于"实质影响"标准也好，抑或"权利义务"标准也罢，它们始终无法限定涉他合同的类别。说到底，这体现了针对合同相对性原则的修正立场。诚然，合同相对性原则的重要性不言而喻。但是一般情形下，第三人是乐于接受他人授益的。修正的单方行为模式实现了合同相对性及利益第三人合同之间的动态平衡。基于拒绝权的设计，三方主体之间的意志自由可以实现。至于由第三人履行的合同，在没有代理、委托等情形下，第三人很难对主合同承担义务。对该类涉他合同的讨论似乎成为无本之木。但是，我们若将视野局限在债权人与债务人之间的法律关系之中，而不论第三人偿债的原因，就会发现实际上第三人承担的是他人的履行义务。这符合本书提出的涉他合同的划分依据。第 524 条是一个全新的条文。是否承认意定代位清偿是笔者首要解决的问题。"合法利益"过于抽象，亦需要对其进行阐释，以限定第三人的代履行权。第三人部分代为清偿的，基于债权让与的法效果，第三人的地位不得高于债权人，并不得损害其利益。但第三人清偿债权人有担保的债权后，第三人即获得该债权以及债权上的从权利，从而其地位优先于债权人无担保的债权。总之，涉他合同的外延较为模糊，需要学界对其继续进行解释论的作业。

　　笔者仍然畅想在未来的研究中，合同中的第三人研究十分必要。这个课题包括但不限于：合同效力瑕疵对第三人的影响（如欺诈、胁迫等），第三人侵害合同债权，因第三人的原因造成违约时的责任分配，债权让与及债务承担时受让人或承担人的追索权，为第三人利益的合同与关系性契约理论的关联等。理论上，合同为双方法律行为。这似乎限制了人们的想象。第三人的加入如同化学反应添加了催化剂一样，使得法律关系变得复杂，法律效果更为迅速，而这项实验结果还有待观察和验证。但正如米尔斯著《社会学的想象力》（*The Sociological Imagination*）一样，法学作为经验研究，也需要非凡的想象力。如此，我们才能进一步探索未知的荒野。本书的写作对于学界的贡献在解释论的作业。但是，笔者并不自信穷尽相关的法律规范内涵，只能权当一篇较为全面的"文献综述"。

　　在此，我要感谢我的导师黄和新教授对本书付出的辛勤劳动。它包括了文章的选题、框架的搭建以及政治立场的严格把关。导师组的其他成员，如张国平教授、眭鸿明教授、梁志文教授、倪斐教授都提出了一些中肯的意见。答辩委员会主席叶金强老师也从他的专业角度出发，对本书提出了尖锐批评，十分具有建设性。我虽并不自信对他们的问题都做出了满意的回答，但都从我浅薄的知识储备出发，进行了些许尝试。常州大学任玉荣教授，史良法学院曹义孙教授、张建教授、秦开炎博士，中国政法大学出版社的丁春晖先生都对本书的出版提供了帮助，我指导的硕士研究生王玉洁、本科生卜定坤还勘正了一些笔误，在此一并表示感谢！

修改稿著于龙城常州

二〇二三年十月三十一日

近五年发表的学术论文等成果

1. 《见义勇为相对免责之提倡》，沈阳工业大学学报（社会科学版），2023/4

2. 《民事裁判中预约合同的认定方法》，法律与伦理（第十辑），2022/12

3. （Book Review）*The United Nations Genocide Convention：an introduction*，ETHNIC AND RACIAL STUDIES，2021/9

4. （Book Review）*Women as war criminals：gender，agency，and justice*，Feminist Legal Studies，2021/6

5. （Book Review）*Creating China's climate change policy：internal competition and external diplomacy*，Review of European，Comparative & International Environmental Law，2021/3

6. 《二十年来我国居住权研究综述——兼评〈民法典物权编（草案）〉第十四章》，中国法学会民法学研究会 2019 年年会论文集，2019/11

7. 《民法分则合同编存款合同立法研究》，南海法学，2018/6